改訂
第2版

大学入学共通テスト

音声ダウンロード付

英語[リスニング]
の点数が面白いほどとれる本

駿台予備学校講師
竹岡広信

＊この本は、小社より 2022 年に刊行された『CD2 枚 & 音声ダウンロード付 改訂版 大学入学共通テスト 英語[リスニング]の点数が面白いほどとれる本』に、最新の学習指導要領と出題傾向に準じた問題選定・加筆・修正を施し、令和 7 年度以降の大学入学共通テストに対応させた改訂版です。

＊この本には「赤色チェックシート」がついています。

はじめに

▶**大学入学共通テストの「英語［リスニング］」って，どんな試験？**

　共通テストの前身のセンター試験の英語の問題は，一言でまとめれば「すばらしい！」という出来映えでした。東京大学の入試問題と同様に，「日本の英語教育をリードしていく」という気概が感じられます。受験人数が数十万人にも上ることを考えれば，教育現場への影響力は計り知れないものがあります。「センター試験のおかげで，英語教育が向上した」と言ってもいいくらいです。

　共通一次試験が始まった1979年当時でも，たしかに良問が出題されてはいましたが，試行錯誤の感がまだありました。1990年に共通一次試験がセンター試験に移行して以来，1990年代にはさまざまな問題パターンが試され，問題の精度がさらに高まっていきました。その進化は，共通テストに移行しても続いています。英語の実力をつけるためには，センター試験の過去問演習はとても効果的で，2019年のシンポジウムでは「センターの試験問題は世界遺産」と話されていました。共通テストもその DNA を受け継いでいくことでしょう。

▶**この本って，どんな本？**

　センター試験（そしておそらく共通テスト）の出題には，「従来の"受験英語"を打破し，日本の英語教育を変革しよう」という高い志がうかがえます。しかし，そのような出題者（問題作成部会）の願いとは裏腹に，普遍性のないテクニックに走る対策書が数多く出回っています。傾向が変わるたびに「新傾向」対策用の新作問題集や模擬試験などが出回ります。先ほどのシンポジウムで，問題作成部会の人がこれらの問題を「劣化」と評していました。

　私は，出題者の意図からはずれ，従来の"受験英語"への後退を助長するような類書を，文字通り「打破」したいという動機から，この本を書きました。この本は，共通一次試験，大学入試センター試験と大学入学共通テストの本試験・追試験・試行調査のすべての過去問を分析・研究した結果と，のべ何万人にも及ぶ私の教え子を対象として行った授業やテスト，受講生たちからの質問を通して知った彼らの弱点を網羅したものになっています。

　また，この本は，「真正面から英語に取り組むための試練の場」を提供することもめざしています。従って，「怪しげな」テクニックや，些末な知識はすべて排除しています。掲載した問題は，「考えずに解ける」ような平均点調整のための問題ではなく，「差がつく」ものとなっています（従って，本書は，たとえ現行の試験問題とは出題傾向が異なる問題であっても，「良問」

であれば積極的に載せています）。

▶ 刊行にあたって

　この『面白いほどとれる』シリーズのうち，私が執筆した書籍は，おかげさまで，のべ50万人以上の受験生に支持されてきました。実際，「この本で繰り返し勉強したおかげで○点も伸びました」といううれしい声を何度も聞きました。それが「この本が本物である証」だと自負しています。

　私には，「リスニング力をつけるには，目先の傾向などは無視していいから，過去問をしっかりやり込めばいい」という信念があり，本書についても大幅な改訂は控えてきました。しかし，共通テストに移行するにあたり，より普遍的なリスニング力を育成するための書にするためには大幅な手直しが必要であるとの判断に至りました。そこで大改訂に踏み切ったのですが，よいものに仕上がったと思っています。さらなるパワーアップを果たした本書を用いて，受験生の皆さんが英語力を向上させられることを心から願っています。

▶ 感謝の言葉

　私がセンター試験の分析・研究に興味を持ったのは，先輩である田平稔先生のおかげです。田平先生の方法論を参考にすることによって，今の「竹岡本」が出来上がったと言っても過言ではありません。その後も，貴重なアドバイスや校正などで大変お世話になっています。田平先生以外にも，すばらしい問題を提供していただいた歴代のセンター試験問題作成部会の方々，これまで私が出会ってきたさまざまな指導者の方々，さらには旧版でお世話になった山川徹氏，細田朋幸氏など，多くの方に心からお礼を申し上げます。

　さらに，執筆・編集の過程ではKADOKAWAの丸岡希実子氏に多大なるご尽力をいただいたことに感謝いたします。

　最後に，この本を手に取ってくださった読者の皆さんへの感謝・激励の気持ちを込めて，以下の言葉を贈らせていただきます。

　「まあええか！」その一言で　あと一年
　　　　　　　　　　　　　　　　　　　　　　　竹岡　広信

> ### 発音の注意書き
>
> ＊　car はイギリス英語では / kάː / だが，アメリカ英語では / kάːr / となる。また，bear はイギリス英語では / béə / だが，アメリカ英語では / béər / となる。アメリカ英語に出てくる / r / は巻き舌を表す記号だが，本書ではわかりやすさを考慮して，イギリス英語で表記している。

3

もくじ

3rd step ▶ 問題チャレンジ編 ...169

この本の特長と使い方

　共通テストの英語の出題範囲は，すべて高校における履習内容に基づいています。基本さえしっかり身につければ，高得点も可能です。本書を用いて，徹底的に基本事項をおさえてください。

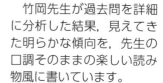 傾向チェック編 ➡

　竹岡先生が過去問を詳細に分析した結果，見えてきた明らかな傾向を，先生の口調そのままの楽しい読み物風に書いています。

1st step 傾向チェック編

リスニング試験で高得点を取るための6箇条

その1 徹底的に音読しよう！

　リスニングの対策として，英語をただ漫然と聞く受験生が多いが，それだけでは効果が薄い。リスニングにかけるのと同程度の時間を音読にかけること。take it を「テイク　イット」と発音しているようでは「ティキッ(ト)」は聞き取れない。聞き取れなかったところを意識し，音声を素直にまねて「聞こえた通り」に発音すること。この「聞こえた通り」が重要！

　その意味では音声教材のついていない英文を「自分流」でいい加減に音読したり，発音の怪しい「英語教師」について音読したりするのは逆効果になるかもしれない。「まともな音」を徹底的にまねること。

その2 書いてある順序で前から英文を理解する訓練をせよ！

　関係代名詞節などをいつもあとから戻って訳してみないと理解できない人は，前から理解するように努力すること。たとえば，I'm going to go shopping / with the money / my grandmother gave me. という順序で読んで「パッと」理解できることが大切。普段からこれをやっていないとリスニングでは苦労する可能性が高い。

その3 数字の聞き取りに慣れよう！

　これも普段から意識的に徹底的にやっていないとなかなか上達しない。たとえば eight point four と聞いて，さっと「8.4だな」とわかるようにしたい。活字で見ると簡単な eighteen と eighty などの区別も実際に聞き取るとなると難しい。やはり訓練が必要である。さらに年号などの読み方も確認しておくこと。eighteen-o-three と聞いて，パッと「1803年」とわかるように。

10

　竹岡先生の，ちょっと毒舌だけどためになる解説をじっくり読み込んでください

　6箇条をしっかり理解して，次のステップに進みましょう

そのジャンルの問題を解くうえで威力を発揮する解法を **原則** として挙げ，それに対応した **例題** を収録しています。

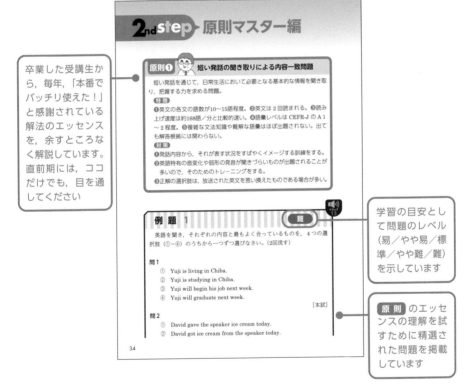

2ndstep 原則マスター編

原則❶ 短い発話の聞き取りによる内容一致問題

短い発話を通じて，日常生活において必要となる基本的な情報を聞き取り，把握する力を求める問題。

特徴
❶英文の各文の語数が10〜15語程度。❷英文は2回読まれる。❸読み上げ速度は約168語／分と比較的速い。❹語彙レベルはCEFR-JのA1〜2程度。❺複雑な文法知識や難解な語彙はほぼ出題されない。出ても解答根拠には関わらない。

対策
❶発話内容から，それが表す状況をすばやくイメージする訓練をする。
❷英語特有の音変化や弱形の発音が聞きづらいものが出題されることが多いので，そのためのトレーニングをする。
❸正解の選択肢は，放送された英文を言い換えたものである場合が多い。

例題 1 〔難〕

英語を聞き，それぞれの内容と最もよく合っているものを，4つの選択肢（①〜④）のうちから一つずつ選びなさい。（2回流す）

問1
① Yuji is living in Chiba.
② Yuji is studying in Chiba.
③ Yuji will begin his job next week.
④ Yuji will graduate next week.

〔本試〕

問2
① David gave the speaker ice cream today.
② David got ice cream from the speaker today.

34

卒業した受講生から，毎年，「本番でバッチリ使えた！」と感謝されている解法のエッセンスを，余すところなく解説しています。直前期には，ココだけでも，目を通してください

学習の目安として問題のレベル（易／やや易／標準／やや難／難）を示しています

原則 のエッセンスの理解を試すために精選された問題を掲載しています

過去問の傾向を把握し，解法を学んだあとに，腕試しとして取り組むのにふさわしい「差がつく」良問を厳選しています。

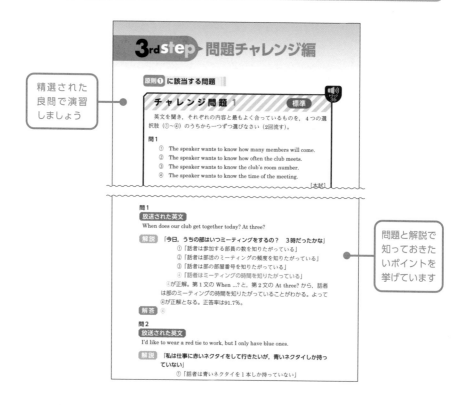

精選された良問で演習しましょう

3rdstep▶問題チャレンジ編

原則❶ に該当する問題

チャレンジ問題 1　　標準

英文を聞き，それぞれの内容と最もよく合っているものを，4つの選択肢（①～④）のうちから一つずつ選びなさい（2回流す）。

問 1
① The speaker wants to know how many members will come.
② The speaker wants to know how often the club meets.
③ The speaker wants to know the club's room number.
④ The speaker wants to know the time of the meeting.

〔本起〕

問 1
放送された英文
When does our club get together today? At three?

解説　「今日，うちの部はいつミーティングをするの？　3時だったかな」
① 「話者は参加する部員の数を知りたがっている」
② 「話者は部活のミーティングの頻度を知りたがっている」
③ 「話者は部の部屋番号を知りたがっている」
④ 「話者はミーティングの時間を知りたがっている」
④が正解。第1文の When ...? と，第2文の At three? から，話者は部のミーティングの時間を知りたがっていることがわかる。よって④が正解となる。正答率は91.7%。

解答　④

問 2
放送された英文
I'd like to wear a red tie to work, but I only have blue ones.

解説　「私は仕事に赤いネクタイをして行きたいが，青いネクタイしか持っていない」
① 「話者は青いネクタイを1本しか持っていない」

問題と解説で知っておきたいポイントを挙げています

　さあ，「英語」の勉強が始まります！　今回は「リスニング」に絞った対策で，新傾向の問題も出題されています。どうやって対策すればいいか困っているかもしれませんが，この本を読み込めば，どんな問題が出てもたじろがない，真の実力がつきます。さっそく始めてみましょう！

音声ダウンロードについて

パソコンでダウンロードして聴く方法

・音声ファイルは以下からダウンロードして聞くことができます。

    https://www.kadokawa.co.jp/product/322212000223

      ユーザー名：kyotsu-eigo

      パスワード：kaitei-listening-3

※音声は mp3 形式で保存されています。お聴きいただくには mp3 ファイルを再生できる環境が必要です。

※ダウンロードはパソコンからのみとなります。携帯電話・スマートフォンからはダウンロードできません。

※ダウンロードページへのアクセスがうまくいかない場合は、お使いのブラウザが最新であるかどうかご確認ください。また、ダウンロードする前にパソコンに十分な空き容量があることをご確認ください。

※フォルダは圧縮されています。解凍したうえでご利用ください。

※音声はパソコンでの再生を推奨します。一部のポータブルプレーヤーにデータを転送できない場合もございます。

※なお、本サービスは予告なく終了する場合がございます。あらかじめご了承ください。

スマートフォンで音声を聴く方法

ご利用の場合は QR コードまたは URL より、スマートフォンにアプリをダウンロードし、本書を検索してください。

abceed
AI英語教材エービーシード

abceed アプリ（無料）
Android・iPhone 対応

https://www.abceed.com/

※ abceed は株式会社 Globee の商品です（2024年6月時点）。

リスニング試験で高得点を取るための６箇条

その1 徹底的に音読しよう！

　リスニングの対策として，英語をただ漫然と聞く受験生が多いが，それだけでは効果が薄い。リスニングにかけるのと同程度の時間を音読にかけること。take it を「テイク　イット」と発音しているようでは「ティキッ（ト）」は聞き取れない。聞き取れなかったところを意識し，音声を素直にまねて「聞こえた通り」に発音すること。この「聞こえた通り」が重要！

　その意味では音声教材のついていない英文を「自分流」でいい加減に音読したり，発音の怪しい「英語教師」について音読したりするのは逆効果になるかもしれない。「まともな音」を徹底的にまねること。

その2 書いてある順序で前から英文を理解する訓練をせよ！

　関係代名詞節などをいつもあとから戻って訳してみないと理解できない人は，前から理解するように努力すること。たとえば，I'm going to go shopping / with the money / my grandmother gave me. という順序で読んで「パッと」理解できることが大切。普段からこれをやっていないとリスニングでは苦労する可能性が高い。

その3 数字の聞き取りに慣れよう！

　これも普段から意識的に徹底してやっていないとなかなか上達しない。たとえば eight point four と聞いて，さっと「8.4だな」とわかるようにしたい。活字で見ると簡単な eighteen と eighty などの区別も実際に聞き取るとなると難しい。やはり訓練が必要である。さらに年号などの読み方も確認しておくこと。eighteen-o-three と聞いて，パッと「1803年」とわかるように。

その4 短期間でリスニングの得点力を上げるにはリスニングテスト用の教材が最適である！

一般的なリスニングの力なら，インターネット上で無料で手に入る TED Talks や BBC Learning English などの教材も有効であるが，それだけでは得点訓練にはならない。短期間に国語の点数を上げるのに，読書だけでは大きな効果が望めないのと同じだ。

だから設問がついたリスニング用教材で集中力を磨くこと。

その5 普段の訓練には必ずナチュラルスピードの教材を用いよう！

英語のリスニングが苦手な人は最初は「わけがわからない」と思うかもしれないが，最初にゆっくりとした速度の英語に慣れてしまうと，力がなかなか伸びなくなる。共通テストのリスニングは平均するとおよそ130語／分で読まれているが，1回しか英文が読まれない場合は，もう少しゆっくり読まれる。しかし普段の訓練では150〜160語／分ぐらいの速さの教材が望ましい。場合によっては2倍速ぐらいの訓練も有効となる。

その6 英文読解力そのものの向上を目指せ！

リスニングの教材となる英文を，聞こえてくる速さで理解できるようにしなければならない。ただ漫然と「リスニングの力がない」と思っている受験生が多いが，じつのところ，原因はリスニング力だけではないことが多い。普段から読解力も並行して鍛えること。

 竹岡の一言

「毎日最低15分はリスニングしよう」なんて「ぬるい」ことを言っていては伸びない。初期の段階では，**その1**から**その6**を頭に入れて，「もうリスニングと音読なんて嫌だ」とため息が出るほどやること。そうすれば「全然聞き取れない」状態から脱出できる。まずはこの本の音声を使って，すぐに始めよう！

発音記号一覧

■ 母音 (vowels)

❶ 「ア」関連の発音記号　　▶ /a/ という発音記号はない。

　1 ☑ /æ/　例 cat　▶ 綴りの -a- だけに見られる音で「エ」のつもりで発音するとよい。

　2 ☑ /ʌ/　例 sun　▶ あまり口を開けないで発音する。

　3 ☑ /ə/　例 again　▶ アクセントのないところのみに出てくる音で、あいまいな音。

　4 ☑ /ɑ/　例 hot　▶ 口を大きく開けて「ア」と発音。イギリス英語では/ɔ/に変化。

　5 ☑ /ɑ:(r)/　例 arm　▶ 綴りの -ar- のみに登場(例外は heart, hearth, sergeant)。明るい「アー」。/ r / は米音。

　6 ☑ /ə:(r)/　例 hurt　▶ 綴りの -ar- 以外に登場。暗くこもった「アー」。/ r / は米音。

❷ 「イ／ウ／エ／オ」関連の発音記号

　7 ☑ /i/　例 sit　▶ 日本語の「イ」と「エ」の中間的な音。

　8 ☑ /i:/　例 seat　▶ 日本語より 唇 を後ろに引いて発音。

　9 ☑ /u/　例 foot　▶ 軽く口を開けて発音。

　10 ☑ /u:/　例 food　▶ 舌を前に突き出して発音。

　11 ☑ /e/　例 set　▶ 日本語よりしっかり発音。

　12 ☑ /ɔ/　例 long　▶ / o / という発音記号はない。

　13 ☑ /ɔ:(r)/　例 cord　▶ / ou / と発音しないように。/ r / は米音。

❸ 「二重母音」関連の発音記号

　14 ☑ /ai/　例 side　▶ 「アィ」という感じで発音。

　15 ☑ /au/　例 loud　▶ 「アゥ」という感じで発音。

　16 ☑ /iə(r)/　例 ear　▶ 「イァ」という感じで発音。/ r / は米音。

　17 ☑ /uə(r)/　例 tour　▶ 「ウァ」という感じで発音。/ r / は米音。

　18 ☑ /eə(r)/　例 bear　▶ 「エァ」という感じで発音。/ r / は米音。

　19 ☑ /ei/　例 make　▶ 「エィ」という感じで発音。

　20 ☑ /ɔi/　例 noise　▶ 「オィ」という感じで発音。

　21 ☑ /ou/　例 coat　▶ 「オゥ」という感じで発音。

■ 子音 (consonants)

❶ 「破裂音」関連の発音記号 ▶ /p/, /t/, /k/ は特に意識して発音する。

1 ☑ / p / 例 <u>p</u>at ▶ 息を止めて一気に出す。
2 ☑ / t / 例 <u>t</u>ake ▶ 息を止めて一気に出す。
3 ☑ / k / 例 <u>c</u>oo<u>k</u> ▶ 息を止めて一気に出す。
4 ☑ / b / 例 <u>b</u>ook ▶ / p / より息の強さが弱い。
5 ☑ / d / 例 <u>d</u>og ▶ / t / より息の強さが弱い。
6 ☑ / g / 例 <u>g</u>o ▶ / k / より息の強さが弱い。

❷ 「破擦音」関連の発音記号

7 ☑ / f / 例 <u>f</u>ive ▶ 唇の両端から息がもれる音。
8 ☑ / v / 例 <u>v</u>ery ▶ / f / を, 喉を震わせて発音。
9 ☑ / θ / 例 mou<u>th</u> ▶ 綴りの -th- だけ登場。舌を上歯の先に軽くつけて発音。
10 ☑ / ð / 例 <u>th</u>is ▶ 綴りの -th- だけ登場。/ θ / を喉を震わせて発音。
11 ☑ / s / 例 <u>s</u>wim ▶ 「スィ」という感じで発音。/c/という発音記号はない。
12 ☑ / z / 例 lo<u>s</u>e ▶ / s / を, 喉を震わせて発音。日本語よりしっかり発音する。

❸ 「ややこしい発音記号」関連の発音記号

13 ☑ / ʃ / 例 <u>f</u>ish ▶ 「シャ／シュ／ショ」に近い音。
14 ☑ / ʒ / 例 u<u>s</u>ual ▶ 「ジャ／ジュ／ジョ」に近い音。
15 ☑ / tʃ / 例 <u>ch</u>ild ▶ 「チャ／チュ／チョ」に近い音。
16 ☑ / dʒ / 例 <u>j</u>ust ▶ 「ヂャ／ヂュ／ヂョ」に近い音。
17 ☑ / ŋ / 例 ri<u>ng</u> ▶ 鼻に抜ける音。
18 ☑ / j / 例 <u>y</u>ear ▶ 「ヤ／ユ／ヨ」に近い音。

❹ その他の発音記号

19 ☑ / h / 例 <u>h</u>ome ▶ 日本語よりはるかに息が強い音。
20 ☑ / m / 例 i<u>m</u>port ▶ 「サンポ」の音に近い。
21 ☑ / n / 例 se<u>n</u>se ▶ しっかり留める音。
22 ☑ / l / 例 <u>l</u>ook ▶ 舌を歯茎に押し当てて出す音。
23 ☑ / r / 例 <u>r</u>ed ▶ 舌を思いっきり後ろに引いて出す音。
24 ☑ / w / 例 <u>w</u>in ▶ 日本語ほど唇を突き出さないこと。

WARMING UP

耳を鍛えるための音読トレーニング50

　活字で見たら理解できる英文でも，正しく発音できないものは聞き取れない。この WARMING UP で，まず聞き取れるまで答えを見ないで繰り返し聞いてみよう。そして，「もう限界」と思ったときに初めて答えを見ること。

　次に，聞き取れなかった箇所は，音声の通りに発音してみよう。最低20回はやること。繰り返しまねることで正しい発音が身につき，類似の表現でも簡単に聞き取れるようになる。

　音声を聞いて空所を埋めなさい。

(1)　「もっと食べなさい」に対して一言
　　No, thank you, Jeff. _____ .

(2)　電車で足を踏まれて一言
　　You're _____ .

(3)　遅刻した人に一言
　　You _____ earlier.

(4)　緊張した相手に一言
　　_____ , Elena.

(5)　初対面の相手に一言
　　Hello, Nancy. _____ you.

(1)

解答 (No, thank you, Jeff.) I'm full(.)

解説 -l- は「ル」と読まない！ とくに語尾の -l は「オ」に近い。だから **full** は「フル」ではなく「**フォオ**」に聞こえる。

訳 「いいえ，いりません，ジェフ。おなかがいっぱいです」

(2)

解答 (You're) hurting me(.)

解説 -ing は / in / に聞こえてしまうことが多いので注意。

訳 「痛いよ」

(3)

解答 (You) should've come (earlier.)

解説 〈助動詞 + have + (V) pp〉では have は助動詞のあとに軽く添えて発音される。/ həv / ➡ / əv / ➡ / v / と変化する。

訳 「もっと早く来なくっちゃ」

(4)

解答 Take it easy (, Elena.)

解説 take it や make it や mean it などの〈動詞 + it〉の it は，動詞にくっつけて発音される。「テイク イット」ではなく「ティキッ(ト)」。make it は「メイキィッ(ト)」。mean it は「ミーニッ(ト)」。

訳 「落ち着いて，エレナ」

(5)

解答 (Hello, Nancy.) Pleased to meet (you.)

解説 Please to meet you. では意味が通じない。**Pleased** の -d は，はっきりとは発音されないので，文脈から推測すべき。

訳 「こんにちは，ナンシー。はじめまして」

(6) 出かける相手に一言

_____ good day.

(7) 引き留める相手に一言

_____ now.

(8) 店員から一言

_____ .

(9) 久しぶりに会った相手に一言

_____ time.

(10) 「どんな映画が好きなの？」に対して一言

I love a movie _____ .

お役立ちコラム

SVOC の要素と副詞は原則として強く発音される

SVOC の要素となる❶〜❸と，❹の副詞は原則的に強く発音される。

❶ **名詞**（代名詞は除く）　　　❷ **動詞**（be 動詞 / have は除く）

❸ **形容詞**（some / any は除く）　　❹ **副詞**

注意 逆に，以下のものは原則として弱く発音されることになる。

① 接続詞（but / when / than など）

＊ ほぼ例外なし

② 前置詞（at / as / for / of など）

③ 冠詞（a / an / the）

④ 代名詞（he / she / they / we など）

＊ 所有代名詞や this / that は例外

⑤ 助動詞（can / must / have to など）

(6)

解答 Have a (good day.)

解説　冠詞は，前の語につけて読まれることが多い。「ハヴ　ア」と読まないで，「ハヴァ」の感じになることに注意。**good day** は2つあるうちの最初の / d / が聞こえなくなり「グッディ」に聞こえることにも注意。

訳　「ごきげんよう」

(7)

解答 But I have to go (now.)

解説　一般に接続詞は弱く読まれる。**But** と **I** がくっついて聞こえる。

訳　「けど，もう行かなくっっちゃいけないんだ」

(8)

解答 Fourteen dollars (.)

解説　必ずしも -teen に強勢が置かれないことに注意。forty との違いは / n / が聞こえるかどうかである。

訳　「14ドルです」

(9)

解答 It's been a long (time.)

解説　**been** を「ビーン」と読まないことに注意。普通「ビン／ベン」ぐらいの気持ちで読むことが大切。

訳　「久しぶりだね」

(10)

解答 (I love a movie) that makes me laugh (.)

解説　関係代名詞は弱く読まれる。「ザット」ではなくて，「ダ」ぐらいの気持ちで音読するとよい。

訳　「笑える映画が大好き」

(11)　突然来た相手に対して一言

　　　_____ here?

(12)　ウェイターから一言

　　　Would you _____ ?

(13)　通勤手段をたずねられて一言

　　　I take _____ .

(14)　献血の受付で一言

　　　What is _____ ?

(15)　窓口に来た人に一言

　　　Please _____ .

お 役 立 ち コ ラ ム

例外的に強く発音されるものに注意！

❶　代名詞で例外的に強く発音されるもの

（1）　**this / that**

　　　that は「それ（の）」の意味なら「強い」。逆に接続詞や関係代名詞，関係副詞的用法なら弱く発音される。

（2）　**mine / hers** などの所有代名詞

❷　助動詞 / be 動詞 / have で例外的に強く発音されるもの

（1）　「強調」の助動詞 do

　　例　I **do** remember your face. 「あなたの顔はしっかり覚えている」

（2）　省略・文末の助動詞 / be 動詞 / have

　　例　Yes, I **can / do / am / have.**

　　　下の例のように倒置の際に用いられる助動詞 do は語調を整えるだけだから，普通の助動詞と同様，弱く発音される。

　　　例　Never **did** I dream of meeting you.

　　　　「あなたにお会いするなんて夢にも思わなかった」

　　　　＊　did は「弱い」

18

(11)

解答 What's brought you (here?)

解説 you / him / her などの人称代名詞は前の動詞にくっついて発音されることが多い。ここでは「ブロートューー」のように聞こえる。

訳 「何の用事で来たの？」

(12)

解答 (Would you) like some milk (?)

解説 milk / silk / film などの -l- は「オ」や「ユ」に近い音に聞こえる。「ミルク」と言わないように注意。

訳 「ミルクはいかがですか？」

(13)

解答 (I take) a train to work (.)

解説 work / word / world / worse などの **wor- は暗くこもったような「アー」の音**に聞こえる。なおこの文の work は「職場」の意味。

訳 「電車で通勤しています」

(14)

解答 (What is) your blood type (?)

解説 blood type / a red tie / supposed to のように，-d と t- が連続する場合には，-d は後ろの t- に吸収され聞こえなくなる。「ブラッ・タイプ」の感じ。

訳 「血液型は何ですか？」

(15)

解答 (Please) fill out this application form (.)

解説 f- の発音は普段から注意したい。日本語の「フィル」のように，口をとがらせて発音しないように注意。音声のまねをしてみよう。

訳 「この申込書に記入してください」

(16) 「やってみます」と言いたいときに一言
I'll _____ .

(17) 遅れてきた相手に一言
Did _____ ?

(18) 「集会では何をしたの？」とたずねられて一言
We _____ .

(19) 昨夜の行動をたずねられて一言
We _____ .

(20) 旅に出る人に一言
Please _____ .

お 役 立 ち コ ラ ム

some / any は原則として「弱い」

some は「スム」，any は「エニ」ぐらいにしか聞こえない。あまり強く読まないように注意しよう。

例外1 〈some + 可算名詞の単数〉で「ある〜」の意味の場合は「**強い**」。
例 some animal「ある動物」

例外2 「どんな〜でもいいから」の意味を持つ any は「**強い**」。
例 at any time「いつでも」

(16)

解答 (I'll) give it a try (.)

解説 まず **give it** は，it が give にくっついて発音される。さらに it と a がくっついて発音され，「ギヴィッア」の感じになる。

訳 「試してみます」

(17)

解答 (Did) you get up late (?)

解説 get up / put it / shut it などの〈-t で終わる動詞 + 母音で始まる語〉では -t が後ろの母音に吸収される。また米語では母音にはさまれた t は l や d の音になり，**get up** は「ゲラップ」に聞こえることもある。Did you get a plate?「お皿を取りましたか」と間違えるな。

訳 「寝過ごしたの？」

(18)

解答 (We) prayed for peace (.)

解説 たとえ played と聞こえても，文脈上おかしいと感じる力が必要。「音」を聞く前にまずは「内容」を考えることが先決。

訳 「私たちは平和を祈りました」

(19)

解答 (We) played cards last night (.)

解説 **play** は「舌を上に向ける」気持ちで発音してみよう。なお **cards** は cars と違い「カーツ」の気分で発音すること。

訳 「私たちは昨夜トランプをしました」

(20)

解答 (Please) call me as soon as possible (.)

解説 **call** は「コール」ではなく「コーォ」の感じ。as 〜 as の as は非常に弱く，「ウズ／エズ」に聞こえる。

訳 「できるだけ早く電話してね」

(21) 元気のない相手に対して一言

_____ .

(22) 相手の労作を見て一言
It _____ .

(23) 「聞いてるの？」に対して一言
Go ahead. _____ .

(24) 保健室の先生が一言

_____ ?

(25) 「彼ってどんな人？」に対して一言

_____ .

 竹 岡 の 一 言

くっつく音に注意。

in an hour は，「イン＋アン＋アゥワ」ではなくて，「イナナゥワ」と聞こえる。

また have a lot of snow なら，「ハヴ＋ア＋ラット＋アヴ＋スノウ」ではなくて「ハヴァラーラ（ヴ）スノウ」と聞こえる。

聞こえた通りに言う訓練をしよう。

(21)

解答 Jill, you look pale (.)

解説 Jill / pale の -l- の音については(1)と同様，「ル」と発音しないこと。pale は「ペーォ」に聞こえる。

訳 「ジル，顔色が悪いよ」

(22)

解答 (It) must've taken you years (.)

解説 must've は(3)を参照のこと。years の発音は ears と違い「ヤーズ」に聞こえる。

訳 「何年もかかったでしょうね」

(23)

解答 (Go ahead.) I'm all ears (.)

解説 ears は日本語の「イャーズ」に近い。

訳 「どうぞ続けて。しっかり聞いてますよ」

(24)

解答 How much do you weigh (?)

解説 weigh を wait と聞き間違えないように注意。How much do you wait? では意味が通じない。

訳 「体重は？」

(25)

解答 He's always up to his neck in work (.)

解説 neck in が1語に聞こえる。(16)と(17)も参考にせよ。「仕事の海で水が首まできている」イメージがつかめたかを確認。

訳 「彼はいつも仕事でアップアップだ」

(26)　彼女の部屋について説明して一言

　　　_____ in her room.

(27)　観光地で売店のお兄さんに一言

　　　_____ ?

(28)　書類を秘書に手渡して一言

　　　_____ .

(29)　「彼はどうなったの？」とたずねられて一言

　　　I _____ .

(30)　ホテルのフロントで一言

　　　_____ ?

 竹岡の一言

　たとえば，home「家」，form「形／用紙」，foam「泡」は，綴りを見れば明らかに違うのがわかるが，聞いてみて識別するのは難しいものだ。
　リスニング上達の早道は，「**文字中心**」の学習から「**音中心**」の学習へと移行すること。机上の理論では聞き取れるようにはならない。音声を何度も聞いて，何度も音読しよう！

⑵⑹

解答 There's a stuffed bear (in her room.)

解説　There's や There're は be 動詞がほとんど消えてしまうことに注意。また，**stuffed**「詰め物がされた」の -d は / t / の音。

訳　「彼女の部屋にクマのぬいぐるみがあります」

⑵⑺

解答 Can you take our picture (?)

解説　助動詞は一般的には弱く発音され，米語では **Can you** は「クニュー」に聞こえる。代名詞の our も弱音なので注意。また，picture の -i- の音は「イ」より「エ」に近いことにも注意。

訳　「写真を撮ってもらえませんか？」

⑵⑻

解答 Please check it out (.)

解説　**check it** については，⑷，⒃と同じように「チェキィ（ト）」に聞こえる。また it out のように〈母音 + t + 母音〉の場合，「ダゥ（ト）」「ラゥ（ト）」に聞こえることもあるので注意。

訳　「チェックしてみてください」

⑵⑼

解答 (I) heard he got there early (.)

解説　-ear- の音も⒀の work と同様，暗くこもった「アー」になる。日本語にはない音だから十分に訓練しておくこと。

訳　「彼はそこに早く着いたと聞きました」

⑶⑽

解答 Where can I get a map around this area (?)

解説　-a- を「ア」と発音する場合，米語には注意。たとえば apple は「アップル」ではなく「エァポー」に近い音になる。**map** は「メェァ」に軽く / p / を添えるぐらいで十分である。

訳　「この辺の地図はどこで手に入りますか？」

(31) 「冗談でしょ」と言う相手に対して一言

_____ .

(32) 「我慢しなさい」と言う相手に対して一言

_____ .

(33) 海外で偶然友達に会って一言

_____ .

(34) 衣料品店で試着している友達に一言

_____ .

(35) 好きな人ができて一言
I'll _____ .

 竹岡の一言

　「知らない単語は聞き取れない」が道理。よって「音が聞き取れない」のか「意味がわからない」のかは区別しよう。リスニングには，読解力が必要なのは言うまでもない。難しいかもしれないが，まずはトライしてみよう。また，正しい発音を身につけるために，今まで覚えていた発音を疑ってかかること。たとえば recognize は「レコグナイズ」ではなく，「レキグナイズ」に聞こえ，twenty は「トゥエンティー」ではなく，「トゥウェニ」ぐらいにしか聞こえない。訓練あるのみ。

(31)

解答 I mean it (.)

解説 (4), (16), (28)と同様に **mean it** は it が mean にくっついて発音される。「ミーニッ（ト）」の感じで発音するとよい。

訳 「本気だよ」

(32)

解答 I can't wait (.)

解説 米語では **can** と **can't** の違いは「キャン」と「キャント」の違いではない。ほとんど差が感じられないが，can't のほうが若干長めに発音される。また **wait** は「ウェィ」にちょっと / t / を添える感じで。

訳 「待てないよ」

(33)

解答 Fancy meeting you here (.)

解説 **meeting** の -ing は，(2)と同様に / in / の感じ。また，**you** と **here** がくっついて発音されることに注意。

訳 「こんなところで君に会うなんて」

(34)

解答 The shirt looks very nice on you (.)

解説 -ir- は，work と同様，暗くこもった「アー」の音。**on** と **you** がくっついて発音されることにも注意。

訳 「そのシャツはよく似合っているよ」

(35)

解答 (I'll) ask her for a date (.)

解説 **her** は「ハー」ではなく，/ h / の音が脱落して暗くこもった「アー」の感じ。よって，**ask her** で「アスカー」に聞こえる。さらに前置詞 for は弱く，a とくっついて発音されるため，「ファラ」に聞こえる。

訳 「彼女をデートに誘ってみるよ」

(36) 歴史の先生が一言

　　　_____ .

(37) 別れ際に相手に一言

　　　_____ .

(38) 「禁煙したの？」と言う人に一言

　　　_____ .

(39) 遊びに来てくれた友達に一言

　　　_____ again.

(40) 久しぶりに故郷に帰った人が一言
I was _____ .

 竹岡の一言

　ある日，外国人が駅の売店で困っていたので，"What would you like to buy?"「何がいるの？」とたずねたら「フォカ」と言われて，思わず「ハア？」と言ってしまった。よく聞けば **phone card**「テレフォンカード」のことだった。英語では**子音が脱落することがよくある**ので注意が必要である。たとえば just now は -t が脱落して「ジャスナウ」，old man は -d が脱落して「オゥルメェァン」に聞こえたりする。最初は戸惑うが，慣れれば大丈夫。

(36)

解答 The capital was built in 794 (.)

解説 年号は 4 桁の場合には，2025年なら twenty twenty-five と 2 桁ずつに区切られて読まれる。ただし，2008年は two thousand eight となり，794年なら seven ninety-four となる。

訳 「その首都は794年につくられた」

(37)

解答 I'll call you when I get to the airport (.)

解説 **call you** は「コーユ」に聞こえる。接続詞の when は弱いから，**when I get to** で「ウェナゲト」に聞こえる。

訳 「空港に着いたら電話します」

(38)

解答 The doctor advised me to give up smoking (.)

解説 **advised** の語尾の -d は後ろの me に吸収されほとんど聞こえない。**give up** は「ギヴァ」に軽く / p / を添える感じで発音すればよい。

訳 「医者に禁煙するよう言われた」

(39)

解答 Our children are looking forward to seeing you (again.)

解説 **children** は -d- がやや消えて「チルロレン」に聞こえる。これは Good afternoon. が「グラフタヌーン」に聞こえるのと同じ。be 動詞は弱いから **are** もほとんど聞き取れない。

訳 「子どもたちはあなたにまた会えることを楽しみにしています」

(40)

解答 (I was) surprised to find that the town had completely changed (.)

解説 **surprised to** は -d が後ろの t- の影響で聞こえなくなる。find / second / cold などの / d / は，はっきりとは聞こえない。

接続詞の **that** はきわめて弱く発音され，後ろの **the** と共に「ダッタ」に聞こえる。**had** もきわめて「弱い」。

訳 「街がすっかり変わってしまったことがわかり驚いた」

(41) 急用を思い出して相手に一言

Please _____ .

(42) 自分の工作したものを説明して一言

I _____ .

(43) お芝居に行った人が客層を説明して一言

_____ .

(44) 失恋した友達に一言

_____ time.

(45) 別れた彼氏のことをたずねられて一言

_____ again.

 竹岡の一言

「アー」の発音にはとくに注意しよう。

綴り字と発音との関係は,

❶「アー」と発音する -ar- 「(明るい) アー」

　　例　car / card / arm / art / artist など

❷それ以外の綴り「アー」「(暗い) アー」

　　例　bird / urgent / person / work / early など

苦手な日本人が多いので, 徹底的に区別すること。

＊　例外は heart / hearth / sergeant で, これらは「(明るい) アー」

(41)

解答 (Please) wait for a couple of minutes (.)

解説 **a couple of** は of の -f が v のように聞こえ，「アカヴ」に聞こえる。minutes / picture / bicycle などの「イ」の音は「エ」に近い音に聞こえる。よって，**minutes** は「メネッ」に近い感じ。

訳 「しばらく待っててね」

(42)

解答 (I) made it out of pine branches (.)

解説 **made it** は「メィディッ」。さらに **out of** と，その直前にある **it** の / t / がくっついて「タゥタヴ」に聞こえる。

訳 「それは松の枝で作ったんだ」

(43)

解答 The girls at the theater were mostly college students (.)

解説 **mostly** は，「モゥストリ」ではなくて -t- が弱くなり「モゥスリ」と聞こえることがある。

訳 「劇場にいた女の子たちはほとんどが大学生だった」

(44)

解答 The only thing that you need is (time.)

解説 **関係代名詞は弱く発音され，とくに that は弱い。**また，**need** と **is** がくっついて聞こえることに注意。

訳 「君に必要なのは時間だけです」

(45)

解答 I won't see him (again.)

解説 **won't** の -o- は / ou / と発音することに注意。また **him** の / h / は脱落気味に発音されることにも注意。

訳 「彼とは二度と会わないでしょう」

(46) 引っ越しの手伝いをしているときに一言

_____ box?

(47) 「どうするつもり？」と言われて一言

It _____ go.

(48) ホテルでボーイが部屋の説明をして一言

_____ .

(49) 「あの人はどこへ行ったの？」に対して一言

He's _____ .

(50) 「ベンは何をしているの？」に対して一言

Ben's _____ ten hours.

ここまでの50文はどうだっただろうか？

「簡単だ！」と思った人もいれば「難しい！」と思った人もいるかもしれない。その差は，今までの英語学習経験（たとえば英検などに積極的にトライしてきたかどうか）による。

ただし，「難しい！」と感じた人も，今から繰り返し音読することで，その差を縮めることが可能になる。場所を選ばず，風呂場でもトイレでも階段でもどこででも音読してみよう！

(46)

解答 Where do you want me to put this cardboard (box?)

解説 **want me** は -t が脱落気味に発音される。**cardboard box** は「カーボーボークス」に聞こえる。

訳 「この段ボール箱はどこに置いたらいいの？」

(47)

解答 (It) depends on how things (go.)

解説 **depends** の -s と **on** がくっついて聞こえる。**things** の th- の発音は息の音だから「シング」にならないように注意。

訳 「それは状況次第ですね」

(48)

解答 The light switch is on the wall on your right (.)

解説 **light** の / l / は舌を歯茎に押し当てて発音し，**right** の / r / は舌を後ろに引いて，口を丸めて発音する。

訳 「明かりのスイッチは右側の壁にあります」

(49)

解答 (He's) taking the load off his truck by the road (.)

解説 **load** の / l / と **road** の / r / に注意して発音すること。

訳 「彼は，道ばたに停めてあるトラックから荷物を降ろしています」

(50)

解答 (Ben's) been writing with the pen for over (ten hours.)

解説 **Ben** / **been** / **pen** / **ten** の識別を楽しんでほしい。とくに **been** の発音には注意。

訳 「ベンは10時間以上ペンで書き物をしています」

原則❶　短い発話の聞き取りによる内容一致問題

　短い発話を通じて，日常生活において必要となる基本的な情報を聞き取り，把握する力を求める問題。

特徴

❶英文の各文の語数が10〜15語程度。❷英文は2回読まれる。❸読み上げ速度は約168語／分と比較的速い。❹語彙レベルは CEFR-J の A 1〜2程度。❺複雑な文法知識や難解な語彙はほぼ出題されない。出ても解答根拠には関わらない。

対策

❶発話内容から，それが表す状況をすばやくイメージする訓練をする。

❷英語特有の音変化や弱形の発音が聞きづらいものが出題されることが多いので，そのためのトレーニングをする。

❸正解の選択肢は，放送された英文を言い換えたものである場合が多い。

例題 1　　　　　　　　　　　　　　難

　英語を聞き，それぞれの内容と最もよく合っているものを，4つの選択肢（①〜④）のうちから一つずつ選びなさい。（2回流す）

問1

① Yuji is living in Chiba.

② Yuji is studying in Chiba.

③ Yuji will begin his job next week.

④ Yuji will graduate next week.

［本試］

問2

① David gave the speaker ice cream today.

② David got ice cream from the speaker today.

③ David will get ice cream from the speaker today.

④ David will give the speaker ice cream today.

［本試］

問3

① The speaker couldn't find a seat on the bus.

② The speaker didn't see anybody on the bus.

③ The speaker got a seat on the bus.

④ The speaker saw many people on the bus.

［本試］

問4

① The speaker will ask Susan to go back.

② The speaker will go and get his phone.

③ The speaker will leave his phone.

④ The speaker will wait for Susan.

［本試］

問5

① The speaker found his suitcase in London.

② The speaker has a map of London.

③ The speaker lost his suitcase in London.

④ The speaker needs to buy a map of London.

［本試］

問6

① Claire cannot meet Thomas for lunch this Friday.

② Claire hardly ever has lunch with Thomas on Fridays.

③ Claire usually doesn't see Thomas on Fridays.

④ Claire will eat lunch with Thomas this Friday.

［本試］

 竹岡の一言

聞こえてくる音だけに注意するのではなく，「何が言いたいのかな」と
内容を予測することも重要。

問1

放送された英文

To start working in Hiroshima next week, Yuji moved from Chiba the day after graduation.

解説 「来週広島で働き始めるため，ユウジは卒業した翌日に千葉から引っ越した」

① 「ユウジは千葉に住んでいる」

② 「ユウジは千葉で勉強している」

③ 「ユウジは来週仕事を始める」

④ 「ユウジは来週卒業する」

③が正解。この年の共通テスト第1問で最も正答率が低かった問題である。話者は「来週広島で働き始めるため，ユウジは卒業した翌日に千葉から引っ越した」と発言している。最初に聞こえてくる To start working in Hiroshima next week の to 不定詞は，その直後に〈主語＋動詞〉が置かれていることから，副詞的用法で「〜するために」という意味だとわかる。一般に，主語に to 不定詞が置かれることはめったにないので，英文の最初で，To start と聞こえてきたときは「〜を始めるために」と予想しよう。

前半の working の -or- の発音は thirsty と同様に，舌を引いて，絞り出すように喉の奥を鳴らす「アー」の音である。この単語を聞き取れないと正答に到達できないかもしれない。

後半の moved from Chiba は「千葉から（広島へ）引っ越した」という意味だが，前置詞の from は，普通「弱形」で発音されるため，この部分が聞き取れないと①・②を選んでしまう可能性が高い。また the day after graduation「卒業した翌日」がわからずに，④を選んだ人もいたようだ。一般に the day after 〜は「〜の翌日（に）」の意味である。the day after tomorrow「明後日（←明日の次の日)」の形で覚えておきたい。正答率は30.4％である。

解答 ③

問2

放送された英文

I won't give David any more ice cream today. I gave him some after lunch.

解説 「今日はデイビッドにこれ以上アイスクリームをあげないよ。昼食後にあげたからね」

　　　　① 「デイビッドは今日，話者にアイスクリームをあげた」

　　　　② 「デイビッドは今日，話者からアイスクリームをもらった」

　　　　③ 「デイビッドは今日，話者からアイスクリームをもらうだろう」

　　　　④ 「デイビッドは今日，話者にアイスクリームをあげるだろう」

　　②が正解。第1文で話者は「今日はデイビッドにこれ以上アイスクリームをあげないよ」と述べている。この文の won't は，want / wɑːnt / と違い / wount / と発音される。ここを want と聞き間違えると③を選んでしまう可能性がある。

　　第2文「昼食後に（アイスクリームを）あげたからね」で出てくる some は，第1文の not 〜 any more ice cream と対比されており，比較的はっきりと読まれている。一般に「弱形」で発音される単語でも，このように何かと対比される場合には比較的強く読まれることが多い。正答率は31.0%しかない。

解答 ②

問3

放送された英文

There weren't very many people on the bus, so I sat down.

解説 「バスには人があまり多くなかったので，私は座った」

　　　　① 「バスには座る席がなかった」

　　　　② 「バスにはだれもいなかった」

　　　　③ 「話者はバスで座席に座った」

　　　　④ 「バスには人がたくさんいた」

　　③が正解。後半の I sat down さえ聞き取れれば容易に正解を得られる。正解の選択肢では sat down が got a seat と言い換えられている。間違えた人の多くは，聞こえてきた weren't だけを手がかりにして①を選んだようである。一般に〈There is / are 〜.〉「〜がある」の there は，速く弱く発音されるので聞き取りにくい。本文も There weren't very many 〜. の部分が聞き取りにくい。

　　正答率は80.7%。

解答 ③

問4

Susan, I left my phone at home. Wait here. I'll be back.

解説 「スーザン，家に電話を忘れてきたよ。ここで待っててね。戻ってくるから」

① 「話者はスーザンに戻るようお願いする」
② 「話者は携帯電話を取りに行く」
③ 「話者は携帯電話を置いていく」
④ 「話者はスーザンを待つ」

　②が正解。上記の文の内容を表すのは②しかない。go and get ～ は「～を取りに行く」の意味であることに注意すること。英文では「取りに行く」とは明言されていないので，難しく感じる人もいるかもしれない。間違えた人の半数は③にしている。I left .... と I'll be back. を適当に組み合わせて考えたのかもしれない。正答率は67.1%。

解答 ②

問5

放送された英文

I didn't lose my map of London. I've just found it in my suitcase.

解説 「ロンドンの地図はなくさなかった。それをスーツケースの中に見つけたところだ」

① 「話者はロンドンでスーツケースを見つけた」
② 「話者はロンドンの地図を持っている」
③ 「話者はロンドンでスーツケースを紛失した」
④ 「話者はロンドンの地図を買う必要がある」

　②が正解。差がついた問題である。上位者の正答率は80%を超えているが，全体では43.2%しかない。第2文の found it in が「ファウンディティン」のようにくっついて聞こえるので，こうした音のつながり（リエゾン）に慣れていないと間違える可能性が高い。「地図をなくさなかった」が「地図を持っている」となる言い換えにも注意したい。

解答 ②

問6

　Claire usually meets Thomas for lunch on Fridays, but she's too busy this week.

解説　「クレアはいつもは毎週金曜日にトーマスと会って昼食を食べるが，今週はそうするには忙しすぎる」

　　　① 「クレアは今週金曜日はトーマスに会って昼食を共にすることができない」

　　　② 「クレアは金曜日にトーマスと昼食を食べたことがほとんどない」

　　　③ 「クレアは普段，金曜日にトーマスを見かけない」

　　　④ 「クレアは今週金曜日にトーマスと昼食を食べる」

　①が正解。後半の省略部分を補えば，she's too busy this week <u>to meet him for lunch</u>「彼女はとても忙しく，彼と会って昼食を食べることができない」となる。②は，hardly ever「めったに〜ない」がusually とは逆の意味の副詞だが，この表現を知らないと②を選んでしまうかもしれない。

　正答率は80% を超えている。間違えた人は②を選んだ人が多かった。

解答　①

例 題 2

やや難

英語を聞き，それぞれの内容と最もよく合っているものを，4つの選択肢（①～④）のうちから一つずつ選びなさい。（2回流す）

問1

① The speaker forgot to do his homework.

② The speaker has finished his homework.

③ The speaker is doing his homework now.

④ The speaker will do his homework later.

［追試］

問2

① The speaker doesn't want Meg to go home.

② The speaker doesn't want to go home.

③ The speaker wants Meg to go home.

④ The speaker wants to go home.

［追試］

問3

① The speaker is far away from the station now.

② The speaker is with Jill on the train now.

③ The speaker will leave Jill a message.

④ The speaker will stop talking on the phone.

［追試］

問4

① The speaker doesn't have any bread or milk.

② The speaker doesn't want any eggs.

③ The speaker will buy some bread and milk.

④ The speaker will get some eggs.

［追試］

問1

放送された英文

Have you finished your homework? I've already done mine.

解説　「宿題は終わった？　私は自分の宿題はもう終えたよ」

① 「話者は宿題をやるのを忘れていた」

② 「話者は宿題をすでに終えた」

③ 「話者は宿題を今やっている」

④ 「話者はあとで宿題をやる」

　②が正解。I've already done mine. は I've already finished my homework. と同意。正答率は86.3％でかなり高い。

解答　②

問2

放送された英文

I'm tired, Meg. Do you mind if I go home?

解説　「メグ，僕は疲れたよ。家に帰ってもいいかな」

① 「話者はメグに家に帰ってほしくない」

② 「話者は家に帰りたくない」

③ 「話者はメグに家に帰ってほしい」

④ 「話者は家に帰りたい」

　④が正解。第2文の〈Do you mind if I (V)?〉は「私が～してもいいですか」という意味の成句である。本文では「私が家に帰ってもいいですか」とたずねていることがわかる。よって④が正解となる。mind if I の部分が速く発音されリエゾンを起こしているので，この部分が聞き取れずに③にした人が27.5％もいる。正答率は58.8％。

解答　④

問3

放送された英文

Hello? Oh, Jill. Can I call you back? I have to get on the train right now.

解説　「もしもし。ああジル。かけ直してもいいかな？　今電車に乗らないといけないんだ」

① 「話者は今駅から遠い所にいる」

② 「話者は今ジルといっしょに電車に乗っている」

③ 「話者はジルに伝言を残すだろう」

④ 「話者は電話で話すのをやめるだろう」

　④が正解。Can I call you back? から，話者は今は電話ができないので，あとでかけ直すと言っていることがわかる。その理由は最終文にある通り，「今から電車に乗る」ためである。選択肢の①・②・③は明らかな間違い。④は，「あとでかけ直す」＝「今は電話で話すのをやめる」という言い換えで正解。かなり巧妙な言い換えのためか，正答率は 51.0％しかない。③を選んだ人が 21.6％で，②を選んだ人が 19.6％になる。

解答 ④

問4

放送された英文

　We have some bread and milk, but there aren't any eggs. I'll go and buy some.

解説 「パンと牛乳はあるけど，卵がないよ。僕が卵を買いに行くね」

① 「話者はパンも牛乳も切らしている」

② 「話者は卵を必要としていない」

③ 「話者はパンと牛乳を買うだろう」

④ 「話者は卵を手に入れるだろう」

　④が正解。I'll go and buy some. は I'll go and buy some eggs. のこと。よって④が正解。buy が get で言い換えられていることに注意したい。 but there aren't any の部分が速く読まれているので，そこを聞き逃すと混乱するかもしれない。正答率は54.9％で，③を選んだ人が 21.6％，②を選んだ人が 19.6％である。

解答 ④

原則❷ **短文および対話文イラスト選択問題**

　身の回りの事柄に関して平易な英語で話される短い発話あるいは対話文を聞き，それに対応するイラストを選ぶことを通じて，発話内容の概要や要点を把握する力を試す問題。

特徴

❶短文は各文の語数が10〜15語程度。会話文は男性2回女性2回の男女交互の会話から成り，各会話文の総語数は30語程度。❷英文は2回読まれる。❸読み上げ速度は約150〜166語／分と比較的速い。❹語彙レベルは CEFR-J の A1〜2程度。❺複雑な文法知識や難解な語彙はほぼ出題されない。出ても解答根拠には関わらない。❻イラストは，それぞれの差が明確なものが出題され，細かい差異の認識は出題されない。

対策

❶各設問のイラストにはそれぞれ共通点・相違点が含まれ，それらに関する放送文内の情報が解答のキーとなる。キーとなる情報は各設問に概ね2つ。それらを1つ1つ聞き取りながら正解候補を絞り込んでいけば，難なく正解にたどり着ける。

❷解答のポイントは必ずしも会話の終盤にあるとは限らないので注意する。

❸「〜について話をしています」などの説明文がある場合は，それが大きなヒントとなる。

❹正解の選択肢は，放送された英文を言い換えたものである場合が多い。

 竹岡の一言

　イラストと状況説明から，必要となりそうな情報を素早くキャッチすることが肝心！

例題 3 標準

英語を聞き，それぞれの内容と最もよく合っている絵を，4つの選択肢（①〜④）のうちから一つずつ選びなさい（2回流す）。

問1

［本試］

問2

［本試］

問3

①

②

③

④

［本試］

 竹岡の一言

　共通テストのイラストは，週刊誌などに載っている「間違いさがし」の
ような，目をこらしてもなかなか違いがわからないものでは決してない。
とにかく「異なる点」を素早く見つけて，内容を予測したうえでリスニン
グに臨もう!!

問4 息子が，母親にシャツの取り扱い表示について尋ねています。

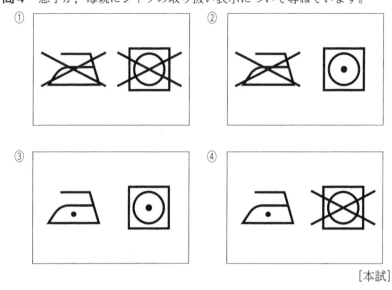

それぞれの問いについて対話の場面が日本語で書かれています。対話とそれについての問いを聞き，その答えとして最も適切なものを，4つの選択肢①〜④のうちから一つずつ選びなさい。（2回流す）

問5 Maria の水筒について話をしています。

問6 コンテストでどのロボットに投票するべきか，話をしています。

①

②

③

④

[本試]

問7 父親が，夏の地域清掃に出かける娘と話をしています。

①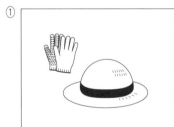

②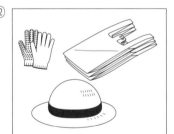

③

④

[本試]

問8　車いすを使用している男性が駅員に質問をしています。

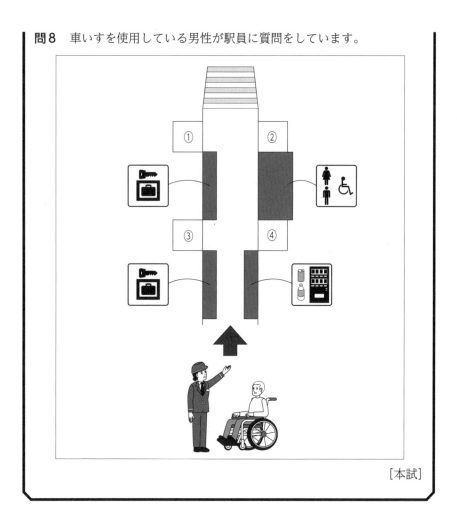

[本試]

問1

放送された英文

The girl's mother is painting a picture of herself.

解説　「その女の子の母親は自分の絵を描いている」

　　③が正解。聞こえてきた英文の意味は「その女の子の母親は自分の絵を描いている」である。文の主語は the girl's mother なので，描いている人は「女の子のお母さん」であることがわかる。また，is painting a picture of herself の herself に注目する。再帰代名詞（ここでは herself）は，文の主語と（動詞あるいは前置詞の）目的語が

一致する場合に使われる。よって，herself は the girl's mother と同一人物，つまり「女の子のお母さん」を指すことから，描かれているのも「女の子のお母さん」であることがわかる。なお，もし a picture of her であったならば「女の子の絵」を描いていることになる。以上から③が正解だとわかる。

　girl の -ir- は**問2**の shirt と同じ「アー」の音である。また a picture of herself の of は弱形の発音であり，後ろの herself とくっついて「オヴァハセォフ」のように聞こえることに注意したい。

解答 ③

問2

放送された英文

Nancy already has a lot of striped T-shirts and animal T-shirts. Now she's buying another design.

解説　「ナンシーはすでにたくさんの縞模様のTシャツと動物のTシャツを持っている。今彼女は別の柄のものを買おうとしている」

　①が正解。第1文に「ナンシーはすでにたくさんの縞模様のTシャツと動物のTシャツを持っている」とある。さらに第2文に「今彼女は別の柄のものを買おうとしている」とある。このことから，猫が描かれたTシャツの②，イルカが描かれたTシャツの③，縞模様のTシャツの④は正解ではないことがわかる。よって，消去法で①を選ぶことになる。

　shirt の -ir- は，thirsty「喉が渇いた」，thirty「30」などと同様に，舌を引いて，絞り出すように喉の奥を鳴らす「アー」の音である。

　striped「縞模様の」がわからなかった人は，④を選んでしまったようである。なお，本文に登場する design は「模様の繰り返しがない柄」の意味の単語であり，pattern「模様の繰り返しがある柄」と区別して覚えておきたい。

解答 ①

問3

放送された英文

Almost everyone at the bus stop is wearing a hat.

解説　「バス停にいるほとんどすべての人が帽子をかぶっている」

②が正解。聞こえてきた音声の内容は「バス停にいるほとんどすべての人が帽子をかぶっている」である。almost「ほとんど」は「ある状態に，もう少しのところで到達していない」ことを示す副詞なので，「全員ではないが，それに近い数の人が帽子をかぶっている」という意味だとわかる。イラストを見ると①は5人全員が，②は5人中4人が，③は5人中1人が帽子をかぶっており，④はだれも帽子をかぶっていない。このイラストの中で「ほとんど全員」と言えるのは②しかない。正答率は57.8%しかない。

Almost everyone の Almost が聞き取れず①を選んだ人がかなりいる。almost の発音は，「オーモス（ト）」に近い音だが，普段から「オルモスト」などと間違って発音していると聞き取れなかったかもしれない。all「オー」，tall「トー」，mall「モー」などの -l の発音に慣れておきたい。

なお，almost は副詞なので，通例名詞の前に置くことはないが，all や，every，any，no などを含む名詞の前に置くことは可能。

解答 ②

問4

放送された英文

M：Can I put this shirt in the dryer?

W：No, look at the square symbol. It's crossed out.

M：Do I have to iron it?

W：Well, this symbol shows that you can.

Question：Which picture shows what they are looking at?

解説 **「彼らが見ている図はどれか」**

④が正解。男性は最初の発言で「シャツを乾燥機にかけることができるかどうか」をたずねていることがわかる。発言中の dryer とは「乾燥機」のことであり，hair dryer「ヘアドライヤー」のことではない。女性の最初の発言で「乾燥機にかけるのはだめで，その理由は四角のマークに×がしてあるからだ」とわかる。イラストの中で「四角のマークに×がしてある」ものは①と④だけである。さらに男性の2番目の発言で「シャツにアイロンをかける必要があるか」をたずねていることがわかる。女性の2番目の発言で「マークからアイロンをかけてもよい」とわかる。アイロンの記号とは，四角のマークの

左に書かれているものであると推察できる。ここから④が正解だとわかる。①を選んだ人は女性の2番目の発言の you can を you can't と聞き間違えて①にしたようだ。正答率は81.3％で差がついた問題である。間違った人の約20％が①を選択している。

　　助動詞の can は通例弱く発音されるが，can の後ろの動詞が省かれている場合には強く発音されることに注意したい。

解答 ④

訳 男性：このシャツは乾燥機にかけてもいい？
女性：いいえ，四角のマークを見て。×のマークがついてるよ。
男性：これはアイロンをかけなければいけないのかな？
女性：そうね，このマークはかけてもいいことを示しているね。

語句 ▶ **squáre** 形「四角い」
▶ **cross ～ out / out ～** 熟「～に×をする」

問5

放送された英文

M：Maria, let me get your water bottle.

W：OK, mine has a cup on the top.

M：Does it have a big handle on the side?

W：No, but it has a strap.

Question：Which water bottle is Maria's?

解説 「どの水筒がマリアのものか」

　　②が正解。説明文とイラストから「マリアの水筒」の形状に関する会話だとわかる。

　　男性の最初の発言「マリア，君の水筒を取ってきてあげるよ」に出てくる let me ～ は，(1)「私に～させて」例 Let me ask you a question.「質問をさせてください」，(2)「（あなたに代わって）～してあげよう」例 Let me buy you lunch.「昼ご飯をおごってあげよう」，という意味を持つ熟語であり，本文では(2)の意味で使われている。

　　女性の最初の発言「私の水筒には上にコップがついてるのよ」から，正解は，②・③・④に絞られる。さらに，男性の2番目の発言「側面に大きな取っ手があるの？」と女性の2番目の発言「ううん（＝側面に大きな取っ手はない），でもひもがついているよ」から，側面には取っ手はなく，ひもがついていることがわかる。以上から②が正解

だとわかる。

　語尾の l は「ル」ではなく「オ」に近い音に聞こえるので，本文の bottle は「バァロー」，handle は「ヘェンドー」のように聞こえる。

解答 ②

訳　男性：マリア，君の水筒を取ってきてあげるよ。

　　　女性：OK，私の水筒には上にコップがついてるのよ。

　　　男性：側面に大きな取っ手があるの？

　　　女性：ううん，でもひもがついているよ。

語句 ▶ **hándle**　名「取っ手」

　　　 ▶ **strap**　名「ひも」

問6

放送された英文

W：What about this animal one?

M：It's cute, but robots should be able to do more.

W：That's right. Like the one that can clean the house.

M：Exactly. That's the best.

Question：Which robot will the man most likely vote for?

解説　**「男性が投票する可能性が最も高いロボットはどれか」**

　④が正解。女性の最初の発言の What about ～? は，(1)「(情報・意見を求めて) ～についてはどう思いますか」 **例** What about Monday?「月曜日はどうですか」，(2)「(しばしば非難を示して) ～はどうなっているの」 **例** What about payment?「支払いのほうはどうなっているの？」，の意味で用いられる。本文では(1)の意味で使われている。

　女性の最初の発言「この動物の形をしたものはどう？」と，男性の最初の発言「かわいいけど，ロボットはもっと機能的であるべきだよ」から，男性は，動物の形をしたロボットは機能的ではないと考えていることがわかる。さらに女性の2番目の発言「そうね。家を掃除できるロボットのようなやつね」と，男性の2番目の発言「そうだね。それが一番いいね」から，男性は，家を掃除できるロボットが一番だと考えていることがわかる。以上から④が正解だとわかる。

　女性の2番目の発言に出てくる Like the one that can ... の that は関係代名詞なので，非常に弱く発音され，can とくっついて「ダッカ

ン」のように聞こえることに注意したい。

　なお，問いの中に登場する likely は，(1)形容詞として，しばしば be likely to (V) の形で「～する可能性がある」の意味 **例** It is likely to rain.「雨になりそうだ」，(2)副詞として，「（しばしば very, most, quite などと共に）たぶん」の意味 **例** Most likely, we'll have snow.「おそらく雪だろう」，を持つが，本文では(2)の用法である。

解答 ④

訳 女性：この動物の形をしたものはどう？
男性：かわいいけど，ロボットはもっと機能的であるべきだよ。
女性：そうね。家を掃除できるロボットのようなやつね。
男性：そうだね。それが一番いいね。

語句 ▶ **exáctly** **副** 「そうだね，その通り」

問7

放送された英文

M：Don't you need garbage bags?
W：No, they'll be provided. But maybe I'll need these.
M：Right, you could get pretty dirty.
W：And it's sunny today, so I should take this, too.
Question：What will the daughter take?

解説 「娘は何を持っていくか」

　①が正解。男性の最初の発言「ごみ袋はいらないの？」の Don't you need ～? は，否定疑問文であることに注意したい。日本語では「必要ではありませんね」に対して，必要でないということを言いたい場合には「はい，必要ありません」と言うのが普通である。一方，英語では，否定疑問文でたずねられた場合に，「答えが否定の意味になる場合には，受け答えは yes ではなく no を用いる」というルールがある。このことから，女性の最初の発言の No は，I don't need garbage bags.「私はごみ袋は必要ない」という意味だとわかる。よって，正解は①・④に絞られる。

　さらに，男性の2番目の発言「そうだね，けっこう汚れるかもね」の主語が you であることから，「地域清掃をする際に，あなた（の体[の一部]）が汚れるかもしれない」という意味だと推測できる（こ

の発言中の could は「〜かもしれない」の意味であることに注意したい）。しかし，①・④のどちらのイラストにも手袋（＝体が汚れるのを防ぐ物）があり，この発言からは答えは絞れない。

女性の2番目の発言「しかも今日は晴れだから，これも持っていかなきゃ」から，「日よけ用の何か」を持っていくことがわかる。よって，麦わら帽子（a straw hat）の含まれる①が正解だとわかる。

女性の最初の発言の they'll be がどれも弱形で発音され，「ゾービ」のように聞こえることに注意したい。

解答 ①

訳 男性：ごみ袋はいらないの？

女性：うん，向こうでもらえるからね。でもたぶん，これは必要だと思う。

男性：そうだね，けっこう汚れるかもね。

女性：しかも今日は晴れだから，これも持っていかなきゃ。

語句 ▶ **gárbage bag** 名「ごみ袋」

▶ **be províded** 熟「提供される」

▶ **prétty** 副「かなり」

▶ **take 〜** 他「〜を持っていく」

問8

放送された英文

M：Excuse me, where's the elevator?

W：Down there, next to the lockers across from the restrooms.

M：Is it all the way at the end?

W：That's right, just before the stairs.

Question：Where is the elevator?

解説 「エレベーターはどこにあるか」

①が正解。説明文とイラストから，駅の中の何かの場所をたずねる問題だとわかる。

男性の最初の発言「すみません，エレベーターはどこですか」から，たずねているのは「エレベーター」についてであることがわかる。なお，elevator や chocolate のように，-ator，-ate で終わる単語のアクセントは，-ator，-ate の2つ前の母音（élevator / chócolate）にあることに注意したい。

女性の最初の発言「そこをまっすぐ行くと，トイレの向かいのロ

ッカーの隣にあります」から，正解は①・③に絞られる。この発言中に出てくる down there は「（通り，通路などについて）そこをまっすぐ（行く）」の意味で，必ずしも「下り」を意味しているのではないことに注意したい。さらに，across from ～は，across the aisle from ～「～から通路を隔てて反対側に」から the aisle が省略された形の熟語。**例** My house is across (the street) from the bank.「私の家は銀行から通りを隔てた反対側にあります」

　男性の2番目の発言「突き当たりまでずっと行くのですね？」と，女性の2番目の発言「そうです，階段のすぐ手前です」から，正解は①だとわかる。

　across from the restrooms の意味がわからなかったと思われる多くの人は②を選んでいる。

　正答率は57.1％しかない。

解答 ①

訳 男性：すみません，エレベーターはどこですか？
女性：そこをまっすぐ行くと，トイレの向かいのロッカーの隣にあります。
男性：突き当たりまでずっと行くのですね？
女性：そうです，階段のすぐ手前です。

語句 ▶ **down there** 熟「そこをまっすぐに」
▶ **acróss from** ～ 熟「～の向かい側に」
▶ **áll the wáy** 熟「ずっと」
▶ **stairs** 名「階段」

お役立ちコラム

A is across from B のイメージ

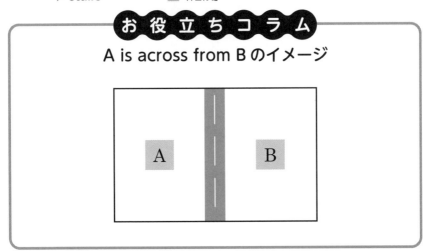

例題 4　やや易

　対話とそれについての問いを聞き，その答えとして最も適当な絵を，4つの選択肢（①～④）のうちから一つずつ選びなさい（2回流す）。対話の場面は日本語で書かれています。

問1　動物園で見てきた動物について話をしています。

① ② ③ ④

[試行]

問2　遊園地で乗り物の話をしています。

① ② ③ ④

[試行]

問3　男子大学生がアルバイトの面接を受けています。

① ② ③ ④

[試行]

問4 ケガをした患者と医者が話をしています。

［試行］

　それぞれの問いについて対話の場面が日本語で書かれています。対話とそれについての問いを聞き，その答えとして最も適切なものを，4つの選択肢①～④のうちから一つずつ選びなさい。（2回流す）

問5 部屋の片づけをしています。

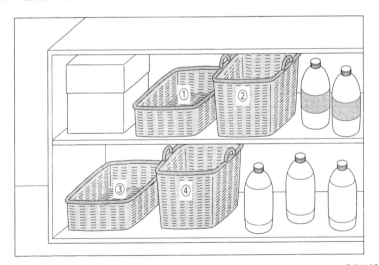

［本試］

問6 部屋の片づけをしています。

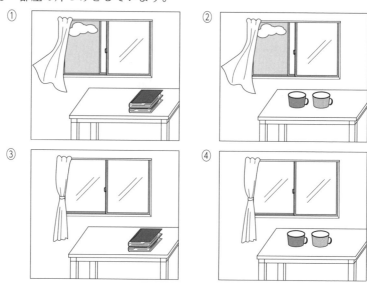

問7 弟が，出かけようとしている姉に話しかけています。

問8 友人同士が，車を停めたところについて話しています。

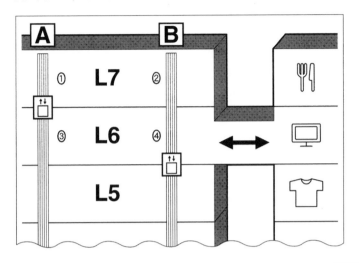

［追試］

問9 Ayaka の家族の写真を見ながら，友人が質問をしています。

［本試］

問1

放送された英文

M : What was the name of the animal with the small ears?

W : The one with the long tail?

M : No, the short-tailed one.

W : Oh, yeah, with the long nose.

Question : Which animal are the speakers talking about?

解説　「話者はどの動物について会話しているのか」

　　男性の最初の発言「小さい耳を持つ動物の名前は何だったっけ」から，②・③・④に絞れる。女性の最初の発言「尻尾が長い動物？」と2番目の発言「ああ，鼻が長い動物ね」から，④が残る。①は「ゾウ」an elephant，②は「カピバラ」a capybara，③は「ミーアキャット」a meerkat，④は「マレーバク」a Malayan tapir だと推察されるが，このような動物名を知らなくても解ける工夫がしてあるところが面白い。音声面では，with は前置詞で弱形なので非常に弱く発音されている。さらに with に the がくっついて発音されることにも注意。with を普段から「ウィズ」と発音していると聞き取れないかもしれない。正答率は86.0%。

解答　④

訳　男性：小さい耳を持つ動物の名前は何だったっけ。

　　女性：尻尾が長い動物？

　　男性：いや，尻尾は短いね。

　　女性：ああ，鼻が長い動物ね。

語句　▶ **tail**　名「尻尾」

　　　　▶ **nose**　名「鼻」

問2

放送された英文

W : This place is famous for its roller coaster!

M : Oh ... no, I don't like fast rides.

W : Well then, let's try this!

M : Actually, I'm afraid of heights, too.

Question : Which is the best ride for the man to try?

解説 「**男性が試すのに最もよい乗り物はどれか**」

　説明文とイラストから「遊園地での乗り物」の話だとわかる。男性の最初の発言「ああ，だめだ，速い乗り物は苦手なんだ」から，①と②が消える。さらに男性の2番目の発言「じつは高いところも怖いんだ」から④も消え，結局③を選ぶことになる。**問1**と同様に，この問いも特殊な単語を知らなくても解けるように工夫されている。なお，①「回転ブランコ」は a wave swinger，②「ゴーカート」は a go-cart，③「メリーゴーラウンド」は a carousel または a merry-go-round。④の「観覧車」は，その設計者の名前から a Ferris wheel という。音声面では heights「高いところ」がきちんと聞こえたかどうかがポイント。この単語は -ei- を /ai/ と発音する例外的な単語。

解答 ③

訳 女性：この場所はジェットコースターで有名なのよ！
　　　男性：ああ，だめだ，速い乗り物は苦手なんだ。
　　　女性：ああ，それじゃあ，これを試してみましょう！
　　　男性：じつは高いところも怖いんだ。

問3

放送された英文

W：Next, can you tell me about your work experience?

M：I've worked as a waiter in a café.

W：But you said you wanted to cook?

M：Yes, I'd like to try it.

Question：What job does the man want?

解説 「**男性はどのような仕事を望んでいるか**」

　女性の2番目の発言と男性の2番目の発言から，男性は料理がしたいことがわかる。よって，②が正解。正答率は77.7％。

解答 ②

訳 女性：次に，職歴について聞かせてもらえますか？
　　　男性：カフェでウェイターとして働いていました。
　　　女性：でも，料理がしたいとおっしゃっていましたよね？
　　　男性：はい，やってみたいと思っています。

問4

M：How long do I have to wear this?

W：At least six weeks.

M：How will I take notes in class, then?

W：You'll have to talk to your teacher about that.

Question：Which picture shows the patient's condition?

解説 「どの絵が患者の状態を示しているか」

　　　男性の2番目の発言から，男性がノートをとれない状態にあることがわかる。よって手を負傷しているイラストである④を選ぶ。正答率は56.9％。

解答 ④

訳 男性：これをどれくらいの期間つけておかなくてはならないのですか？
　　　女性：少なくとも6週間です。
　　　男性：じゃ，どうやって授業中にノートをとればいいんでしょう？
　　　女性：それについては学校の先生に言ってみないといけませんね。

語句 ▶ **at least** 熟「少なくとも」
　　　▶ **take notes** 熟「ノートをとる」
　　　▶ **pátient** 名「患者」
　　　　＊ / pei- / の発音

問5

W：Oh, I forgot. Where should these towels go?

M：In the basket on the bottom shelf.

W：The one beside the bottles?

M：No, the other one.

Question：Where should the woman put the towel?

解説 「女性はどこにタオルを置くべきか」

　　　③が正解。女性の最初の発言から，タオルをどこにしまえばよいのかが問題になっていることがわかる。この女性の発言中にある go は「（物がどこかの場所に）置かれる，納まる」の意味であり，しばしば Where do(es) S go? 「S はどこへしまうのですか？」の形で使われ

る（**例** Where does this dictionary go?「この辞書はどこに置くの？」）。次に，男性の最初の発言から「（タオルは）下の棚にあるかごの中」に置くとわかる。さらに，男性と女性のそれぞれの2番目の発言から「ボトルの隣ではないほうにある」とわかり，正解③を得る。そもそも towel /taul/ の発音がわからなくて戸惑った人もいたかもしれない。正答率は70.3%。

解答 ③

訳 女性：あれ，忘れちゃった。タオルはどこに置けばいいんだっけ？
男性：下の棚にあるかごの中だよ。
女性：ボトルの横にあるかご？
男性：いや，違うほう。

問6

放送された英文

W：Can you take the cups off the table and put the books there instead?
M：Done! Shall I close the window?
W：Umm, leave it open.
M：Yeah, we need some air.
Question：Which picture shows the room after the conversation?

解説 「この会話のあとの部屋の状態を示しているのはどの絵か」
①が正解。問題文から「会話のあとの部屋の状態」を答えればよいことがわかる。女性の最初の発言から，解答の絵には，テーブルに本が置かれているべきであることがわかる。よって②・④が消える。off the table の部分が聞き取りにくいが，and のあとの部分から理解できたはずだ。さらに女性の2番目の発言と男性の2番目の発言から，窓は開いたままになっていることがわかる。よって③は消える。正答率は62.5%で，37.5%の人が②を選択している。第1文の聞き取りが難しかったようである。

解答 ①

訳 女性：テーブルからカップをどけて，代わりにそこに本を置いてくれない？
男性：できたよ！　窓を閉めようか？
女性：うーん，開けたままにしておいて。
男性：わかった，新鮮な空気を入れたほうがいいね。

問7

放送された英文

M：Nice coat.

W：Thanks. It's new and goes well with these boots.

M：But it's so warm today.

W：OK, I'll wear these instead. But I'll keep this on. Bye.

Question：How is the sister dressed when she goes out?

解説　「姉が外出するときの服装はどのようなものか」

　　③が正解。I'll wear these instead. But I'll keep this on. の these が these shoes であり，this が this coat であることがわかったかどうかがポイント。正答率は33.3％しかない。①を選んだ人が37.3％，②を選んだ人が27.5％いる。

解答　③

訳　男性：素敵なコートだね。

　　女性：ありがとう。新品でこのブーツとよく合うの。

　　男性：けど，今日はすごく暖かいよ。

　　女性：わかった，代わりにこれを履くことにする。でも，コートはこのまま着て行くわ。じゃあ。

問8

放送された英文

M：Didn't we park the car on Level 6?

W：Not 7? No! You're right.

M：It was next to Elevator A.

W：Yeah, we walked directly across the bridge into the store.

Question：Where did they park their car?

解説　「彼らは車をどこに駐車したか」

　　③が正解。男性と女性の最初の発言から車は6階にあることがわかる。さらに男性と女性の2番目の発言からAエレベーターの隣であることもわかる。以上から③が正解となる。正答率は72.3％で，④を選んだ人が15.7％いた。Elevator A というのが認識できなかったようだ。

解答　③

訳　男性：6階に車を停めなかったっけ？

女性：7階じゃない？　いや！　あなたが正しいわ。

男性：Aエレベーターの隣だったね。

女性：そう，連絡橋を渡って直接店に入ったわね。

問9

放送された英文

M：Who's the boy with the dog, Ayaka?

W：My nephew. Next to him is his twin sister.

M：Is the woman next to her your sister?

W：No, she's my aunt, Tomo.

Question：Which person in the photo is Tomo?

解説　「写真の中のどの人物がトモか」

　④が正解。男性と女性の最初の発言から，②は女性の甥（おい）であり，その隣にいるのがその甥の双子の妹だとわかる。Next to him is his twin sister. は His twin sister (S) is (V) next to him (副詞句). を，副詞句を文頭に置き，SV の順番を入れ替えた倒置形である。これは「一番大切な情報を文末に置く」という英語のルールに沿ったものである。なお，この発言だけでは「甥の双子の妹」が右隣にいるのか左隣にいるのかはわからない。しかし，「甥の双子の妹」ということから，常識的には甥と似た背丈のはずで，①ではなく③だとわかる。男性と女性の2番目の発言から，双子の妹の隣にいるのが叔母さんのトモだとわかる。以上から④が正解となる。正答率は64.7％で，①を選んだ人が25.0％であった。

解答　④

訳　男性：アヤカ，犬といっしょにいる男の子はだれ？

女性：私の甥っ子よ。その子の隣にいるのは彼の双子の妹よ。

男性：彼女の隣の女性は君のお姉さん？

女性：いいえ，彼女は私の叔母のトモよ。

イラストの中にあるものをすべて英語で言えなくても大丈夫なように問題は作られている。

あせらず落ち着いてやればできる！

原則③ 対話文質問選択問題

　身の回りの事柄に関して平易な英語で話される短い対話文を聞き，場面と情報を参考にしながら聞き取ることを通じて，概要や要点を目的に応じて把握する力を問う問題。

傾向

❶英文は男性3〜4回，女性3〜4回の男女交互の会話から成るものが多い。各会話文の総語数は50語程度。アメリカ英語以外の英語で話されている場合もある。❷英文は1回しか読まれない。❸読み上げ速度は約140語／分と，2回英文が流される問題よりはやや遅い。❹語彙レベルは CEFR-J の A1〜2程度。

対策

❶「〜について話をしています」などの説明文がある場合，それが大きなヒントとなる。

❷解答のポイントは必ずしも会話の終盤にあるとは限らないので注意する。

❸正解の選択肢は，放送された英文を言い換えたものである場合が多い。

例題 5　　　　　　　　　　　　　　　やや易

　それぞれの問いについて，対話の場面が日本語で書かれています。対話を聞き，問いの答えとして最も適切なものを4つの選択肢（①〜④）のうちから一つずつ選びなさい。

問1　同窓会で先生が卒業生と話をしています。

　　What does the teacher have to do on April 14th?

　　①　Attend a meeting　　②　Have a rehearsal

　　③　Meet with students　　④　See the musical

［本試］

問2　台所で夫婦が食料品を片付けています。

What will be put away first?

① Bags　　② Boxes　　③ Cans　　④ Containers

［本試］

問3　職場で女性が男性に中止になった会議についてたずねています。

Which is true according to the conversation?

① The man didn't make a mistake with the email.

② The man sent the woman an email.

③ The woman didn't get an email from the man.

④ The woman received the wrong email.

［本試］

問4　イギリスにいる弟が，東京に住んでいる姉と電話で話をしています。

What does the woman think about her brother's plan?

① He doesn't have to decide the time of his visit.

② He should come earlier for the cherry blossoms.

③ The cherry trees will be blooming when he comes.

④ The weather won't be so cold when he comes.

［本試］

問5　友人同士が野球の試合のチケットについて話をしています。

Why is the man in a bad mood?

① He couldn't get a ticket.

② He got a ticket too early.

③ The woman didn't get a ticket for him.

④ The woman got a ticket before he did.

［本試］

問6　友人同士が通りを歩きながら話をしています。

What did the woman do?

① She forgot the prime minister's name.

② She mistook a man for someone else.

③ She told the man the actor's name.

④ She watched an old movie recently.

［本試］

問1

M：Hello, Tina. What are you doing these days?

W：Hi, Mr. Corby. I'm busy rehearsing for a musical.

M：Really? When's the performance?

W：It's April 14th, at three. Please come!

M：I'd love to! Oh ... no, wait. There's a teachers' meeting that day, and I can't miss it. But good luck!

W：Thanks.

解説 「先生は 4 月14日に何をしなければならないか」

① 「会議に出席する」

② 「リハーサルをする」

③ 「生徒と会う」

④ 「ミュージカルを見る」

①が正解。説明文と設問から「先生が 4 月14日に何かをしなければならないこと」に関する問題だとわかる。

女性の最初の発言「こんにちは，コービー先生。私はミュージカルのリハーサルで忙しいです」，男性の 2 番目の発言「本当？ 公演はいつ？」，女性の 2 番目の発言「 4 月14日の 3 時です。ぜひ来てください！」から，女性が出演するミュージカルが 4 月14日の 3 時にあり，男性を誘っていることがわかる。男性の 3 番目の発言「ぜひ行きたいな！ ああ…いや，待ってね。その日は職員会議があって，欠席できないんだ。でも，頑張って！」から，男性は職員会議のため，ミュージカルには行けないことがわかる。以上から①が正解だとわかる。正答率は82.0%。

解答 ①

訳 男性：こんにちは，ティナ。最近はどう？

女性：こんにちは，コービー先生。私はミュージカルのリハーサルで忙しいです。

男性：本当？ 公演はいつ？

女性： 4 月14日の 3 時です。ぜひ来てください！

男性：ぜひ行きたいな！ ああ…いや，待ってね。その日は職員会議があって，欠席できないんだ。でも，頑張って！

女性：ありがとうございます。

▶ **these days** 熟 「このごろ」
　　　 ▶ **be busy** (V)**ing** 熟 「V で忙しい」
　　　 ▶ **perfórmance** 名 「公演」

問2

放送された英文

M：Where do these boxes go?

W：Put them on the shelf, in the back, and then put the cans in front of them, because we'll use the cans first.

M：How about these bags of flour and sugar?

W：Oh, just leave them on the counter. I'll put them in the containers later.

解説 　「**最初に片づけられるのはどれか**」
　　　①「袋」 ②「箱」 ③「缶」 ④「容器」

　②が正解。説明文と設問から「夫婦が，台所で食料品を片づけていて，最初に何を片づければよいか」に関する問題だとわかる。

　男性の最初の発言「これらの箱はどこに置く？」がポイントとなる。この発言の中に出てくる go については p.62の問 5 を参照のこと。女性の最初の発言「それは棚に置いて，後ろのほうに。そしてその箱の前に缶を置いて。その缶を初めに使うからね」から，まず「箱」を奥にしまえばよいことがわかる。

　さらに，男性の 2 番目の発言「この小麦粉と砂糖の袋は？」と，女性の 2 番目の発言「ああ，それはカウンターに置いておいて。私があとで容器に移すから」から，小麦粉と砂糖の袋は，あとで片づければよいことがわかる。以上から②が正解だとわかる。

　正答率は9.1％しかなかった問題。上位者でも正答率は20％を切っている。本問のように，ポイントが第 1 文にある場合にはとくに，あらかじめ説明文をしっかり読んで，どのような会話が展開されるのかを，ある程度予想しておくことが大切である。

解答 　②

訳 　男性：これらの箱はどこに置く？
　　　女性：それは棚に置いて，後ろのほうに。そしてその箱の前に缶を置いて。
　　　　　　その缶を初めに使うからね。
　　　男性：この小麦粉と砂糖の袋は？

女性：ああ，それはカウンターに置いておいて。私があとで容器に移すか
　　　ら。

〔語句〕 ▶ **Where do 〜 go?**　熟「〜はどこにしまうのか」
　　　　 ▶ **How about 〜?**　　熟「〜はどうですか」
　　　　 ▶ **flour**　　　　　　名「小麦粉」

問3

〔放送された英文〕

W：I didn't know the meeting was canceled. Why didn't you tell me?

M：Didn't you see my email?

W：No. Did you send me one?

M：I sure did. Can you check again?

W：Just a minute .... Um ... there's definitely no email from you.

M：Uh-oh, I must have sent it to the wrong person.

〔解説〕　「会話によるとどれが正しいか」

　　　① 「男性はメールを間違えなかった」
　　　② 「男性は女性にメールを送った」
　　　③ 「女性は男性からメールを受け取らなかった」
　　　④ 「女性は間違ったメールを受け取った」

　③が正解。説明文と設問から，「職場での会議が中止になった件」
に関する問題だとわかる。
　女性の最初の発言「会議が中止されたとは知らなかった。どうし
て私に教えてくれなかったの？」，女性の2番目の発言「ううん。私
にメールを送ってくれたの？」，男性の2番目の発言「確かに送った
よ。もう一度確認してくれる？」から，男性と女性でメールの送受信
に関する意見が対立していることがわかる。女性の3番目の発言「ち
ょっと待って…。うーん…あなたからのメールは絶対にない」と，男
性の3番目の発言「ああ，送信先を間違えたに違いないな」から，女
性は会議中止のメールを，男性からもらっていないことがわかる。以
上から③が正解。
　女性の3番目の発言に登場する definitely は，しばしば否定を強
めて「絶対に〜（ない）」という意味で使われる語である（**例** Ben is
definitely not overweight.「ベンは決して太ってなんかないよ」）。正
答率は74.4％である。

解答 ③

訳 女性：会議が中止されたとは知らなかった。どうして私に教えてくれなかったの？

男性：僕のメールを見なかった？

女性：ううん。私にメールを送ってくれたの？

男性：確かに送ったよ。もう一度確認してくれる？

女性：ちょっと待って…。うーん…あなたからのメールは絶対にない。

男性：ああ，送信先を間違えたに違いないな。

語句
- ▶ **sure** 副「確かに」
- ▶ **définitely** 副「絶対に」
- ▶ **must have** (V)pp 熟「～したに違いない」
- ▶ **the wrong person** 名「間違った人」

問4

放送された英文

M：I've decided to visit you next March.

W：Great! That's a good time. The weather should be much warmer by then.

M：That's good to hear. I hope it's not too early for the cherry blossoms.

W：Well, you never know exactly when they will bloom, but the weather will be nice.

解説 「女性は弟の計画についてどう思っているか」

① 「彼は訪問の時期を決める必要はない」

② 「彼は桜のためにもっと早めに来るべきである」

③ 「彼が来るときには桜が咲いているところだろう」

④ 「彼が来るときにはそれほど寒くないだろう」

④が正解。説明文と男性の最初の発言「次の3月に行くことにしたよ」から，イギリスに住む弟が，東京の姉のところを訪れる計画についての問題だとわかる。

女性の最初の発言「そのころまでにはずっと暖かくなると思うわ」と，男性の2番目の発言「桜の開花に早すぎないことを願っているよ」，女性の2番目の発言「桜がいつ咲くのかは正確にはわからないけど，天気はいいと思うわ」から読み取れることは，少なくとも寒くはないだろうということである。以上から④が正解となる。間違えた

人の多くは③にしているが，cherry blossoms と bloom という語句が聞こえてきたので，それらを含む選択肢を選んだのかもしれない。

　early の発音は，既出の thirsty や work や girl と同じ「アー」の音であることに注意したい。正答率は27.4％である。

解答 ④

訳　男性：次の３月に行くことにしたよ。

　　女性：うれしい！　それはいい時期ね。そのころまでにはずっと暖かくなると思うわ。

　　男性：それはいいね。桜の開花に早すぎないことを願っているよ。

　　女性：そうね，桜がいつ咲くのかは正確にはわからないけど，天気はいいと思うわ。

語句　▶ by then　　　　　熟 「そのころまでには」

　　　　▶ exáctly when 〜　熟 「正確にいつ〜」

　　　　▶ bloom　　　　　　自 「開花する」

問5

放送された英文

W：Hey, did you get a ticket for tomorrow's baseball game?

M：Don't ask!

W：Oh no! You didn't? What happened?

M：Well ... when I tried to buy one yesterday, they were already sold out. I knew I should've tried to get it earlier.

W：I see. Now I understand why you're upset.

解説　「男性はなぜ機嫌が悪いのか」

　　　　① 「チケットが手に入らなかったから」

　　　　② 「あまりにも早くチケットを手に入れたから」

　　　　③ 「女性が彼のチケットを手に入れなかったから」

　　　　④ 「女性が彼の前にチケットを手に入れたから」

　　　①が正解。説明文と設問から，野球のチケットに関して何かあり，男性の機嫌が悪いことについての問題だとわかる。女性の最初の発言「ねえ，明日の野球の試合のチケットは買えた？」，男性の最初の発言「何も聞くな！」，さらに女性の２番目の発言「えっ！　買えなかったんだ？　何があったの？」から，男性が明日の野球のチケットを手に入れることができなかったことがわかる。このことは男性の２番

目の発言「うん…昨日買おうとしたときには，すでに売り切れていたんだ。もっと早く手に入れる努力をすべきだったとはわかっていたのだけれど」からも確認できる。以上から正解として①を選ぶことになる。

　　　正答率は92.2%。

解答 ①

訳 女性：ねえ，明日の野球の試合のチケットは買えた？
男性：何も聞くな！
女性：えっ！　買えなかったんだ？　何があったの？
男性：うん…昨日買おうとしたときには，すでに売り切れていたんだ。もっと早く手に入れる努力をすべきだったとはわかっていたのだけれど。
女性：そうなんだ。あなたが取り乱してる理由がやっとわかったわ。

語句 ▶ **be sold out** 熟「売り切れて」
　　　 ▶ **upsét** 形「気が動転して」

問6

放送された英文

W：Look! That's the famous actor — the one who played the prime minister in that film last year. Hmm, I can't remember his name.

M：You mean Kenneth Miller?

W：Yes! Isn't that him over there?

M：I don't think so. Kenneth Miller would look a little older.

W：Oh, you're right. That's not him.

解説 「**女性は何をしたか**」
　①「首相の名前を忘れた」
　②「ある男性を他の人と間違えた」
　③「その男性に俳優の名前を教えた」
　④「最近，古い映画を見た」
　②が正解。説明文と設問から，女性が何かをしたことがわかる。
　女性の最初の発言「見て！　あれは有名な俳優だよ，去年のあの映画で首相を演じた人。うーん，名前を思い出せないわ」，男性の最初の発言「ケネス・ミラーのこと？」，女性の2番目の発言「そう！　向こうにいるのは彼じゃないかな？」，男性の2番目の発言「違うん

じゃない。ケネス・ミラーだったらもう少し年を取っているように見えると思うよ」，さらに女性の3番目の発言「ああ，そうね。あれは彼じゃないわね」から，女性が通りで見かけた男性を，ケネス・ミラーという俳優だと勘違いしたことがわかる。以上から正解として②を選ぶ。

　①を選んだ人が多いが，おそらく内容が聞き取れず，聞こえてきた語句（prime minister）を頼りに選んだものと考えられる。

　なお男性の2番目の発言の第2文は仮定法が用いられて，主語が条件節にあたり「もしその人がケネス・ミラーだったら」ということを意味している（ 類例 A brave minister would not automatically agree with the prime minister. 「勇敢な大臣なら，何も考えず首相に同意することはないだろう」）。正答率は41.9%。

解答 ②

訳　女性：見て！　あれは有名な俳優だよ，去年のあの映画で首相を演じた人。
　　　　　　うーん，名前を思い出せないわ。
　　　男性：ケネス・ミラーのこと？
　　　女性：そう！　向こうにいるのは彼じゃないかな？
　　　男性：違うんじゃない。ケネス・ミラーだったらもう少し年を取っている
　　　　　　ように見えると思うよ。
　　　女性：ああ，そうね。あれは彼じゃないわね。

語句　▶ **the príme mínister**　　　**名**「首相」
　　　　▶ **Kenneth Miller would look a little older.**
　　　　　＊　仮定法で書かれている。「もしあの人がケネス・ミラーだったら，
　　　　　　もう少し年を取っているように見えるだろう」ということ

例題 6　　標準

それぞれの問いについて，対話の場面が日本語で書かれています。対話を聞き，問いの答えとして最も適切なものを4つの選択肢（①〜④）のうちから一つずつ選びなさい。

問1　病院の受付で，男性が次回の予約を取っています。

On which date will the man go to the doctor?

① March 1st

② March 2nd

③ March 3rd

④ March 4th

[本試]

問2　男性が女性と話をしています。

What is the man likely to do?

① Buy a shoulder bag with his sister

② Choose a birthday gift for his aunt

③ Find a store with his mother

④ Get a handbag for his mother

[本試]

問3　観光案内所で，観光客が質問をしています。

Why is the woman disappointed?

① American art is not on display.

② Asian art is not exhibited today.

③ The museum is now closed permanently.

④ The website is temporarily not working.

[本試]

問4　コンピューターの前で，生徒同士が話をしています。

Why is the boy having a problem?

① He didn't enter a username.

② He didn't use the right password.

③ He forgot his password.

④ He mistyped his username.

[本試]

問5　女性が男性と話をしています。

What does the man think about the concert?

① It should have lasted longer.

② It was as long as he expected.

③ The performance was rather poor.

④ The price could have been higher.

［本試］

問1

放送された英文

M：The doctor says I need to come back in two weeks.

W：The first available appointment is March 2nd at 5. How's that?

M：I'm afraid that's no good. How about the next day?

W：There are openings at 11:30 and 4. Which is better?

M：Hmm, I guess I'll come in the morning.

解説　「男性はどの日に医者に行くか」

　　　① 「3月1日」

　　　② 「3月2日」

　　　③ 「3月3日」

　　　④ 「3月4日」

　　　③が正解。男性の最初の発言から，男性はお医者さんから2週間後に再び来院するように言われたことがわかる。女性の最初の発言から「来院の日として3月2日の5時はどうか」と男性がたずねられていることがわかる。男性の2番目の発言から「その日はだめなので次の日（3月3日）はどうか」とたずねていることがわかる。女性の2番目の発言から「（3月3日には）11時半と4時に空きがある」ことがわかる。男性の最後の発言から「午前中」，つまり11時半に来院することがわかる。以上から男性が次回来院するのは③の「3月3日」となる。

　　　男性の2番目の発言の How about the next day? が聞き取れなかったためか，②「3月2日」を選んだ人が約20％もいる。なお，男性の最後の発言に出てくる I guess (that) SV は，発言内容に対する多少の不確かな気持ちや，気乗りしていないことを暗示するときに用いら

れる表現である。

正答率は65.3％。

解答 ③

訳 男性：先生のお話では，私は 2 週間後にもう一度受診する必要があるとの
ことです。

女性：空いているのは，早くて 3 月 2 日の 5 時です。いかがですか？

男性：その日は都合がつかなくて。次の日はどうでしょうか？

女性：11 時半と 4 時なら空いております。どちらがよろしいですか？

男性：うーん，そうですね。それでは午前に参ります。

語句 ▶ **aváilable** 形「利用できる」

▶ **opening** 名「（予約などの）空き」

問 2

放送された英文

M：That's a nice handbag! Where did you get it?

W：At the new department store.

M：I want to buy one just like that for my mother's birthday.

W：Actually, I'm going there with my sister tomorrow to find a shoulder
bag for my aunt.

M：Can I go with you?

W：Of course.

解説 「**男性は何をする可能性が高いか**」

①「彼の妹といっしょにショルダーバッグを買う」

②「彼の叔母の誕生日プレゼントを選ぶ」

③「彼の母と店を見つける」

④「彼の母へのハンドバッグを買う」

④が正解。男性と女性のそれぞれ最初の発言から「女性が今度オープンしたデパートで，ハンドバッグを買ったこと」がわかる。男性の 2 番目の発言から「女性が買ったものと同じようなハンドバッグを，自分の母親に買いたいと思っている」ことがわかる。女性の 2 番目の発言から「明日女性は妹と，自分の叔母へのプレゼントをそのデパートに探しに行く」ことがわかる。男性と女性のそれぞれ 3 番目の発言から「男性が女性の買い物について行く」ことがわかる。以上から④が正解となる。正答率は61.1％。②にした人が20.3％もいる。

原因として，handbag が「ハンドバッグ」だとわからなかった可能性がある。そのため「男性は自分の母親に，女性と妹は自分たちの叔母にプレゼントを買うためにデパートに行く」という状況が把握できなかったのであろう。

解答 ④

訳 男性：素敵なハンドバッグだね！　どこで買ったの？
女性：今度オープンしたデパートでだよ。
男性：母の誕生日にそれとちょうど同じようなかばんをあげたいな。
女性：実は，叔母へのショルダーバッグを探しに妹と明日そこへ行くの。
男性：いっしょに行っていい？
女性：もちろん。

語句 ▶ department store　名「デパート」
　　＊　「売り場が department［部門］に分かれている店」が原義

問3

放送された英文

W：How do I get to the museum?
M：You mean the new city museum?
W：Yeah, the one featuring American art.
M：That museum displays works from Asia, not from America.
W：Really? I saw American art on their website once.
M：That was a temporary exhibit, on loan from another museum.
W：Too bad.

解説　「女性はなぜ失望しているのか」
　　①「アメリカの美術作品が展示されていないから」
　　②「今日はアジアの美術作品が展示されていないから」
　　③「今は，その美術館がずっと閉館しているから」
　　④「そのウェブサイトが一時的に停止しているから」
　　①が正解。男性と女性のそれぞれ最初の発言から，「女性は新しくできた市営美術館を探している」ことがわかる。男性の2番目の発言から「その美術館ではアメリカではなくアジアの美術作品を扱っている」ことがわかる。さらに男性と女性のそれぞれ3番目の発言から「かつてその美術館ではアメリカの美術作品を他の美術館から借用し期間限定で展示していた」ことがわかる。以上から，女性が落ち込

んでいる理由は，今から行こうとしている美術館には，お目当てのアメリカの芸術作品が展示されていないことだとわかり，①が正解となる。

　上位者の正答率は95％を超えているが，全体の正答率は75.5％であり，差がついた問題と言える。おそらく音声的な難しさというよりも，発言中に出てくる featuring American art「アメリカの芸術作品を特集した」や a temporary exhibit「期間限定の展示（一時的な展示)」などの語彙に対する知識の差が得点差になったものと考えられる。

解答 ①

訳
女性：美術館へはどのようにして行ったらいいのかしら？
男性：新しい市営美術館ですか？
女性：そうなの，アメリカの芸術作品を特集しているところよ。
男性：その美術館はアジアの作品を展示していて，アメリカのではないですよ。
女性：本当？　前にウェブサイトでアメリカの作品を見たけど。
男性：それは期間限定の展示で，他の美術館から借りてきたものでしたよ。
女性：残念だわ。

語句
▶ **féature 〜**　　他「〜を特集する」
▶ **témporary**　　形「一時的な」
▶ **exhíbit**　　名「展示」

問4

放送された英文

M：Hey, I can't log in.
W：Did you put in the right password?
M：Yes, I did. I retyped it several times.
W：And is your username correct?
M：I think so .... It's my student number, isn't it?
W：Yes. But is that your student number?
M：Uh-oh, I entered two zeros instead of one.

解説　「少年はなぜ困っているのか」
　　　　①「ユーザーネームを入力しなかったから」
　　　　②「正しいパスワードを入力しなかったから」
　　　　③「パスワードを忘れたから」

④「ユーザーネームを打ち間違えたから」

④が正解。男性の最初の発言から「何かのサイトにログインできないで困っている」ことがわかる。女性の最初の発言と，男性の2番目の発言から「パスワードには問題がない」ことがわかる。女性の2番目の発言と男性の3番目の発言から「ユーザーネームは学生番号である」ことがわかる。女性の3番目の発言と男性の4番目の発言から「男性がユーザーネーム（＝学生番号）の0を1つ余分に入力していたことが原因でログインできなかった」とわかる。以上から，男性が困っている原因は，「ユーザーネームを打ち間違えたためログインできなかったこと」だとわかる。これに対応する選択肢は④である。上位者の正答率は92.2%とかなり高いが，全体の正答率は 75.5 %であり，差がついた問題だと言えよう。これも音声的な難しさというよりも，男性の最後の発言に出てくる enter ～「～を入力する」，instead of ～「～ではなくて」などの語彙に対する知識の差が得点差になったものと考えられる。

解答 ④

訳

男性：ねえ，ログインができないんだ。

女性：正しいパスワードを入れた？

男性：うん，入れた。何回も入力し直したよ。

女性：じゃあ，ユーザーネームは合ってる？

男性：そう思う…。学生番号だよね？

女性：うん。でもそれはあなたの学生番号なの？

男性：うわ，0を1つ多く入力してたよ。

語句
▶ log in　　　　　熟「ログインする」
▶ put ～ in / in ～　熟「～を入れる」
▶ right　　　　　形「適切な」

問5

放送された英文

W：How was the concert yesterday?

M：Well, I enjoyed the performance a lot, but the concert only lasted an hour.

W：Oh, that's kind of short. How much did you pay?

M：About 10,000 yen.

W：Wow, that's a lot! Do you think it was worth that much?

M：No, not really.

解説　「男性はコンサートのことをどう思っているのか」

① 「もっと長く行われるべきであった」

② 「彼の想像通りの長さだった」

③ 「演奏がかなり酷かった」

④ 「もっとチケットが高価でもよかっただろう」

　①が正解。女性と男性のそれぞれ最初の発言から「男性がコンサートに行った」こと，「そのコンサートは楽しめたが1時間しかなかった」ことがわかる。女性と男性のそれぞれ2番目の発言から「女性はそのコンサートが短いと思っている」ことと，「そのコンサートの料金がおよそ1万円である」ことがわかる。女性と男性のそれぞれ最後の発言から男性は「そのコンサートは1万円の価値があったとは思えない」と考えていることがわかる。以上からコンサートに対する男性の思いは「あまりに演奏時間が短くて1万円の価値があるとは思えない」だとわかる。これに対応する選択肢は①だけである。

　上位者の正答率でも61.7%しかなく，全体の正答率は34.4%しかない。約29%の人が，④ The price could have been higher.「その値段はもっと高くなり得た」→「その値段は安かった」を選んでいるが，これは選択肢の意味を The price was high. だと思ったからであろう。③を選んだ人も20%を超えているが，これは男性の最初の発言 I enjoyed the performance a lot が聞き取れなかったか，あるいは忘れていたからであろう。正解となる選択肢① It should have lasted longer. が女性の2番目の発言の Oh, that's kind of short. の言い換えとなっていることがわからなかったことも，正答率の低さの要因かもしれない。

解答　①

訳　女性：昨日のコンサートはどうだった？

　　　男性：そうだね，演奏はすごく楽しめたけど，コンサートはたった1時間しかなかったんだ。

　　　女性：えっ，ちょっと短いね。いくらだったの？

　　　男性：1万円ぐらい。

　　　女性：わあ，それは高いね！　値段に見合うだけの価値はあったと思うの？

　　　男性：うーん，あまり。

語句　▶ last　　　自「続く」

▶ **kind of**　熟「少し」

　　＊　口語では a little より頻繁に使われる

▶ **worth ～**　形「～の価値がある」

お役立ちコラム
原音通りに発音すること

　「リスニングの勉強はけっこうしているのですが，力がつきません」と言う人がいます。こういう人に共通するのは，「英語を音読する際に，聞こえてきた音声の通り発音していない」ということです。

　自分が発音できない音は聞き取れません。たとえば animal という単語を発音してみてください。「アニマル」と発音していませんか？　a- を「ア」と発音する場合，アメリカ英語では「エィ」に近い音になります。さらに，語尾に l がある場合には「オ」に近い音に変化します（発音の専門用語では「ダークエル」と言います）。よって，animal は「エィニモー」に近い音になります。

　not at all はどうでしょうか？　「ノット・アト・オール」ではありません。母音と母音のあいだに挟まれた -t- は，しばしば l や d の音に変化します。そのほうが発音しやすいからです。Let it go. が「レリゴ」のように聞こえるのも，その法則からです。よって not at all の2つの t は音変化し，語尾の l は「オ」に近い音になるため，結局「ナッラローォ」のような音に聞こえます。

　普段からそのように発音しておけば，きちんと聞き取れますが，自分の発音を矯正しない限り，実際に聞き取れるようにはなりません。ある模擬試験のリスニング問題で salad という単語を用いた英文が出題されたことがあるのですが，salad を聞き取れなかった受験生は多かったようです。「セラァ」のように聞こえたからですね。

　また「シャドーイングが有効」などと言われることがよくありますが，同時通訳になるための高度な訓練としてはよいでしょうが，初学者には荷が重いと思います。とにかく，まずは正しく発音する訓練をしてください。

例 題 7   標準

対話を聞き，それに対する問いの答えとして最も適当なものを，四つの選択肢（①〜④）のうちから一つずつ選びなさい。

問1 What will the man do?

① Get a new model later.

② Get a new model now.

③ Get an old model later.

④ Get an old model now.

[本試]

問2 Which graph best shows the members' current opinions?

①
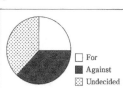

②
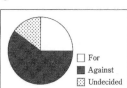

③
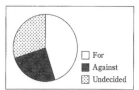

④
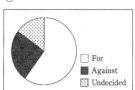

[本試]

問3 Why is the woman unhappy with the man's new shirt?

① It's too expensive for him.

② It's too large for him.

③ It's too much like one he already has.

④ It's too similar to one of her shirts.

[本試]

問1

W：Our shop recommends this new phone.

M：Is there anything cheaper?

W：The earlier model's out of stock but will arrive soon. It's half the price.

M：Could you hold one for me?

解説 「男性は何をするのか」

① 「あとで新型を買う」

② 「今，新型を買う」

③ 「あとで旧型を買う」

④ 「今，旧型を買う」

男性の最後の発言から，もうすぐ入荷する古い型の電話を購入することがわかる。よって正解は③で，正答率は約35％。④と答えた人が約32％。①と②を選んだ人もそれぞれ15％以上いる。

out of stock の of は弱形で発音されており，その前後が聞き取りにくい。

解答 ③

訳 女性：当店のおすすめはこの新型の電話です。

男性：もっと安いのはありませんか？

女性：古い型は在庫切れですが，もうすぐ入荷します。半分のお値段です。

男性：1つ取っておいていただけますか？

語句 ▶ **recomménd ～**　　他「～を勧める」

▶ **out of stock**　　熟「在庫切れで」

▶ **hold ～**　　他「（必要に備えて）～を取っておく」

問2

M：More members are against our proposal than for it.

W：But many haven't decided yet.

M：Right. There's still some hope of getting a majority.

W：Let's try to persuade them.

解説 「会員の現在の意見を最もよく表しているグラフはどれか」

「賛成の人」が「反対の人」より少なく，「賛成の人」＋「まだ決め

ていない人」が「反対の人」より多いことがわかる。以上から①が正解。正答率は約65％。②・③・④を選んだ人はそれぞれ約10％，10％，14％。

than for it や hope of の of が弱形で聞き取りにくい。

解答 ①

訳 男性：僕たちの提案に賛成している人より反対している人のほうが多いね。
女性：だけど，まだ決めていない人も多いよ。
男性：そうだね。まだ過半数を取る見込みはありそうだね。
女性：まだ決めかねている人たちを説得しようよ。

語句 ▶ be agáinst 〜　熟「〜に反対である」
▶ propósal　名「提案」
▶ be for 〜　熟「〜に賛成である」
▶ get a majórity　熟「過半数を獲得する」
▶ persuáde 〜　他「〜を説得する」
＊　説得に成功することを含む。よって，単に「〜を説得する」と言いたいときは try to persuade 〜とする

問3

放送された英文

M：Guess what I bought myself today.
W：Another shirt?
M：Yes, they had a big sale!
W：Let me see. Are you kidding me?!
M：What's wrong with it?
W：You bought one with the same pattern last month.
M：But this one has long sleeves.
W：Anyway, I think you should take it back.

解説　「男性の新しいシャツに関して，女性はなぜうれしくないのか」
①「彼には高すぎる」
②「彼には大きすぎる」
③「彼がすでに持っているものと似すぎている」
④「彼女のシャツの1枚と似すぎている」
女性の3番目の発言に「同じ柄のものを先月買ったじゃない」とあるので，③が正解。正答率は約70％。④を選んだ人が約25％だった

が，①と②を選んだ人はほとんどいない。

ポイントは <u>one with the</u> same pattern の部分の聞き取りだろう。

解答 ③

訳 男性：今日，僕が自分用に何を買ったか当ててみて。

女性：またシャツ？

男性：そう，大安売りだったんだ！

女性：見せて。冗談でしょ?!

男性：どこがだめなの？

女性：同じ柄のものを先月買ったじゃない。

男性：でもこのシャツは長袖なんだ。

女性：とにかく，それは返品したほうがいいと思う。

語句 ▶ **Guess 〜.**　　　　　　熟「〜を推測してごらん」

　　＊　命令文

▶ **Let me see.**　　　　　熟「見せて」

　　＊　普通は「(思案などを示して) はてな，ええと，待てよ」の意味

　　　　だが，ここでは上記の意味で用いられている

▶ **kid 〜**　　　　　　　　他「〜をからかう」

▶ **páttern**　　　　　　　名「柄^{がら}」

▶ **sleeve**　　　　　　　　名「袖^{そで}」

　　＊　「ノースリーブ（の）」は sleeveless と言う

　　例　a sleeveless blouse

　　　　「ノースリーブのブラウス」

▶ **ányway**　　　　　　　副「とにかく」

▶ **take 〜 back / back 〜**　熟「〜を返品する」

原則④ 数字の聞き取り

　たとえ簡単な数字でも，慣れていないと聞き取りは難しい。普段，英語を読んでいるときには14（fourteen）と40（forty）などめったに間違えることはないだろうが，音として聞いてみると意外に難しいはずである。まして five hundred thousand と聞いて，一瞬で "500,000" とわかるには相当な訓練が必要である。さあ，ひたすら訓練してみよう。

例題 8 　　　　　　　　　　　やや難

　対話を聞き，それに対する問いの答えとして最も適当なものを，四つの選択肢（①～④）のうちから一つずつ選びなさい。

問1　What time should the man come to the gate?
　　① 4:45　　② 5:15　　③ 6:45　　④ 7:15
　　　　　　　　　　　　　　　　　　　　　　　　　　［本試］

問2　How much will they pay for the shoes?
　　① ＄40　　② ＄50　　③ ＄60　　④ ＄80
　　　　　　　　　　　　　　　　　　　　　　　　　　［本試］

問3　How much will it cost for the woman to send all the postcards?
　　① ￥70　　② ￥140　　③ ￥210　　④ ￥350
　　　　　　　　　　　　　　　　　　　　　　　　　　［本試］

問4　What time does the woman say that she will arrive at the meeting?
　　① 2:10　　② 2:15　　③ 2:20　　④ 2:25
　　　　　　　　　　　　　　　　　　　　　　　　　　［本試］

問5　How much will the man pay?
　　① ＄12　　② ＄20　　③ ＄32　　④ ＄40
　　　　　　　　　　　　　　　　　　　　　　　［追試　改題］

問1

放送された英文

M：Is this the gate for Flight 557 leaving for Singapore at 5:00 p.m.?

W：Yes, but your flight has been delayed.

M：Really? How long?

W：Two hours. Please come back 15 minutes before departure.

解説 「男性は何時にゲートに到着すべきか」

　　①「4時45分」 ②「5時15分」 ③「6時45分」 ④「7時15分」

　　本当は5時に出発だったはずの飛行機が2時間遅れているので，7時出発だとわかる。～ before ... は「…の～前」の意味なので，15 minutes before departure は「出発の15分前」で，男性がゲートに到着すべき時間は6時45分だとわかる。③が正解で，約50％の正答率。④を選んだ人が30％近くいた。シンガポールという固有名詞で混乱したのかもしれない。

解答 ③

訳 男性：これは午後5時発のシンガポール行き557便のゲートですか？

　　女性：そうですが，この飛行機には遅れが出ています。

　　男性：本当ですか？　どれくらい？

　　女性：2時間です。出発の15分前にはお戻りください。

語句 ▶ **deláy** ～　他「～を遅らせる」

　　　 ▶ **depárture**　名「出発」

問2

放送された英文

M：Look! Forty dollars a pair for all kids' shoes.

W：That's a bit expensive.

M：But there's a 50 percent discount on the second pair.

W：Oh, in that case, let's get two pairs.

解説 「彼らは靴にいくら払うことになるのか」

　　①「40ドル」 ②「50ドル」 ③「60ドル」 ④「80ドル」

　　男性の最初の発言で1足あたりの値段が「40ドル」だとわかる。さらに男性の2番目の発言から「2足目は半額」とわかる。女性の最後の発言から2足買うことがわかるので，40ドル＋40ドル÷2＝60ドルとなる。

forty と聞いてすぐに「40」とわかったかどうかがポイント。all kids' shoes が「オーキッシューズ」，in that case が「イッナッケィス」のようにくっついて聞こえる。正答率は40％ぐらい。

解答 ③

訳 男性：見てよ！ 子ども用の靴が全部1足40ドルだよ。
女性：ちょっと高いわね。
男性：でも2足目は半額だよ。
女性：そう，じゃあ，2足買いましょう。

語句 ▶ **a pair** 熟「1足につき」
▶ **a ... díscount on 〜** 熟「〜に対する…の割引」

問3

放送された英文

W：How much does it cost to send three postcards to the US?
M：It's 70 yen per card.
W：Oh, I also have two to China.
M：It's the same price to any country.

解説 「女性がすべてのはがきを送るのにいくらかかるか」
① 「70円」 ② 「140円」 ③ 「210円」 ④ 「350円」

男性の最初の発言中にある70 yen per card は「1枚につき70円」の意味。女性の2番目の発言から「（アメリカへの3通に加えて）さらに2通送る」ことがわかる。この have two to China の two to に違和感を持った人もいるかもしれない。アメリカへ3枚，中国へ2枚で，男性の2番目の発言より，どの国に出しても同じ値段なので，70円×5枚＝350円とわかる。

three の th- は息の音なので，慣れていないと聞き取れない。正答率は37％ぐらい。

解答 ④

訳 女性：アメリカまではがきを3枚送るのに費用はいくらかかりますか。
男性：1枚につき70円です。
女性：あ，中国に送るものも2枚あります。
男性：どの国でも同じ値段です。

語句 ▶ **How much does it cost to (V)?**
熟「V するのにいくらかかりますか」

問4

M：It's already 2:05.

W：Oh, ten minutes before the meeting!

M：How soon can you finish your work?

W：In five minutes or so, but tell the chairperson I'll be ten minutes late.

解説 「女性は何時に会議に到着すると言っているか」

　　① 「2時10分」　② 「2時15分」　③ 「2時20分」　④ **「2時25分」**

　　ten minutes before the meeting は「その会議の10分前」の意味。今は2時5分だから，よって会議は2時15分に始まることがわかる。女性の2番目の発言に「10分遅刻するって言っておいてね」とあるので，女性は2時25分に行くとわかる。なお How soon 〜? は「今からどれくらい時間が経てば〜？」という意味。正答率は50％弱。

解答 ④

訳 男性：もう2時5分だ。

　　女性：え，会議まであと10分よ！

　　男性：仕事はあとどれくらいで終われそう？

　　女性：5分ぐらいだけど，議長には10分遅刻するって言っておいてね。

語句 ▶ **How soon 〜?**　熟「今からどれくらい時間が経てば〜」

　　　 ▶ **in 〜 mínute(s)**　熟「今から〜分後に」

　　　 ▶ **cháirperson**　名「議長」

問5

M：How much is the ticket?

W：It's $20.00 one way, but if you buy a round-trip ticket you can save $4.00 each way.

M：OK, I'll do that. I can save $8.00.

解説 「男性はいくら支払うか」

　　① 「12ドル」　② 「20ドル」　③ **「32ドル」**　④ 「40ドル」

　　女性の発言から，片道20ドルのところ，往復切符にすると片道4ドル安くなることがわかる。また男性の2番目の発言から，男性は往復切符を買うことがわかる。よって20ドル×2－4ドル×2＝32ドル。数字自体はわかりやすいが，a round-trip ticket「往復切符」，save 〜

「〜を節約する」などがわからないと難しい。正答率は50%ぐらい。

解答 ③

訳 男性：その切符はいくらですか？
女性：片道で20ドルですが，往復切符を買えば，それぞれ4ドルお得ですよ。
男性：わかりました，そうします。8ドル節約できますね。

語句 ▶ **róund-trip tícket** 名「往復切符」
▶ **save** 〜 他「〜を節約する」

竹岡の一言

◆数字は慣れである！

　若かりしころ，イギリス人に仕事の依頼をして，「報酬は5,000円でね」と言った。そして，原稿をいただいて5千円札を渡したら，"You said the pay was fifty thousand yen." と言われた。そのイギリス人は友人だったので「今回はいいよ」と言ってくれたが，彼の私への信用をなくすのは嫌なので泣く泣く50,000円支払った。five thousand を fifty thousand と言い間違えるという失態をおかした自分への罰金だと思った。

　とにかく，英語の数字には「慣れ」が必要である。「19,800円」と言いたいときに，19/800と頭で思い浮かべ nineteen thousand / eight hundred と即座に言えなければならない。考えている時間はないのである。「1億円」はどうだろう？　「うーん」と考えているようでは使えない。100,000,000 だから one hundred million yen である。

　fifty と fifteen や，forty と fourteen など，ゆっくり考えれば何でもない数字でも，いざ聞き取りとなると迷いが生じることがある。**とにかく，数字を見て英語にする訓練，英語の数字を聞いて理解する訓練を徹底してほしい！**

例 題 9　　　　　　　　　　　　　標準

　話を聞き，それに対する問いの答えとして最も適切なものを，選択肢から選びなさい。問題文と図を，今，読みなさい。

> 　あなたは，授業で配られたワークシートのグラフを完成させようとしています。

問　先生の説明を聞き，（　1　）～（　4　）に入れるのに最も適切なものを，下の①～④のうちから一つずつ選べ。

How Students Spend Most of Their Time Outside of School
(Total: 100 students)

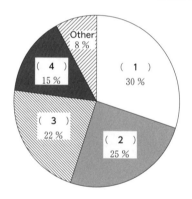

① 　Going out with friends
② 　Playing online games
③ 　Studying
④ 　Working part-time

［本試］

One hundred university students were asked this question: How do you spend most of your time outside of school? They were asked to select only one item from five choices: "going out with friends," "playing online games," "studying," "working part-time," and "other." The most popular selection was "going out with friends," with 30 percent choosing this category. Exactly half that percentage of students selected "working part-time." "Playing online games" received a quarter of all the votes. The third most selected category was "studying," which came after "playing online games."

解説 ① 「友達と出かける」　② 「オンラインゲームをする」
③ 「勉強する」　　　④ 「アルバイトをする」

　（　1　）から（　4　）の順に①→②→③→④が正解。説明文と図表および第1〜2文「100人の大学生が次のような質問をされた。あなたは学校の外で自分の時間のほとんどをどのように過ごしますか？彼らは次の5つの選択肢から1つだけ選ぶことを求められた。『友達と出かける』『オンラインゲームをする』『勉強する』『アルバイトをする』『その他』」から、「学生たちが課外で自分たちの時間をどのように使っているか」を話題にしていることがわかる。

　第3文「最も人気のある選択肢は『友達と出かける』で、30％がこのカテゴリーを選んだ」から、（　1　）には①が入るとわかる。さらに第4文「ちょうどその半分の割合の学生が『アルバイトをする』を選んだ」とあるので、アルバイトを選んだ学生は、30％の半分、つまり15％だと判明し、（　4　）には④が入る。この文中に出てくる exactly half ＋名詞「〜のちょうど半分」は、〈倍数表現＋名詞〉「〜の…倍」という定型表現である。また、第3文の with 30 percent choosing this category の with は、いわゆる「付帯状況の with」と呼ばれるもので、with によって導かれる箇所が、前文の具体化・補足になっていることを示す働きがある。

　さらに第5文「『オンラインゲームをする』は、全回答の4分の1を獲得した」、第6文「3番目に多く選ばれたカテゴリーは『勉強する』で、『オンラインゲームをする』の次に大きな割合を占めた」から、（　3　）に③、（　2　）に②が入るとわかる。第6文に出てくる The third most selected category は、〈数詞＋最上級〉「…番目に〜」という定型表現である。

数字を音声で聞く場合には，13（thirteen）と30（thirty）など，混同しやすい数字の発音の区別に注意しよう。また，空所に入れる順序は必ずしも本問のように，「大きいもの→小さいもの」になるとは限らないことに気をつけよう。正答率は50.6％しかない。

解答　　（　**1**　）①　（　**2**　）②　（　**3**　）③　（　**4**　）④

訳　　　100人の大学生が次のような質問をされた。あなたは学校の外で自分の時間のほとんどをどのように過ごしますか？　彼らは次の5つの選択肢から1つだけ選ぶことを求められた。「友達と出かける」「オンラインゲームをする」「勉強する」「アルバイトをする」「その他」。最も人気のある選択肢は「友達と出かける」で，30％がこのカテゴリーを選んだ。ちょうどその半分の割合の学生が「アルバイトをする」を選んだ。「オンラインゲームをする」は，全回答の4分の1を獲得した。3番目に多く選ばれたカテゴリーは「勉強する」で，「オンラインゲームをする」の次に大きな割合を占めた。

学生は学外の時間の大半をどのように過ごしているか
（総学生数100人）

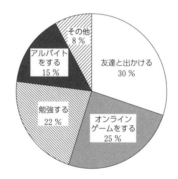

語句　▶ **with 30 percént choosing this cátegory**
　　　熟「30％がこのカテゴリーを選んだ」
　　　　＊　付帯状況の with
　　▶ **exáctly half that percéntage of ～**
　　　名「～の割合のちょうど半分」
　　　　＊　〈倍数表現＋名詞〉で「～の…倍」の意味となる
　　▶ **a quarter of all the votes**
　　　名「すべての票の4分の1」

例題 10　　　　　　　　　　　　　難

話を聞き，それに対する問いの答えとして最も適切なものを，選択肢から選びなさい。問題文と図を，今，読みなさい。

あなたは，授業で配られたワークシートのグラフを完成させようとしています。先生の説明を聞き，四つの空欄に入れるのに最も適切なものを，下の①〜④のうちから一つずつ選べ。

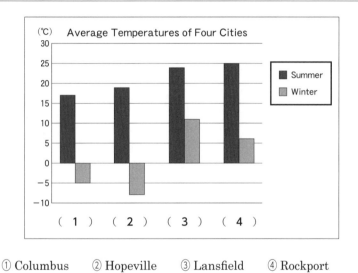

① Columbus　　② Hopeville　　③ Lansfield　　④ Rockport

[本試]

放送された英文

Here are the average summer and winter temperatures of four cities in North America: Columbus, Hopeville, Lansfield, and Rockport. The temperature of Lansfield in the summer was much higher than I expected — the highest in fact. By comparison, Rockport had a much cooler summer than Lansfield and experienced the coldest winter among the four cities. Columbus was a bit cooler than Rockport in the summer, while its winter was a few degrees warmer. Hopeville changed the least in temperature and was just a bit cooler than Lansfield in the summer.

① 「コロンバス」　　② 「ホープヴィル」
③ 「ランスフィールド」　④ 「ロックポート」

（　1　）から（　4　）の順に①→④→②→③が正解。第 2 文「ランスフィールドの夏の気温は私が予想したよりもはるかに高いものであり，事実，最も高い気温であった」から，夏の棒グラフの数値が最も高い（　4　）には③「ランスフィールド」が入る。第 3 文「それと比べて，ロックポートはランスフィールドよりもずっと涼しい夏であり，4 つの都市の中で最も寒い冬を経験した」から，冬の棒グラフの数値が最も低い（　2　）には，④「ロックポート」が入る。第 4 文「コロンバスはロックポートよりも夏は少しだけ涼しく，冬のあいだは数度暖かかった」より，夏の棒グラフがロックポートより低くなっている（　1　）には①が入る。最終文「ホープヴィルは気温変化が最小で，夏はランスフィールドよりも少しだけ涼しいものだった」より，夏の棒グラフがランスフィールドの（　4　）より少し低い気温である（　3　）には②「ホープヴィル」が入る。正答率（すべて正解した者）は33.3％しかない。とくに（　1　）・（　2　）で戸惑ったようである。比較表現は，英文を読んだ場合は簡単に思えても，それを耳で聞く場合は難しくなる。慣れが必要である。

解答　（　1　）①　（　2　）④　（　3　）②　（　4　）③

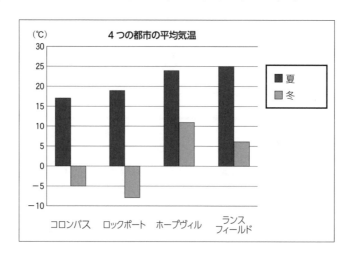

訳　これは北アメリカ 4 つの都市コロンバス，ホープヴィル，ランスフィールド，ロックポートの夏と冬の平均気温である。ランスフィールドの夏の気温は私が予想したよりもはるかに高いものであり，事実，最も高い気温

であった。それと比べて，ロックポートはランスフィールドよりもずっと涼しい夏であり，4つの都市の中で最も寒い冬を経験した。コロンバスはロックポートよりも夏は少しだけ涼しく，冬のあいだは数度暖かった。ホープヴィルは気温変化が最小で，夏はランスフィールドよりも少しだけ涼しいものだった。

語句
- ▶ **témperature** 　**名**「気温」
- ▶ **by compárison** 　**熟**「それと比べると」
- ▶ **degrée** 　**名**「（温度，角度などの）度」
- ▶ **the léast** 　**熟**「最も少なく」
  - ＊ 副詞の最上級にも the をつけることがある

 竹岡の一言

◆発音できない箇所は聞き取りできない！

　自分の発音が悪いと聞き取れない。たとえば etiquette を発音してみよう。「エチケット」と発音していないだろうか？ 母音と母音に挟まれた t は，しばしば l とか d の音に変化する。その方が発音しやすいからである。「舌はあまり仕事をしたくない」ということ。よって etiquette の前半は，しばしば「エディ」のように聞こえる。さらに，語尾には母音は入らないので「ト」で終わってはいけない。よって etiquette は「エディケ」のように聞こえることになる。普段からそのように発音しておけば，聞いたときにもちゃんと聞こえるが，自分の発音を矯正しない限り聞けるようにはならない。

　同様に，local people を「ローカル・ピープル」と発音していてはいけない。まず l の発音をしっかりするために，舌の先を，上の前歯の裏側に押しつけて発音する。舌の裏を人に見せるつもりで舌を前歯の裏側につけてみよう。舌が離れないように発音すれば /l/ の音が出る。すぐに舌を離すと日本語のラ行になってしまうので気をつけること。なお，語尾に置かれた l は，「オ」に近い音に聞こえる。よって local people は「ローコーピーポォ」のような音になる。

　電車で聞き流すというのは適切な勉強方法とは言えない。聞こえなかった箇所をスクリプトでチェックしておいて，家に帰って発音を訓練すること。**とにかく，自分の発音を矯正することがリスニング上達のコツだ。**

例 題 11　　　　　　　　　　　　　　標準

長めの対話を聞き，その内容についての問いの答えとして最も適当なものを，選択肢（①～⑥）のうちから一つずつ選びなさい。

> 対話の場面
> 図書館で学生と司書が文学作品の読者数について話しています。

問 以下の表の（ **1** ）～（ **3** ）にあてはまる数値はどれですか。

Age Group	Change in Number of Readers（%）
all adults	＋7
18-24	（ **1** ）
25-34	＋5
35-44	＋9
45-54	（ **2** ）
55-64	（ **3** ）
65-74	＋8
75＋	＋15

①　－9　　　②　－3　　　③　＋3　　　④　＋9

⑤　＋15　　⑥　＋21

[本試]

放送された英文

W：I'm interested in reading trends in the U.S.

M：Here's a table showing the changing number of American readers between 2002 and 2008.

W：Hmm .... Interesting. There was an overall increase of 7%.

M：That's right. The number of readers increased in most age groups. Only readers between the ages of 45 and 54 decreased in number by 3%.

W：I wonder why.

M：It's hard to explain, because readers near that age group increased. Those aged 35 to 44 increased by 9%, as did people in their late 50s to early 60s.

W：I noticed my grandmother started reading for pleasure after she retired.

M：I'm not surprised. The elderly aged 75 and older showed the second largest increase of 15%.

W：What about young people?

M：They tend to read books on the Internet. That explains why people in their late teens and early twenties showed the largest increase — 21%.

W：That's helpful information. Thanks.

解説　（　1　）　男性の最後の発言「インターネット上で読書する傾向があります。だから10代後半から20代前半の人々は21％と，最高の伸び率を示しているんですよ」から，⑥「＋21」が正解だとわかる。正答率は意外と低く，約52％。最初の空所を決める根拠が会話の後半にあったことが原因だろう。

（　2　）　男性の2番目の発言に「その通り。読書をする人の数はほとんどの年齢層で増えています。45〜54歳の層だけが3％減っています」とある。これから，②「−3」が正解。正答率は約74％で，③・④を選んだ人がそれぞれ約10％。発言の Only readers between the ages of 45 and 54 decreased in number by 3%. の部分の数字で混乱したものと思われる。

（　3　）　男性の3番目の発言に「近い年齢層の読書をする人は増えているので，説明は難しいですね。35〜44歳の層は9％増えているし，50代後半から60代前半の層も同じだけ増えています」とある。よって④「＋9」が正解。正答率は約67％。as did people in their late 50s to early 60s は，as people in their ... did の倒置形だが，それがわからないと難しいだろう。③を選んだ人が約13％，⑥を選んだ人が約10％。

解答　（　1　）⑥　　（　2　）②　　（　3　）④

訳　女性：アメリカでの読書の傾向に関心があるんですが。

男性：ここに，2002年から2008年までのアメリカ人の読書をする人の数の

推移を示す表があります。

女性：へえ…。面白いわ。全体的には7％増えているんですね。

男性：その通り。読書をする人の数はほとんどの年齢層で増えています。45～54歳の層だけが3％減っています。

女性：なぜでしょうか？

男性：近い年齢層の読書をする人は増えているので，説明は難しいですね。35～44歳の層は9％増えているし，50代後半から60代前半の層も同じだけ増えています。

女性：私の祖母も退職後，趣味で読書を始めたみたいです。

男性：珍しいことではありません。75歳以上の高齢者は15％で，上昇率では第2位なんですよ。

女性：若い人はどうですか？

男性：インターネット上で読書する傾向があります。だから10代後半から20代前半の人々は21％と，最高の伸び率を示しているんですよ。

女性：それは役に立つ情報だわ。ありがとう。

年齢層	読書をする人の数の変化（％）
全年代	＋7
18-24	＋21
25-34	＋5
35-44	＋9
45-54	－3
55-64	＋9
65-74	＋8
75＋	＋15

語句

▶ réading trend　名「読書の傾向」

▶ óverall　形「全体の」

▶ age group　名「年齢層」

▶ decréase by ～　熟「～だけ減る」

▶ incréase by ～　熟「～だけ増える」

▶ for pléasure　熟「楽しみのために」

▶ retíre　自「退職する／引退する」

▶ tend to (V)　熟「V する傾向にある」

▶ hélpful　形「役立つ」

原則❺ モノローグ型質問選択・図表完成問題

　必要な情報を聞き取り，質問に答えたりイラストを並べ替えたり，図表を完成させたり，分類したりすることを通じて，話し手の意図を把握する力を問う問題。

傾向

❶英文は 1 回しか読まれない。❷読み上げ速度は約140語／分と，2 回英文が流される問題よりはやや遅い。❸語彙レベルは CEFR-J の B1程度。❹問題の種類は「質問に答え適切な選択肢を選ぶ問題」「グラフや表を完成させる問題」「イラストを時系列に整序する問題」などである。

対策

　与えられた情報から直接解答を判断できず，思考する必要がある設問が含まれる場合があることに注意して解く。

例題 12　　　　　　　　　　　　　易

　話を聞き，それぞれの問いの答えとして最も適切なものを，選択肢から選びなさい。**問題文と図表を読む時間が与えられた後，音声が流れます。**

問1　友人が，子どもの頃のクリスマスの思い出について話しています。話を聞き，その内容を表した四つのイラスト（①~④）を，出来事が起きた順番に並べなさい。

①

②

③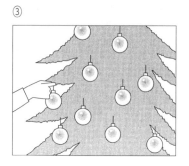

④

問2 先生が，保護者向けのイベントについて，当日のスケジュールを生徒たちと確認しています。話を聞き，その内容を表した四つのイラスト（①〜④）を，スケジュールに沿った順番に並べなさい。

①

②

③

④

問1

I always enjoy the holidays. One of my happiest memories is about a snowy night just before Christmas. As the hall clock struck nine, there was a loud knock at the door. "Who could it be?" we wondered. My father went to the door, and in a surprised voice we heard, "Oh, my ... look who's here!" We all ran to the hall, and there was my favorite uncle with his arms full of gifts. He surprised us with a visit. Then, he helped us decorate our Christmas tree. We had so much fun.

解説　②→④→①→③が正解。本文第3文「玄関の時計が9時を打ったとき，ドアをノックする大きな音が聞こえてきました」から，まず最初のイラストは②だとわかる。続く本文第5文前半「父が玄関に行くと」から次のイラストは④だとわかる。さらに第6文「私たちがみな玄関に走って行くと，両手にプレゼントをいっぱい抱えた，私の大好きな叔父さんがいました」から，3番目のイラストは①だとわかる。さらに本文第8文「そして，叔父さんは私たちがクリスマスツリーを飾るのを手伝ってくれました」から最後のイラストは③だとわかる。語彙も平易で読み上げ速度もそれほど速くないためか簡単である。正答率は95.7%。

解答　②→④→①→③

訳　私はいつも休暇を楽しみます。私の一番幸せだった思い出の1つは，クリスマス直前の，雪が降った夜のことです。玄関の時計が9時を打ったとき，ドアをノックする大きな音が聞こえてきました。「だれだろう？」と私たちは思いました。父が玄関に行くと，驚きの混じった声が聞こえてきました。「なんてことだ…だれが来たか見てごらん！」。私たちがみな玄関に走って行くと，両手にプレゼントをいっぱい抱えた，私の大好きな叔父さんがいました。サプライズで私たちの家に来てくれたのです。そして，叔父さんは私たちがクリスマスツリーを飾るのを手伝ってくれました。私たちはとても楽しい時を過ごしました。

語句　▶ **strike ～**　　他「(時計・鐘などが時)を打って知らせる」

▶ **with his arms full of gifts**　熟「両手にプレゼントをいっぱい抱えて」

＊　「付帯状況の with」と呼ばれるもの

問2

Let's review the schedule for Parents' Day. The event will open with a performance by the chorus club. Next, we had originally planned for the school principal to make a welcome speech. But he prefers that the president of the student council make the speech, so she will do that. Instead, the principal will make the closing address just after the live performance by the dance team. Finally, a small welcome reception for parents will be held following the closing address. I think we're all set for the big day.

解説　③→②→④→①が正解。問題文と放送された英文の第1文で「保護者向けのイベントのスケジュールの確認」をすることがわかる。第2文から「イベントは合唱部の発表から始まる」ことがわかる。第3文から「元々は校長が歓迎のスピーチをすることになっていた」ことがわかる。originally は「元々は」の意味の副詞で、これがあることから校長のスピーチの順序が変更されたことが予測される。第4文から「校長の望みで、生徒会長がまずスピーチする」ことがわかる。第5文から「校長は代わりにダンス部の発表の直後に閉会の言葉を話す」とわかる。以上から、③→②→④→①の順が正解となる。正答率は25.5%しかない。2番目のイラストを①にした人が49.0%、4番目のイラストを④にした人が 45.1%もいることから、「聞こえてきた順番」=「解答順」と思った人が半数いることになる。「安易な考えで解答すると痛い目に遭う」ということの典型であろう。

解答　③→②→④→①

訳　保護者の日の予定を確認しましょう。イベントは合唱部の発表から始まります。その次に、元々は校長先生に歓迎のスピーチをしてもらう予定でした。しかし校長先生は生徒会長にスピーチをしてほしいとのことでしたので、生徒会長にしてもらいます。代わりに、校長先生にはダンス部の発表のすぐあとに閉会の言葉を話していただきます。最後に、閉会の言葉に続いて保護者向けのちょっとした歓迎会が開かれます。大事な日に向けて、準備は整っていると思います。

語句
▶ **revíew ~**　他「~を見直す」
▶ **perfórmance**　名「発表、演技」
▶ **oríginally**　副「元々は」

▶ **prefér that** (S′ V′) 熟「S′ V′がよいと思う」
　　＊　Vには原形不定詞が置かれる
▶ **student council** 名「生徒会」
▶ **instéad** 副「その代わりに」
▶ **clósing áddress** 名「閉会の言葉」
▶ **be set for ～** 熟「～の準備ができている」

 竹岡の一言

◆時系列の問題について

　英語を普通に書けば，文の流れと時の流れは一致する。ところが，それでは簡単すぎて問題として成立しない。実際，問1は素直な問題なので正答率は 95.7% という驚異的な数字になっている。これは，「新傾向なのでサービスします」という問題作成部会からのプレゼントである。普通は，時系列の問題では「ひねり」の部分が敢えて作られており，「それを予想して，それに備える」ことが肝心なのである。「どうせ引っかけるんでしょ！」とブツブツ言いながら，ポイントを聞き取ろう！

例題 13

やや難

話を聞き，それぞれの問いの答えとして最も適切なものを，選択肢から選びなさい。**問題文と図表を読む時間が与えられた後，音声が流れます。**

問 あなたは，留学先で，集めた衣類などを整理して福祉施設に送るボランティア活動に参加しています。話を聞き，次の表の四つの空欄（ **1** ）～（ **4** ）に入れるのに最も適切なものを，下の①～⑤のうちから一つずつ選べ。選択肢は 2 回以上使ってもかまわない。

Collected Items

Item number	Category	Item	Box mumber
0001	Men's	down jacket	（ **1** ）
0002	Men's	belt	（ **2** ）
0003	Women's	ski wear	（ **3** ）
0004	Boys'	ski wear	（ **4** ）
0005	Girls'	coat	
0006	Men's	cotton sweater	

① Box 1　② Box 2　③ Box 3　④ Box 4　⑤ Box 5

[本試]

放送された英文

Here are all the items that were donated last week. Please help me sort them into the proper boxes. First, summer clothes go into Box 1, whether they are for men or for women. In the same way, all winter clothes for men and women go into Box 2. Box 3 is for children's clothes, regardless of the season they're worn in. Shoes and bags should be put into Box 4. All other items go into Box 5.

解説 　上から順に②→⑤→②→③が正解。問題文の「集めた衣類などを整理して福祉施設に送るボランティア活動に参加しています」と，放送された英文の第1文と第2文より，「集めた衣類などを整理して福祉施設に送るボランティア活動のために，品物をいくつかの箱に整理して入れる」仕事をすることがわかる。第2文の sort A into B は「AをBに分類する」の意味の熟語であるが，問題文から推測可能であろう。まず品目1の「男性用ダウンジャケット」と品目3の「女性用スキーウエア」は，本文第4文「すべての冬服は男性用も女性用も箱2に」から②が正解だとわかる。品目2の「男性用ベルト」は，本文の第1～6文には言及がなく，第7文「他のものはすべて箱5にお願いします」から⑤だとわかる。さらに品目4の「男の子用スキーウエア」は，本文第5文「箱3には，着用する季節にかかわらず，子ども服を入れてください」から③が正解とだとわかる。（　1　）の正答率が57.3%と，とくに悪い。本文の同じ箇所を解答根拠とする（　3　）の正答率は85.3%と高いことを考えると，おそらく聞こえてきた「冬服」と，表に書かれている「ダウンジャケット」が頭の中ですぐに結びつかなかったからではないかと推察できる。

解答 　（　1　）②　（　2　）⑤　（　3　）②　（　4　）③

訳 　これは先週寄付されたものすべてです。しかるべき箱に分類するのを手伝ってください。まず，男性用か女性用かにかかわらず，夏服は箱1に。同じように，すべての冬服は男性用も女性用も箱2に。箱3には，着用する季節にかかわらず，子ども服を入れてください。靴とかばんは箱4に入れてください。他のものはすべて箱5にお願いします。

集められた品物

品目番号	カテゴリー	品目	箱の番号
0001	男性用	ダウンジャケット	箱2
0002	男性用	ベルト	箱5
0003	女性用	スキーウエア	箱2
0004	男の子用	スキーウエア	箱3
0005	女の子用	コート	
0006	男性用	綿のセーター	

例題 14 やや難

話を聞き，それぞれの問いの答えとして最も適切なものを，選択肢から選びなさい。**問題文と図表を読む時間が与えられた後，音声が流れます。**

問 あなたは，留学先のホストファミリーが経営している DVD ショップで手伝いをしていて，DVD の値下げについての説明を聞いています。話を聞き，（ **1** ）～（ **4** ）に入れるのに最も適切なものを，下の①～⑤のうちから一つずつ選べ。選択肢は 2 回以上使ってもかまわない。

Titles	Release date	Discount
Gilbert's Year to Remember	1985	
★ Two Dogs and a Boy	1997	（ **1** ）
Don't Forget Me in the Meantime	2003	（ **2** ）
★ A Monkey in My Garden	2007	（ **3** ）
A Journey to Another World	2016	
A Moment Frozen in a Memory	2019	（ **4** ）

① 10 %
② 20 %
③ 30 %
④ 40 %
⑤ no discount

[本試]

We've discounted some DVD titles. Basically, the discount rate depends on their release date. The price of any title released in the year 2000 and before is reduced 30%. Titles that were released between 2001 and 2010 are 20% off. Anything released more recently than that isn't discounted. Oh, there's one more thing! The titles with a star are only 10% off, regardless of their release date, because they are popular.

解説　①「10パーセント」　②「20パーセント」
③「30パーセント」　④「40パーセント」　⑤「割引無し」

　　　上から順に①→②→①→⑤が正解。説明文と図表および第1〜2文「私たちは一部のDVDを値下げしたんだ。基本的に，割引率は発売年によって異なるよ」から，「DVDの発売年による割引率」を話題にしていることがわかる。

　　　第3文「2000年以前に発売されたタイトルの価格はいずれも30％引きだ」から，（　1　）は③だとわかる。第4〜5文「2001年から2010年のあいだに発売されたタイトルは20％引きで，それよりもあとに発売されたものには割引はない」から，（　2　）（　3　）は②，（　4　）は⑤だとわかる。第6〜7文「ああ，あともう1つ！　星がついているタイトルは人気があるから，その発売日に関係なく10％のみの割引だよ」から，★のついた（　1　）（　3　）は①に修正する。

　　　（　1　）と（　3　）の正答率はそれぞれ34.7％，50.2％と悪い（（　2　）は77.6％，（　4　）は72.8％）。おそらく，最後の文を聞く前に「表が完成した」と勘違いしたため，最終文を聞き逃してしまったのであろう。

解答　（　1　）①　（　2　）②　（　3　）①　（　4　）⑤

訳　　　私たちは一部のDVDを値下げしたんだ。基本的に，割引率は発売年によって異なるよ。2000年以前に発売されたタイトルの価格はいずれも30％引きだ。2001年から2010年のあいだに発売されたタイトルは20％引きで，それよりもあとに発売されたものには割引はない。ああ，あともう1つ！星がついているタイトルは人気があるから，その発売日に関係なく10％のみの割引だよ。

タイトル	発売年	割引率
ギルバートの思い出の一年	1985	
★ 二匹の犬と一人の少年	1997	10％
そのあいだ私のことを忘れないで	2003	20％
★ うちの庭のサル	2007	10％
別世界への旅	2016	
記憶の中に凍結された時間	2019	割引無し

語句　▶ **their reléase date**　名「それらの発売日」
　　　▶ **~ is redúced（by）30%**　熟「~は30パーセント引きである」
　　　　＊　「差を示す by」が省略されている
　　　▶ **regárdless of ~**　熟「~とは無関係に」

★ お 役 立 ち コ ラ ム ★
regardless of ~ について

　本来 regard ~は「~を見る」という意味であり，-less は否定を示す接尾辞。よって，regardless は「見ない」が直訳となる。さらに，後続の of は「目的語を示す of」と呼ばれるものである。

　　例 the discovery of a new substance「新たな物質の発見（←新たな物質を発見すること）」

　よって，regardless of ~で「~は見ないで」→「~とは無関係に」となった。よく使われるのは regardless of age「年齢とは無関係に」，regardless of gender「性別とは無関係に」である。さらに，後ろに wh-節が置かれることもある。

　　例 regardless of where you live「住んでいる場所とは無関係に」

　文脈によっては「~にもかかわらず」と訳すこともあるが，逆接の in spite of ~「~にもかかわらず」などといっしょにしないように。

モノローグ型条件一致問題

複数の話者の情報を聞き取り，条件に合う選択肢を選ぶことを通じて，条件に基づいて比較・判断する力を問う問題。

（傾向）

❶英文は各人の語数が約40語で，合計160〜170語程度。❷英文は1回しか読まれない。❸読み上げ速度は約120語／分と，2回英文が流される問題よりはかなり遅い。❹語彙レベルは CEFR-J の B1程度。❺状況と条件を読む時間（約15秒）が与えられている。❻4人の発話は，アメリカ英語以外の英語でも話されている場合がある。❼「外国の情報，行事，習慣」などが題材となることが多い。

（対策）

与えられた情報から直接解答を判断できず，思考する必要がある設問が含まれる場合があることに注意して解く。

例 題 15

易

話を聞き，次に示された条件に最も合うものを，4つの選択肢（①〜④）のうちから一つ選びなさい。状況と条件を読む時間が与えられた後，音声が流れます。

状況

あなたはクラスで行う文化祭の出し物を決めるために，四人のクラスメートからアイデアを聞いています。

あなたが考えている条件

A. 参加者が20分以内で体験できること

B. 一度に10人以下で運営できること

C. 費用が全くかからないこと

Ideas	Condition A	Condition B	Condition C
① Bowling game			
② Face painting			
③ Fashion show			
④ Tea ceremony			

問 " ⎵ " is what you are most likely to choose.

① Bowling game

② Face painting

③ Fashion show

④ Tea ceremony

[本試]

1 It would be fun to have a bowling game as our group's activity. Everybody loves bowling, and we can prepare the game using free recycled materials! We'll only need 8 people working at one time, and games can finish within 15 minutes!

2 How about doing a face painting activity this year? I think we can finish painting each person's face in about 30 minutes, and the theater club already has face paint we can use. It will take all 20 of us to run the whole event.

3 Let's have a fashion show for our activity! We can do it for free by using our own clothes to create matching looks for couples. Visitors can be the models and 12 of us will work during the show. The show will be less than 20 minutes.

4 I think having visitors experience a tea ceremony would be fun. Each ceremony will take about 10 to 15 minutes and we only need 7 people to work each shift. We will just need to buy the tea and Japanese sweets.

 「 ⎵ が，あなたが選ぶ可能性が最も高いものである」

① 「ボウリングゲーム」

② 「フェイスペインティング」

③「ファッションショー」

④「お茶会」

①が正解。選択肢を順に検討していく。

1　第2文後半「リサイクルした無料の材料を使ってゲームを準備できる」から，条件Cを満たしている。さらに，第3文前半「作業には一度に8人しか必要なくて」より，条件Bを満たしていることがわかる。また第3文後半「ゲームは15分以内に終わるよ」より，条件Aを満たしていることがわかる。以上より，すべての条件を満たしているため①が正解とわかる。

2　第2文前半「30分くらいで1人の顔をペイントし終えられると思うし」は，条件Aに反する。第2文後半「演劇部には私たちが使えるフェイスペイントの絵の具がすでにあるんだ」からは，「費用がまったくかからない」と言い切れるかどうか微妙なので，条件Cを満たしているかどうかは不明とする。また第3文の「このイベント全体を運営するには私たち20人全員が必要だよ」から，条件Bに反するとわかる。以上から②は不正解である。

3　第2文「カップルでお揃いの格好をつくるために，私たち自身が持っている服を使えばただでできるよ」は条件Cを満たしている。第3文「ショーのあいだは，私たちのうちの12名が作業をするんだ」は条件Bに反している。第4文「ショーの時間は20分もかからないよ」は条件Aを満たしている。以上から③は不正解である。

4　第2文前半「1回のお茶会は10分から15分くらいで終わるし」から条件Aを満たしていることがわかる。第2文後半「交替で働くには7人だけで十分」は条件Bを満たしている。第3文「必要なのはお茶と和菓子を買うことだけだよ」は条件Cに反している。以上から④は不正解だとわかる。

最初の①が正解なので，受験生の中には，②～④を聞かないで，次の「先読み」を始めた人がいたようだ。しかし，これはよほどの自信がないと難しいかもしれない。正答率は87%ぐらいと，かなり高い問題である。

解答　①

訳　1　私たちのグループ活動として，ボウリングゲームをやれば楽しいと思うよ。みんなボウリングが大好きだし，リサイクルした無料の材料を使ってゲームを準備できる！　作業には一度に8人しか必要なくて，ゲームは

15分以内に終わるよ！

　2　今年はフェイスペインティングをやってみるのはどうかな？　30分
くらいで１人の顔をペイントし終えられると思うし，演劇部には私たちが
使えるフェイスペイントの絵の具がすでにあるんだ。このイベント全体を
運営するには私たち20人全員が必要だよ。

　3　私たちの活動としてファッションショーをやろう！　カップルでお揃
いの格好をつくるために，私たち自身が持っている服を使えばただででき
るよ。来場者にモデルになってもらえるし，ショーのあいだは，私たちの
うちの12名が作業をするんだ。ショーの時間は20分もかからないよ。

　4　来場者に茶道を体験してもらうのは楽しいと思うよ。１回のお茶会は
10分から15分くらいで終わるし，交替で働くには７人だけで十分。必要な
のはお茶と和菓子を買うことだけだよ。

語句
- ▶ **prepáre ～**　他「～の準備をする」
- ▶ **matérial**　名「素材」
- ▶ **in ～ mínute(s)**　熟「～分で（完成する・終了する)」
- ▶ **run ～**　他「～を運営する」
- ▶ **for free**　熟「ただで」
- ▶ **tea céremony**　名「茶道／お茶会」
- ▶ **work a shift**　熟「交替で働く」

お役立ちコラム
似た綴りの単語には要注意！

　dairy products「酪農製品」と daily products「日用品」とを間違える
と悲惨である。

　大阪大学の下線部和訳で adept「熟練した」が出されたときに，adopt
～「～を採用する」，や adapt「適応する」と勘違いした人が非常に多か
った。stationary「静止した」と stationery「文房具」，region「地域」と
religion「宗教」は混同する人が多い。気をつけよう！

例題 16 易

話を聞き，次に示された条件に最も合うものを，4つの選択肢（①〜④）のうちから一つ選びなさい。状況と条件を読む時間が与えられた後，音声が流れます。

問1

状況

　あなたは，来月の読書会で読む本を一冊決めるために，四人のメンバーが推薦する本の説明を聞いています。

条件

　A. 長さが250ページを超えないこと
　B. 過去1年以内に出版されていること
　C. ノンフィクションで，実在の人物を扱っていること

	Book titles	Condition A	Condition B	Condition C
①	*Exploring Space and Beyond*			
②	*Farming as a Family*			
③	*My Life as a Pop Star*			
④	*Winning at the Olympics*			

(　　　) is the book you are most likely to choose.

　① *Exploring Space and Beyond*
　② *Farming as a Family*
　③ *My Life as a Pop Star*
　④ *Winning at the Olympics*

[本試]

問2

状況

　あなたは，ある美術館の館内ツアーの中から，参加するものを一つ決めるために，四人の学芸員の説明を聞いています。

条件

A．現代美術を鑑賞できること

B．絵画と彫刻の両方を鑑賞できること

C．ガイドから対面で説明を受けられること

	Tour	Condition A	Condition B	Condition C
①	Tour No.1			
②	Tour No.2			
③	Tour No.3			
④	Tour No.4			

(　　　) is the tour you are most likely to choose.

① Tour No.1

② Tour No.2

③ Tour No.3

④ Tour No.4

［追試］

問1

放送された英文

1　There are so many books to choose from, but one I think would be good is a science fiction novel, *Exploring Space and Beyond*, that was published last month. It can be read in one sitting because it's just 150 pages long.

2　I read a review online about a book that was published earlier this year, titled *Farming as a Family*. It's a true story about a man who decided to move with his family to the countryside to farm. It's an easy read ... around 200 pages.

3　I know a really good autobiography called *My Life as a Pop Star*. It's 300 pages in length. I think it would be an interesting discussion topic for our group. I learned a lot when I read it several years ago.

4　I heard about a new book, *Winning at the Olympics.* It features Olympic athletes who won medals. It has so many interesting photographs and some really amazing true-life stories. It's 275 pages long.

解説　「(　　　) が選ぶ可能性が最も高い本である」
　　　①「宇宙とその向こうへの旅」
　　　②「家族での農業」
　　　③「ポップスターとしての私の人生」
　　　④「オリンピックで勝つこと」
　　②が正解。選択肢を順番に検討していく。
　　1　第1文の中にある「SF小説」が条件Cに反するので不可。なお，同じ第1文にある「先月出版された」から条件Bを，第2文の「たった150ページしかない」から条件Aを満たしている。以上から①は不正解である。
　　2　第1文の中にある「今年の前半に出版された『家族での農業』というタイトルの本」から条件Bを満たしている。第2文の中にある「本当にあった話なんだ」から条件Cを満たしていることがわかる。さらに第3文の中にある「大体200ページだよ」から，条件Aも満たしていることがわかる。以上から②は正解とわかる。
　　3　第1文の中にある「いい自伝」から条件Cを満たしていることがわかる。第2文の中にある「長さは300ページだよ」から条件Aを満たしていないことがわかる。さらに第4文の中にある「数年前にそれを読んだ」から条件Bも満たしていないことがわかる。以上から③は不正解である。
　　4　第1文の中にある「新刊本」より条件Bを満たしていることがわかる。第2文の「メダルを取ったオリンピックのアスリートを特集しているんだ」から条件Cを満たしていることがわかる。しかし，第4文「275ページの長さだね」から条件Aを満たしていないので，④は不正解だとわかる。
　　解答の根拠となる一部の表現が，比較的直接的な言い方だったためか正答率は高い。間違った人の11.3％が①を選んでいるのは「SF小説」が「ノンフィクション」ではないことを知らなかったためであろう。また④を選んでいるのは275という数字の聞き取りができなかったからであろうと推測できる。正答率は80.4％。

解答 ②

訳　　1　たくさん候補の本があるけれど，私がいいなと思う本は，SF 小説で，先月出版された『宇宙とその向こうへの旅』です。たった150ページしかないから，一気に読むことができるよ。

　　2　今年の前半に出版された『家族での農業』というタイトルの本に関するレビューをオンライン上で読んだんだ。農業をするために家族といっしょに田舎に引っ越すことを決意した男性についての，本当にあった話なんだ。読みやすくて…，大体200ページだよ。

　　3　私は『ポップスターとしての私の人生』という本当にいい自伝を知っているよ。長さは300ページだよ。私たちのグループにとって面白い議論のテーマになると思う。数年前にそれを読んだときは，私は多くのことを学んだよ。

　　4　私は『オリンピックで勝つこと』という新刊本について聞いたよ。メダルを取ったオリンピックのアスリートを特集しているんだ。多くの興味深い写真や，事実に基づいた本当に驚くべき話が載っているよ。275ページの長さだね。

語句

▶ **scíence fíction novel**　名「SF（空想科学）小説」
　　＊不可算名詞

▶ **in one sitting**　熟「一気に」

▶ **revíew**　名「書評」

▶ **farm**　自「農業を営む」

▶ **autobiógraphy**　名「自伝」
　　＊ biography は「伝記」

▶ **féature ～**　他「～を特集する」

▶ **true-life**　形「現実に基づいた」

問2

放送された英文

　　1　Tour No.1 allows you to experience a variety of contemporary works that well-known artists have produced between the years 2010 and 2020. It includes both sculptures and paintings. It's self-guided, so you can go along at your own pace, using a detailed guidebook.

　　2　Tour No.2, which is available only this week, focuses on great works of art of the 21st century. The tour guide, who is an art professor at a local university, will personally guide you through the painting and sculpture exhibits.

3　Tour No.3 allows you to use a smartphone to listen to a recorded explanation by an art expert. The guide will first cover the painting galleries and then, later, proceed to the ancient sculpture exhibit outdoors. This is great for the independent tourist.

4　In Tour No.4, the guide, who is a local volunteer, will accompany you through a series of exhibits that focus on paintings from various art periods. It covers works from the 17th century to contemporary times. The sculpture exhibits are not included in this tour.

解説　「(　　　) が選ぶ可能性が最も高いツアーである」

②が正解。選択肢を順に検討していく。

1　第1文に「著名な芸術家たちが2010年から2020年にかけて制作したさまざまな現代アート」とあり，条件Aを満たしている。さらに，第2文に「彫刻と絵画の両方が含まれています」とあり，条件Bも満たしている。しかし第3文に「ガイドはつかない」とあり，条件Cは満たしていないので①は不可となる。

2　第1文に「21世紀の名作」とあり，条件Aを満たしている。第2文前半に「ツアーガイド」とあって条件Cを満たしており，さらに第2文後半に「絵画や彫刻の展示」とあるので条件Bも満たしている。よって②は正解である。

3　第1文に「美術の専門家による説明の録音音声」とあり，条件Cを満たしていないことがわかる。第2文から絵画と彫刻の両方が展示されていることがわかるが，「古代の彫刻」とあるので，条件Bは満たしているが，条件Aは満たしていない。よって③は不可である。

4　第1文に「ガイドを務めるのは地元のボランティア」とあり，条件Cを満たしていることがわかる。さらに，第2文には「17世紀から現代までの作品」とあり条件Aを満たしていることがわかる。ただし最終文に「彫刻の展示はこのツアーに含まれていません」とあり，条件Bを満たしていない。よって④は不可である。

正答率は72.5％で，①を選択した人が13.7％いた。おそらく self-guided の意味がよくわからなかったのであろう。

解答 ②

訳　　1　ツアー1では，著名な芸術家たちが2010年から2020年にかけて制作したさまざまな現代アートを体験することができます。彫刻と絵画の両方が含まれています。ガイドはつかないので，詳しいガイドブックを読みながら自分のペースで進むことができます。

　　2　ツアー2は今週限定で開催され，21世紀の名作が中心です。ツアーガイドは地元の大学で美術の教授を務めている人で，絵画や彫刻の展示を個人的にガイドしてくれます。

　　3　ツアー3ではスマートフォンを用いて，美術の専門家による説明の録音音声を聞くことができます。ガイドはまず絵画の展示をすべて説明し，そのあとで屋外に展示されている古代の彫刻へ進みます。おひとりで旅行される方に最適です。

　　4　ツアー4でガイドを務めるのは地元のボランティアで，さまざまな美術史の年代の絵画を中心とした一連の展示を案内します。17世紀から現代までの作品をカバーしています。彫刻の展示はこのツアーに含まれていません。

語句　▶ **allów O to (V)**　熟「O が V するのを許す」
　　　　▶ **a varíety of ~**　熟「さまざまな~」
　　　　▶ **contémporary**　形「現代の」
　　　　　　＊　本来は「同時代の」の意味だが，現在時制で使われた場合には「現代と同時代の」＝「現代の」となる
　　　　▶ **inclúde ~**　他「~を含む」
　　　　▶ **scúlpture**　名「彫刻」
　　　　▶ **détailed**　形「詳細な」
　　　　▶ **aváilable**　形「利用できる」
　　　　▶ **fócus on ~**　熟「~に焦点を当てている」
　　　　▶ **exhíbit**　名「展示品」
　　　　▶ **explanátion**　名「説明」
　　　　　　＊　explain の名詞形
　　　　▶ **procéed to ~**　熟「~に進む」
　　　　　　＊　「順を追って進む」の意味
　　　　▶ **áncient**　形「古代の」
　　　　▶ **indepéndent**　形「独立した」
　　　　　　＊　本文では「一人で行動したい」の意味合い
　　　　▶ **accómpany ~**　他「~に同伴する」

原則7 長文モノローグ型ワークシート完成・選択問題

　身近な話題や社会的な話題に関する講義を聞きメモを取ることを通じて，概要や要点をとらえる力や，聞き取った情報と図表から読み取れる情報を組み合わせて判断する力を試す問題。

傾向

❶状況と問いを読む時間（約60秒）が与えられているので，音声を聞く前にしっかり読んで，どのような内容の英文かを予想する。❷英文は300語程度と長めで，一度しか読まれないので注意深く聞く。

対策

❶適宜メモを取りながら内容を整理して，ワークシートの空所を埋めていく形で聞く。

❷先にワークシートを精読して，英文の内容を予測すること。

❸選択肢では英文の内容が言い換えられている場合が多いということを忘れないようにする。

❹いわゆるトレンドワードが出題されることが多いので，普段から時事的な言葉には注意すること。

竹岡の一言

◆「ワークシートの先読み」が勝負を分ける！！！

　長文のリスニングを，1回聞いただけで正解するのは至難の業である。しかも，母集団にばらつきがある共通テストではなおさらである（東京大学でも2回聞きなのだ！）。しかし，「リスニングは1回聞きにすべき」という世の潮流に逆らえなかった問題作成部会は，苦肉の策としてワークシートを考え出したと思われる。

　よって，この問題の成否は「ワークシートをどれほど素早く先読みするか」にかかっている。**「ワークシートをボーッと眺める」**のではなく，**「ワークシートの隅々まで注意深く読み取る」**ことが大切である。

　ここからの演習は，すぐに音声を聞くのではなく，まずはワークシートをしっかり読むこと！

例題 17　難

最初に講義を聞き，問1から問3に答えなさい。次に続きを聞き，問4に答えなさい。**状況，ワークシート，問い，及び図表を読む時間が与えられた後，音声が流れます。**

状況

　あなたは大学で，働き方についての講義を，ワークシートにメモを取りながら聞いています。

ワークシート

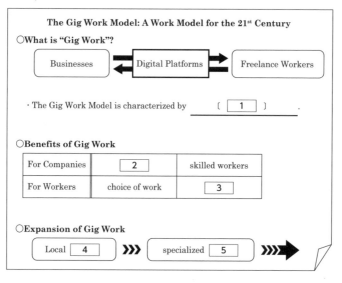

> **The Gig Work Model: A Work Model for the 21ˢᵗ Century**
>
> ○**What is "Gig Work"?**
>
> | Businesses | Digital Platforms | Freelance Workers |
>
> · The Gig Work Model is characterized by 〔 1 〕 .
>
> ○**Benefits of Gig Work**
>
> | For Companies | 2 | skilled workers |
> | For Workers | choice of work | 3 |
>
> ○**Expansion of Gig Work**
>
> Local 4 ⟫⟫ specialized 5 ⟫⟫

問1 ワークシートの空欄 1 に入れるのに最も適切なものを，4つの選択肢（①～④）のうちから一つ選びなさい。

① individual tasks that must be completed for a regular salary

② job opportunities that are open for digital platform developers

③ temporary work that is done by independent workers

④ work styles that are not determined by the period of contract

問2 ワークシートの空欄 2 ～ 5 に入れるのに最も適切なものを，6つの選択肢（①～⑥）のうちから一つずつ選びなさい。選択肢

は2回以上使ってもかまいません。

① advertising ② flexible hours ③ lower expenses
④ project work ⑤ service jobs ⑥ stable income

問3 講義の内容と一致するものはどれか。最も適切なものを，4つの
選択肢（①～④）のうちから一つ選びなさい。

① Companies can develop more skilled workers through permanent employment.
② Gig workers sacrifice their work-life balance to guarantee additional income.
③ Lack of contracts is the main obstacle in connecting companies and workers.
④ The gig work model is driving new discussion on how society views jobs.

問4 講義の続きを聞き，**次の図から読み取れる情報と講義全体の内容か**
らどのようなことが言えるか，最も適切なものを，4つの選択肢（①
～④）のうちから一つ選びなさい。

① A majority of gig workers in South Asian countries are highly specialized.
② Canada and the United States are competing for online platform services.
③ Global demand for gig work is greater than the number of employees available.
④ The ease of hiring workers across international borders is a benefit of gig work.

[本試]

1 Today I'll introduce a recent work model based on "gig work." Do you know this term? This model utilizes the spread of smartphones and the internet. It enables businesses to connect with and hire freelance workers through digital platforms. These workers are called gig workers, who do individual jobs, or gigs, on short-term contracts.

2 Let's look at some benefits of the gig work model. This model is attractive to companies because they can save on operating costs, and they can easily hire a more skilled workforce through digital platforms. The workers have the opportunity to control the numbers and types of projects according to their preferences, with the freedom to choose their schedule and workload. However, their income can be unstable because it is based on individual payments instead of a regular salary.

3 The gig work model is expanding to include various types of work. It has become common for local service jobs such as taxi and delivery drivers. There is now increasing demand for highly specialized project work, not only domestically but also internationally. For example, a company that needs help with its advertising can hire international consultants who work remotely in different countries. In fact, a large number of U.S. companies are already taking advantage of digital platforms to employ an international workforce.

4 The gig work model is challenging us to rethink the concepts of permanent employment, and full-time and part-time work. Working on a contract basis for multiple companies may give gig workers additional income while maintaining their work-life balance. As more and more people enter the gig job market, this work model will undoubtedly expand as a work model for future generations.

5 The growing effects of gig work on employment and markets differ regionally. Look at the two graphs containing data from the major English-language online labor platforms. They show the top five countries in terms of percentages of all gig employers and gig employees. What trend can we see here?

解説　問1

① 「定額の給料をもらって完了しなければならない個々の仕事」
② 「デジタルプラットフォームの開発者に開かれた雇用機会」
③ 「独立して働く人々がする臨時の仕事」
④ 「契約期間によって縛られることのない働き方」

③が正解である。ワークシートから，空所には「ギグワークの特徴」が入ることがわかる。選択肢を順に検討する。①「定額の給料をもらって完了しなければならない個々の仕事」は，不適切である。本文第2段落最終文に「しかし，彼らの収入は，定額の給与ではなく，個々の報酬に基づいているため，不安定になる可能性があります」とある。②「デジタルプラットフォームの開発者に開かれた雇用機会」は不適切である。第1段落第4文の「これは，企業がデジタルプラットフォームを通じて，フリーの労働者とつながり，雇用することを可能にするものです」と一致しない。選択肢の「の開発者に開かれた」を「を通して開かれた」に変えれば正解となる。③「独立して働く人々がする臨時の仕事」は正解。②で検討した箇所と同じ箇所に「フリーの労働者」とあり，これが「独立して働く人々」と結びつく。さらに本文第1段落の最終文に「これらの労働者はギグワーカーと呼ばれ，短期間の契約で個々の仕事，つまりギグを行います」とあり，「短期間の契約」が「臨時の仕事」と合致する。④「契約期間によって縛られることのない働き方」は不適切。③で検討した箇所と同じ箇所に「短期間の契約で個々の仕事」とあり，「契約期間によって縛られることのない」が誤りであるとわかる。

上位者でも正答率が44.3%しかなく，全体の正答率は26.1%しかない。本文の「フリーの労働者」と選択肢の「独立して働く人々」，さらに本文「短期間の契約で個々の仕事」と選択肢の「臨時の仕事」が結びつかなかったことが原因だと推察される。

問2　①「広告」　　②「フレキシブルな時間」
　　　　　③「低コスト」　④「プロジェクトに関する仕事」
　　　　　⑤「サービス業」　⑥「安定した収入」

　　2　は③，　3　は②が正解。

ワークシートから　2　は会社にとっての利点を，　3　は労働者にとっての利点を探せばよいとわかる。　2　については，本文第2段落第2文の「このモデルは企業にとって魅力的です。経営コストを削減でき，デジタルプラットフォームを通じてよりスキルの高

い人材を簡単に雇用することができるからです」から，会社にとっての利点は「経営コストの削減」と「よりスキルの高い人材を簡単に雇用できること」だとわかる。ワークシートには，すでに skilled workers「スキルのある労働者」と書かれているので， 2 には「経営コストの削減」に対応する③「低コスト」を入れればよいとわかる。

3 に関しては，第2段落の第3文に「ギグワークをする労働者は自分の好みに合わせてプロジェクトの数や種類を管理することができ，自らのスケジュールや仕事量を自由に選択することができます」とある。ワークシートには，すでに choice of work「仕事の選択」と書かれているので， 3 には「スケジュールを自由に選択することができる」に対応するものを選べばよい。それに対応するのは②「フレキシブルな時間」である。

これも正答率は30.4％。上位者でも68.7％しかない。本文の内容を選択肢で言い換えていることが原因だと推察される。

4 は⑤， 5 は④が正解。

ワークシートから 4 ・ 5 にはギグワークの拡大に関する内容を答えればよいことがわかる。具体的には， 4 は「ギグワークの地域の（　　）に広がっている」， 5 では「ギグワークが専門的な（　　）に広がっている」の（　　）に入る語を答えることになる。 4 に関しては，第3段落の第2文に「タクシーや配達ドライバーなど，地域密着型のサービス業では一般的になりました」とあり，⑤「サービス業」を選べばよい。また， 5 に関しては，第3段落第3文に「また，今，国内だけでなく国際的に，専門

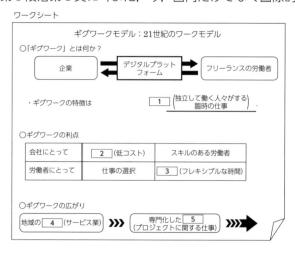

ワークシート

ギグワークモデル：21世紀のワークモデル

○「ギグワーク」とは何か？

企業 ⇄ デジタルプラットフォーム → フリーランスの労働者

・ギグワークの特徴は 1 （独立して働く人々がする臨時の仕事）

○ギグワークの利点

| 会社にとって | 2 （低コスト） | スキルのある労働者 |
| 労働者にとって | 仕事の選択 | 3 （フレキシブルな時間） |

○ギグワークの広がり

地域の 4 （サービス業） ⋙ 専門化した 5 （プロジェクトに関する仕事） ⋙

性の高いプロジェクトの仕事の需要が高まっています」とあり，④「プロジェクトに関する仕事」を選べばよい。正答率は60.8%。

問3 ①「会社は終身雇用によってより能力のある社員を養成することができる」

②「ギグワーカーは追加収入を得るためにワークライフバランスを犠牲にしている」

③「契約の不備は，企業と労働者をつなぐ際の主な障壁である」

④「ギグワークモデルは，労働に対する社会の見方に関わる新しい議論を巻き起こしている」

④が正解。選択肢を順に検討していく。①「会社は終身雇用によってより能力のある社員を養成することができる」は「終身雇用」が不適切。ギグワークは終身雇用ではないことは本文第1段落最終文「これらの労働者はギグワーカーと呼ばれ，短期間の契約で個々の仕事，つまりギグを行います」から明らかである。②「ギグワーカーは追加収入を得るためにワークライフバランスを犠牲にしている」も不適切。第4段落の第2文「複数の会社と契約に基づき働くことで，ギグワーカーはワークライフバランスを保ちながら追加収入を得ることができるかもしれないのです」とあるので，「ワークライフバランスを犠牲にして」が間違いである。③「契約の不備は，企業と労働者をつなぐ際の主な障壁である」は，契約に関しては本文第1段落最終文に「これらの労働者はギグワーカーと呼ばれ，短期間の契約で個々の仕事，つまりギグを行います」とあるだけで，「契約の不備が障壁」との言及はない。④「ギグワークモデルは，労働に対する社会の見方に関わる新しい議論を巻き起こしている」は正解。本文第4段落第1文に「ギグワークモデルは，終身雇用やフルタイム，パートタイムの仕事の概念を見直すよう我々に問いかけています」とある。「議論を巻き起こしている」に直接対応する箇所は本文にはないが，「問いかけています」がそれに対応していると考えればよいだろう。

正答率は33.7%で，上位者でも70%ぐらいしか正解していない。

問4 ①「南アジアのギグワーカーの大半は高度な専門家である」

②「カナダとアメリカはオンライン上のプラットフォームサービスの分野で競っている」

③「ギグワークに対する世界的な需要は働くことのできる労働者の数よりも大きい」

④「国境を超えて労働者を雇用するのが容易であるということ
　はギグワークの利点の１つである」

　④が正解。まず２つの表の意味を確認しておく。左側は「ギグワー
カーを雇う人が働いている地域の割合」であり，インドを除けば先進
国だけであることがわかる。一方，右側は「ギグワーカーの働いてい
る地域の割合」であり，上位３カ国は南アジアの国が占めているこ
とがわかる。以上から，ギグワークにおいては，「雇う側と雇われる
側が属する国が異なることが多く，雇う側は先進国が大半だが，雇わ
れる側は南アジアの人が多い」ということがわかる。このことと本文
の内容を踏まえて選択肢を順に検討する。①「南アジアのギグワーカ
ーの大半は高度な専門家である」は不適切である。「専門性」に関す
ることは，本文第２段落第２文に「このモデルは企業にとって魅力
的です。経営コストを削減でき，デジタルプラットフォームを通じて
よりスキルの高い人材を簡単に雇用することができるからです」，さ
らに第３段落第３文に「また，今，国内だけでなく国際的に，専門
性の高いプロジェクトの仕事の需要が高まっています」とあるが，「大
半は高度な専門家」という内容は述べられておらず，またグラフから
も読み取れない。②「カナダとアメリカはオンライン上のプラットフ
ォームサービスの分野で競っている」も不適切である。そもそも「オ
ンライン上のプラットフォームサービスの分野で競っている」という
内容については講義でも一切言及がなく，またグラフからも「アメリ
カとカナダが競っている」ということは読み取れない。③「ギグワー
クに対する世界的な需要は働くことのできる労働者の数よりも大き
い」も不適切である。本文には言及がなく，またグラフから「雇う側
と雇われる側のどちらが多いか」ということはわからない。④「国境
を超えて労働者を雇用するのが容易であるということはギグワークの
利点の１つである」は正解。先ほど検討したグラフの意味「雇う側と
雇われる側が属する国が異なることが多く，雇う側は先進国が大半だ
が，雇われる側は南アジアの人が多い」から「ギグワークの労働者の
雇い主がいる場所」と「ギグワークの労働者のいる場所」が異なるこ
とがわかる。つまり選択肢の「国境を超えて労働者を雇用するのが容
易である」と合致する。正答率は35.9％で，①を選んだ人が33.9％も
いる。「雇用する側とされる側の場所が異なる」というグラフの意味
を理解できなかったことが要因であろう。

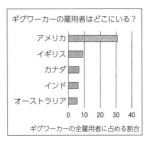

ギグワーカーの雇用者はどこにいる？

	0 10 20 30 40
アメリカ	
イギリス	
カナダ	
インド	
オーストラリア	

ギグワーカーの全雇用者に占める割合

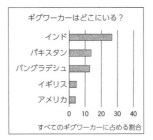

ギグワーカーはどこにいる？

	0 10 20 30 40
インド	
パキスタン	
バングラデシュ	
イギリス	
アメリカ	

すべてのギグワーカーに占める割合

解答 問1 ③ 問2（2～5の順に）③→②→⑤→④
問3 ④ 問4 ④

訳 1 今日は，「ギグワーク」に基づく近年の働き方を紹介します。皆さんはこの言葉をご存じでしょうか？ このモデルは，スマートフォンやインターネットの普及を利用しています。これは，企業がデジタルプラットフォームを通じて，フリーの労働者とつながり，雇用することを可能にするものです。これらの労働者はギグワーカーと呼ばれ，短期間の契約で個々の仕事，つまりギグを行います。

2 ここで，ギグワークモデルのいくつかのメリットについて見てみましょう。このモデルは企業にとって魅力的です。経営コストを削減でき，デジタルプラットフォームを通じてよりスキルの高い人材を簡単に雇用することができるからです。ギグワークをする労働者は自分の好みに合わせてプロジェクトの数や種類を管理することができ，自らのスケジュールや仕事量を自由に選択することができます。しかし，彼らの収入は，定額の給与ではなく，個々の報酬に基づいているため，不安定になる可能性があります。

3 ギグワークのモデルは，さまざまな種類の仕事に広がっています。タクシーや配達ドライバーなど，地域密着型のサービス業では一般的になりました。また，今，国内だけでなく国際的に，専門性の高いプロジェクトの仕事の需要が高まっています。たとえば，広告宣伝に力を借りたい会社は，さまざまな国でリモートワークを行う国際コンサルタントを雇うことができます。実際，すでに多くの米国の会社がデジタルプラットフォームを活用して，国際的な労働力を雇用しています。

4 ギグワークモデルは，終身雇用やフルタイム，パートタイムの仕事の概念を見直すよう我々に問いかけています。複数の会社と契約に基づき働くことで，ギグワーカーはワークライフバランスを保ちながら追加収入を得ることができるかもしれないのです。より多くの人がギグジョブ市場に参入することで，このワークモデルは将来の世代のワークモデルとして間違いなく拡大していくでしょう。

5　ギグワークが雇用や市場に与える影響の拡大は，地域によって異なります。英語圏の主要なオンライン労働プラットフォームからのデータを含む２つのグラフを見てください。このグラフは，ギグワークのすべての雇用者と被雇用者の割合における上位５カ国を示しています。ここにはどのような傾向が見られるでしょうか？

語句　第1段落

▶ **based on ～**　　　熟「～に基づいた」

▶ **term**　　　名「用語，言葉」

　　＊　word と異なり，2語以上のものも指す可能性がある

▶ **utilize ～**　　　他「～を利用する」

▶ **the internet**　　　名「インターネット」

　　＊　2016年の AP Stylebook「アメリカ合衆国の新聞やニュース産業で利用されている記事執筆のスタイルと用語法のガイドブック」から internet は普通名詞扱いで小文字にすることが決まった

▶ **connect with ～**　　　熟「～と結びつく」

▶ **hire ～**　　　他「～を雇う」

▶ **freelance**　　　形「フリーの」

▶ **platform**　　　名「プラットフォーム（IT サービスなどの動作環境）」

▶ **short-term**　　　形「短期間の」

▶ **contract**　　　名「契約」

第2段落

▶ **benefit**　　　名「恩恵」

▶ **save on ～**　　　熟「(食物，燃料，費用など) を節約する」

▶ **opportunity**　　　名「(良い) 機会」

▶ **preference**　　　名「好み」

▶ **workload**　　　名「仕事量」

▶ **unstable**　　　形「不安定な」

　　＊　stay と同系語

▶ **instead of ～**　　　熟「～ではなく」

第3段落

▶ **expand to** (V)　　　熟「V するまで広がる」

▶ **demand for ～**　　　熟「～の需要」

▶ **specialized**　　　形「専門化した」

▶ doméstically	副	「国内で」
▶ ádvertising	名	「広告」
▶ remótely	副	「遠隔で」
▶ take advántage of ~	熟	「~を利用する」

第4段落

▶ chállenge *A* to (V)	熟	「A に V するように促す」
▶ rethínk ~	他	「~を再考する」
▶ cóncept	名	「概念」
▶ múltiple	形	「多数の」
▶ maintáin ~	他	「~を維持する」
▶ undóubtedly	副	「間違いなく」
▶ generátion	名	「世代」

お役立ちコラム

term の意味

　京都駅から東京行きの新幹線のぞみ号に乗ると次のような車内放送が流れてくる。

"This is the NOZOMI superexpress bound for Tokyo. We'll be stopping at Nagoya, Shin-Yokohama, and Shinagawa stations before arriving at Tokyo terminal."
「この電車はのぞみ号東京行きです。（終点東京に到着する前の）途中の停車駅は，名古屋，新横浜，品川です」※ 実際の新幹線の車内放送では（ ）内は省かれている。

　この中に登場する terminal は「終点」の意味だが，元は -term- で「枠・境界」の意味。だから terminal は「ここでおしまい」という感じの単語なのだ。term も「枠組み」が基本的な意味だ。
　(1) Tim looks at everything in **terms** of money.
　　　「ティムは何でもお金の観点（＝お金という枠組み）から見る」
　(2) "Bronchitis" is a medical **term**.
　　　「『気管支炎』は医学用語（＝医学の枠組み）である」
　(3) We are on good **terms**.
　　　「私たちは良好な関係（＝良い枠組み）だ」
　(4) The company's prospect looks good in the long **term**.
　　　「その会社の見通しは長期（＝長期の枠組み）的には良好だと思われる」

例題 18

難

最初に講義を聞き，問1から問3に答えなさい。次に続きを聞き，問4に答えなさい。**状況，ワークシート，問い，及び図表を読む時間が与えられた後，音声が流れます。**

状況
　あなたは大学で，アジアゾウに関する講義を，ワークシートにメモを取りながら聞いています。

ワークシート

Asian Elephants

◇ **General Information**

◆ Size:　　　　　　Largest land animal in Asia

◆ Habitats:　　　South and Southeast Asia

◆ Characteristics:　〔 **1** 〕

◇ **Threats to Elephants**

Threat 1: Illegal Commercial Activities

◆ using elephant body parts for
accessories, **2** , medicine

◆ capturing live elephants for **3**

Threat 2: Habitat Loss Due to Land Development

◆ a decrease in elephant **4** interaction

◆ an increase in human and elephant **5**

問1　ワークシートの空欄　**1**　に入れるのに最も適切なものを，4つの選択肢（①～④）のうちから一つ選びなさい。

①　Aggressive and strong

②　Cooperative and smart

③　Friendly and calm

④　Independent and intelligent

問2　ワークシートの空欄　**2**　～　**5**　に入れるのに最も適切なも

のを，6つの選択肢（①〜⑥）のうちから一つずつ選びなさい。選択肢は2回以上使ってもかまいません。

① clothing   ② cosmetics   ③ deaths

④ friendship   ⑤ group   ⑥ performances

問3 講義の内容と一致するものはどれか。最も適切なものを，4つの選択肢（①〜④）のうちから一つ選びなさい。

① Efforts to stop illegal activities are effective in allowing humans to expand their housing projects.

② Encounters between different elephant groups are responsible for the decrease in agricultural development.

③ Helping humans and Asian elephants live together is a key to preserving elephants' lives and habitats.

④ Listing the Asian elephant as an endangered species is a way to solve environmental problems.

問4 グループの発表を聞き，**下の図から読み取れる情報と講義全体の内容から**どのようなことが言えるか，最も適切なものを，4つの選択肢（①〜④）のうちから一つ選びなさい。

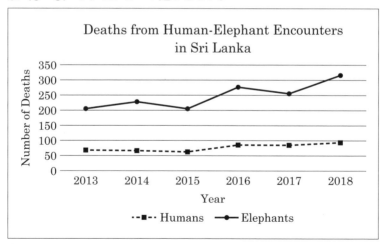

Deaths from Human-Elephant Encounters in Sri Lanka

① Efforts to protect endangered animals have increased the number of elephants in Sri Lanka.

② Monitoring illegal activities in Sri Lanka has been effective in eliminating elephant deaths.

③ Sri Lanka has not seen an increase in the number of elephants that have died due to human-elephant encounters.

④ Steps taken to protect elephants have not produced the desired results in Sri Lanka yet.   ［本試］

放送された英文

1　Today, our topic is the Asian elephant, the largest land animal in Asia. They are found across South and Southeast Asia. Asian elephants are sociable animals that usually live in groups and are known for helping each other. They are also intelligent and have the ability to use tools.

2　The Asian elephant's population has dropped greatly over the last 75 years, even though this animal is listed as endangered. Why has this happened? One reason for this decline is illegal human activities. Wild elephants have long been killed for ivory. But now, there is a developing market for other body parts, including skin and tail hair. These body parts are used for accessories, skin care products, and even medicine. Also, the number of wild elephants caught illegally is increasing because performing elephants are popular as tourist attractions.

3　Housing developments and farming create other problems for elephants. Asian elephants need large areas to live in, but these human activities have reduced their natural habitats and created barriers between elephant groups. As a result, there is less contact between elephant groups and their numbers are declining. Also, many elephants are forced to live close to humans, resulting in deadly incidents for both humans and elephants.

4　What actions have been taken to improve the Asian elephant's future? People are forming patrol units and other groups that watch for illegal activities. People are also making new routes to connect elephant habitats, and are constructing fences around local living areas to protect both people and elephants.

5　Next, let's look at the current situation for elephants in different Asian countries. Each group will give its report to the class.

6　Our group studied deadly encounters between humans and elephants in Sri Lanka. In other countries, like India, many more people than elephants die in these encounters. By contrast, similar efforts in Sri Lanka show a different trend. Let's take a look at the graph and the data we found.

 問1　① 「攻撃的で強い」
　　② 「協調性があり賢い」
　　③ 「親しみやすく穏やか」
　　④ 「自立していて知能が高い」

　②が正解である。「お互いに助け合う」＝「協調性がある」，「知能が高い」＝「賢い」となっており本文に合致する。ワークシートより，空所には「アジアゾウの特徴」が入ることがわかる。アジアゾウの性質については，放送された英文の第1段落第3～4文に「アジアゾウは社交的な動物で，普段は群れで生活しており，お互いに助け合うことで知られています。また，知能が高く，道具を使う能力も持っています」とある。これと合致するものを選べばよい。選択肢を順に検討する。①は，本文では一切述べられていない。③は，本文では一切述べられていない。④は，「自立していて」が本文にはないので不可である。間違えた人は④にした人が多いが，independent「独立している」と dependent「依存している」を勘違いし helping each other の言い換えだと思ってしまったのであろう。

問2　① 「衣服」　　② 「化粧品」　　③ 「死亡数」
　　④ 「友情」　　⑤ 「群れ」　　⑥ 「芸」

　　2　は②，　3　は⑥が正解。まずワークシートの表題「脅威1」の「違法な商業活動」に注目しておくこと。「違法な商業活動」とは「ゾウの密猟」などをイメージできればいいだろう。放送文を聞く前に，あらかじめ放送内容を予想しておくことは，ワークシートを用いた問題には有効である。

　　ワークシートから　2　は，「ゾウの体の部位が何に使われているか」を，　3　は，「生きているゾウを捕まえるのはなぜか」を答えればよいことがわかる。　2　については，放送された第2段落第6文の「これらの部位はアクセサリーやスキンケア用品，薬にさえ利用されています」から，「スキンケア用品」だとわかる（アクセサ

リーと薬はすでにワークシートに書かれている）。これに対応するの
は②しかない。厳密には「スキンケア用品」のほうが，「化粧品」よ
り用途が広いが，許容範囲であろう。正答率は概ね高いが，間違えた
人の多くは①にしている。おそらく skin care products や cosmetics
の意味がわからなかったのであろう。

　　　3　　に関しては，第2段落最終文の「また，芸をするゾウは
観光客の呼び物として人気なので，違法に捕獲される野生のゾウの
数は増えています」を解答根拠とすればよい。空所に⑥を入れれば，
「生きているゾウを［芸］のために捕まえる」となり文意が通る。こ
れは差がついた問題であり，上位者の正答率は 92.9％だが，下位者
は 69.3％しかない。本文の the number of wild elephants caught
illegally is increasing because performing elephants are popular as
tourist attractions と，ワークシートの capturing live elephants for
［　］が結びつかなかったためと推測できる。選択肢では，本文の内
容がかなり言い換えられていることに注意したい。

　　　4　　は⑤，　5　　は ③が正解である。まずワークシートの表題
「脅威2」の「土地開発による生息地の消失」に注目し，「生息地が
消失したゾウにどのような事態が起きるか」を推測しておくことが肝
要である。

　　　4　　に関しては，ワークシートに「ゾウの　4　　交流の減少」
とあり，「ゾウの何の交流が減少しているのか」を聞き取ればよいこ
とがわかる。第3段落第3文に「結果として，ゾウの群れ同士の接
触が少なくなり，ゾウの数が減少しています」とある。これに対応す
るのは，⑤である。間違えた人の多くが④を選んでいる。friendship
interaction というコロケーションは存在するが，これでは肝心な「群
れ」というキーワードが抜けてしまうので不可である。

　　　5　　に関しては，「人間とゾウの　5　　の増加」とあるので，
「ゾウと人間で何が増加しているのか」を聞き取ればよいことがわか
る。本文第3段落第4文に「また，多くのゾウが人間の近くで生活
することを余儀なくされ，その結果，人間とゾウの両方が命を落と
すという事件が起きています」とある。よって，③が答えとなる。こ
の問題は中位者で 54.1％，下位者では，29.8％しか正解していない。
間違えた人の大半が④を選んでいる。表題の「脅威2」に注意を向け
ていれば「ゾウと人間の友情の増加」は，絶対間違いだとわかるはず
である。これほど多くの人がワークシートをしっかり読んでいないと

いう事実を認識しておくことが重要であろう。

ワークシート

アジアゾウ

◇　一般的な情報

◆　大きさ：　　　　アジアで最大の陸上動物
◆　生息地：　　　　南アジアおよび東南アジア
◆　特徴：　　　　　[　　1　　(協調性があり賢い)]

◇　ゾウへの脅威

脅威1：違法な商業活動

◆　ゾウの身体の部位を，
アクセサリー，[　2　] (化粧品)，薬のために使用
◆　生きているゾウを [　3　] (芸) のために捕まえる

脅威2：土地開発による生息地の消失

◆　ゾウの [　4　] (群れ) の交流の減少
◆　人間とゾウの [　5　] (死亡数) の増加

問3　①「違法な活動を止めるための努力は，人間の住宅事業を広げ
るのに効果的である」

②「異なるゾウの群れ同士が出会うことは農業の発展の足止め
の原因となっている」

③「人間とアジアゾウの共存を手助けすることは，ゾウの命と
居住地を守る鍵となる」

④「アジアゾウを絶滅危惧種のリストに加えることは環境問題
を解決するための1つの手段である」

③が正解である。第3段落の最終文に「また，多くのゾウが人間の
近くで生活することを余儀なくされ，その結果，人間とゾウの両方が
命を落とすという事件が起きています」とあり，ゾウと人間の死亡数
の増加の一因に「ゾウと人間との接触」が挙げられている。よって「ゾ
ウと人間との接触を防ぐこと」＝「ゾウの命と居住地を守る」と考え
てよいだろう。問題の英文の内容が「アジアゾウを守るためにさまざ
まな手段が講じられているが，その個体数は大きく減少している」で
あることをつかんだ上で，選択肢を順に検討していく。①は，後半が
本文とは関係のない選択肢であり，講義の内容と一致しないので不可

である。②も後半が間違っている。放送された第3段落は「人間の宅地開発と農業によってゾウの生息地が減少し，ゾウの群れと群れとのあいだに壁ができ，群れ同士の接触が少なくなり，ゾウの数が減少している」という内容である。もし選択肢を書き換えて「異なるゾウの集団同士が出会うことはゾウの個体数の増加に不可欠である」とするなら正解となる。④は後半がまったくのでたらめである。そもそも本文は漠然とした環境問題がテーマではない。

上位者でも正答率は74.0％しかない。「この英文は何がテーマかな？」という意識を持って，ワークシートを読み，また音声を聞くことが重要であろう。

問4　①「絶滅危惧種の動物を守るための努力によって，スリランカのゾウの数が増えた」
　　　②「スリランカにおける違法な活動を監視することは，ゾウの死亡数をなくすことに効果を発揮している」
　　　③「スリランカでは，人間とゾウが出会うことによるゾウの死亡数は増えていない」
　　　④「ゾウを守るために取られた処置は，スリランカにおいてまだ望ましい結果を残していない」

④が正解。選択肢を順に検討していく。①は間違っている。放送された本文第2段落第1文に「アジアゾウは，絶滅危惧種に指定されているにもかかわらず，過去75年間で個体数が大きく減少しています」とある。グラフからもスリランカのゾウの死亡数は徐々に増えていることがわかる。②は確かに本文第4段落第2文に「人々がパトロール隊などを結成し，違法行為を監視しています」とあるが，それでもゾウの死亡数は増えているのである。よって選択肢を「違法な活動を監視しているにもかかわらず，スリランカにおけるゾウの死亡数が増えている」なら正解となるだろう。③も同様に間違っている。本文第3段落最終文に「また，多くのゾウが人間の近くで生活することを余儀なくされ，その結果，人間とゾウの両方が命を落とすという事件が起きています」から，人間とゾウの接触により，ゾウの死亡数が増加していることがわかる。以上を考慮し，消去法により，④を選ぶことになる。

ワークシートからアジアゾウに何らかの脅威が迫っていることがわかり，グラフからゾウの死亡数が増加していることも読み取れる。こ

れから，英文を聞くまでもなく①～③は間違いだとわかるが，正答率は低い。上位者でも正答率は 69.4％しかなく，下位者ではたったの32.5％である。グラフの読み取りをしっかりしてから，リスニングに臨むことが肝心である。

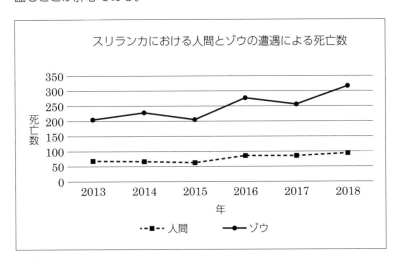

スリランカにおける人間とゾウの遭遇による死亡数

解答 問1 ② 問2 （2～5の順に）②→⑥→⑤→③
問3 ③ 問4 ④

訳 1 今日は，アジア最大の陸上動物であるアジアゾウを取り上げます。アジアゾウは，南アジアと東南アジアで見られます。アジアゾウは社交的な動物で，普段は群れで生活しており，お互いに助け合うことで知られています。また，知能が高く，道具を使う能力も持っています。

2 アジアゾウは，絶滅危惧種に指定されているにもかかわらず，過去75年間で個体数が大きく減少しています。なぜ，このようなことが起こってしまったのでしょうか？ この減少の理由の1つに，人間の違法な活動があります。野生のゾウは古くから象牙のために殺されてきました。しかし，現在では市場が皮膚や尻尾の毛を含む，体の他の部位に広がっています。これらの部位はアクセサリーやスキンケア用品，薬にさえ利用されています。また，芸をするゾウは観光客の呼び物として人気なので，違法に捕獲される野生のゾウの数は増えています。

3 宅地開発や農業は，ゾウにとっての別の問題を生み出しています。アジアゾウは居住に広い土地を必要としますが，こうした人間の活動はゾウの自然の生息地を減少させ，ゾウの群れのあいだに壁ができました。結

果として，ゾウの群れ同士の接触が少なくなり，ゾウの数が減少しています。また，多くのゾウが人間の近くで生活することを余儀なくされ，その結果，人間とゾウの両方が命を落とすという事件が起きています。

4　アジアゾウの未来を改善するために，どのような取り組みがなされているのでしょうか？　人々がパトロール隊などを結成し，違法行為を監視しています。また，ゾウの生息地をつなぐ新しいルートを作ったり，地域のゾウの生活圏に柵を作ったりして，人間とゾウの両方を守っています。

5　次に，アジア各国のゾウの現状について見てみましょう。各グループが，クラスにレポートを発表します。

6　私たちのグループは，スリランカでの人間とゾウの致命的な遭遇について調べました。他の国，例えばインドなどでは，その遭遇においてゾウよりも人間が多く死んでいます。一方，スリランカでの同様の取り組みでは，異なる傾向が見られます。グラフと私たちの見つけたデータを見てみましょう。

語句 | 第1段落
▶ **acróss** 〜　　　　　前「〜中で」
▶ **sóciable**　　　　　形「社交的な」
▶ **live in groups**　　熟「集団で暮らす」
▶ **be known for** 〜　熟「〜で知られている」
▶ **intélligent**　　　　形「賢い，知能が高い」

第2段落
▶ **drop**　　　　　　　自「減少する」
▶ **even though** 〜　接「〜にもかかわらず」
▶ **endángered**　　　形「絶滅の危機にある」
▶ **declíne**　　　　　名「減少」
　＊　de-［マイナス］＋ -clin-［傾き］
▶ **illégal**　　　　　　形「違法な」
▶ **ívory**　　　　　　名「象牙」
▶ **inclúding** 〜　　前「〜を含めて」
▶ **próduct**　　　　　名「製品」
　＊　アクセントは語頭
▶ **perfórm**　　　　　自「芸をする」
▶ **attráction**　　　　名「呼び物」

第3段落

▶ hóusing devélopment　名「宅地開発」
▶ redúce ～　他「～を減らす」
▶ nátural hábitat　名「自然の生息地」
▶ as a resúlt　熟「結果（の1つ）として」
▶ declíne　自「減少する」
▶ be fórced to（V）　熟「Vを強制される」
▶ resúlt in ～　熟「～という結果になる」
▶ deadly íncident　名「致命的事件」

第4段落

▶ take áctions to（V）　熟「Vするために行動をとる」
▶ patról únit　名「パトロール隊」
▶ watch for ～　熟「～を監視する」
▶ constrúct ～　他「～を築く」

第5段落

▶ cúrrent situátion　名「現在の状況」

第6段落

▶ deadly encóunter　名「致命的な遭遇」
▶ many more ＋複数形　熟「さらに多くの～」
▶ take a look at ～　熟「～を見る」

原則❽ 対話文質問・図表選択問題

　身近な話題や馴染みのある社会的な話題に関する会話や議論を聞き，それぞれの話者の発話の要点を選ぶことを通じて，必要な情報を把握する力や，それらの情報を統合して要点を整理，判断する力を試す問題。

傾向

❶英文は230〜330語程度。❷英文は1回しか読まれない。❸読み上げ速度は約120語／分と，英文が2回流される問題よりはかなり遅い。❹対話が3人以上で行われる場合もある。❺語彙レベルは CEFR-J の B1程度。❻状況と問いを読む時間が与えられている。

対策

❶音声を聞く前に，状況と設問文・選択肢をしっかり読んで，どのような内容の英文かを予想する。

❷対話全体から，それぞれの話者の立場（賛成 or 反対 or どちらとも言えない）や，主張の要点などを把握する。

❸英文と選択肢のあいだで，同じ内容の言い換え表現がしばしば使われるので，意味を正確にとらえて，解答すること。

❹話者の発言は二転三転する場合があり，「最終的にはどのような立場に立っているのか」を聞き逃さないようにする。

竹岡の一言

◆発言者の温度差に注意

　複数の人による，ある事柄に関する議論の問題では，「結局，この人は賛成なのか反対なのか」ということが問われる。登場人物は3つのタイプに分けられる。

1. 賛否の立場が最初から最後まで変化しない「頑固一徹型」
2. 人の意見に耳を傾けているうちに意見を変える「風見鶏型」
3. 結局どちらとも言えない「優柔不断型」である。

こうしたことを覚えておくと，整理がしやすいだろう。

例題 19 　　　　　　　　　　易

　2人の対話を聞き，それに対する問いの答えとして最も適当なものを，4つの選択肢（①〜④）のうちから一つずつ選びなさい。（問いの英文は書かれています。）**状況と問いを読む時間が与えられた後，音声が流れます。**

状況

　Julia が，Tom と料理について話をしています。

問1　What is Tom's main point?
①　Certain dishes are difficult to make.
②　Imagination is an important part of cooking.
③　Some ingredients are essential for flavor.
④　Successful recipes include many steps.

問2　What does Julia think about cooking?
①　Cooking creatively is more fun than following a recipe.
②　Cooking with feeling is the highest priority.
③　It is easy to make a mistake with measurements.
④　Preparing food requires clear directions.

[本試]

放送された英文

Julia：Oh, no. I'm out of butter.
Tom　：What are you making, Julia?
Julia：I was going to make an omelet.
Tom　：How about using olive oil instead?
Julia：But, Tom, the recipe says to use butter.
Tom　：Why don't you just change the recipe?
Julia：I don't like cooking that way.
Tom　：I just throw together whatever is in the refrigerator. For me, cooking is a creative act.
Julia：Not for me. I need to follow a recipe.

Tom　：I like to think about how the ingredients will combine.

Julia：I don't have to think about it if I follow a recipe precisely. I use measuring spoons, a measuring cup, and a step-by-step recipe. You like my food, don't you?

Tom　：Absolutely. Your beef stew is especially delicious.

Julia：See? There is something to be said for sticking to a plan. And without butter I cannot make an omelet.

Tom　：OK. So, what are you going to do with those eggs?

Julia：How about boiled eggs? Where's the recipe?

解説 問1 「トムの一番言いたいことは何か」

　　① 「ある料理は作るのが難しい」

　　② 「想像力は料理において重要な部分である」

　　③ 「一部の材料は味つけに不可欠である」

　　④ 「うまくいくレシピというのは多くの手順を記載している」

　②が正解。トムの主張を順に見ていく。トムの3番目の発言から「レシピを変えればいいだけじゃないか」がトムの言い分だとわかる。さらにトムの4番目の発言「僕は，冷蔵庫にあるものなら何でもいっしょに入れてしまうだけかな。僕にとって料理はクリエイティブな行為なんだ」と5番目の発言「僕は食材がどう結びつくかを考えるのが好きなんだ」から，トムの主張は「料理はレシピ通りではないほうがクリエイティブであり面白い」だとわかる。7番目の発言「わかった。それで，その卵はどうするつもりなの？」はトムの本音というよりも，ジュリアとの言い争いを避けるための発言ととらえ，トムの主張ではないと考えるのが適切である。以上のことを踏まえて選択肢を順に検討する。①「ある料理は作るのが難しい」はトムの発言にはなく，また，「トムの言いたいこと」でもないので不適切。②「想像力は料理において重要な部分である」は先ほど検討したトムの4番目の発言「僕は，冷蔵庫にあるものなら何でもいっしょに入れてしまうだけかな。僕にとって料理はクリエイティブな行為なんだ」と5番目の発言「僕は食材がどう結びつくかを考えるのが好きなんだ」と合致するので正解となる。③「一部の材料は味つけに不可欠である」はトムの発言にはなく，「トムの言いたいこと」でもないので不適切である。④「うまくいくレシピというのは多くの手順を記載している」はレシピを支持する内容なので，トムの主張とは真逆である。正答率

は80.0％。

問2 「ジュリアは料理についてどのように考えているか」

　　①「創造的に料理をすることはレシピに従うよりも楽しい」

　　②「気持ちを込めて料理をすることは最も優先されるべきである」

　　③「計量を間違えるのはよくあることである」

　　④「料理を作るには明確な指示が必要である」

　④が正解。ジュリアの主張を順に見ていく。ジュリアの3番目の発言「レシピにはバターを使えって書いてあるじゃない」，4番目の発言「そういうふうに料理する（＝レシピを無視して料理する）のは好きじゃないんだ」，5番目の発言「レシピに従わなければならないの」，さらに6番目の発言「レシピ通りに正確に作れば，考える必要はないじゃない。私は計量スプーンや計量カップと，手順を解説してるレシピを使うよ」から，「料理をする際にはレシピ通りに作る」ことがジュリアの主張だとわかる。以上のことを踏まえて選択肢を順に検討する。①「創造的に料理をすることはレシピに従うよりも楽しい」と②「気持ちを込めて料理をすることは最も優先されるべきである」はジュリアの発言とは意味が逆で不適切である。③「計量を間違えるのはよくあることである」も不適切である。ジュリアの6番目の発言「レシピ通りに正確に作れば，考える必要はないじゃない。私は計量スプーンや計量カップと，手順を解説してるレシピを使うよ」と矛盾する。④「料理を作るには明確な指示が必要である」がジュリアの主張と一致しており正解となる。　正答率は70.0％である。

解説 問1　②　　問2　④

訳　ジュリア：ああ，ダメだ。バターが切れてる。

　　　　トム　　：何作ってるの，ジュリア？

　　　　ジュリア：オムレツを作ろうと思ってたの。

　　　　トム　　：代わりにオリーブオイルを使ったらどう？

　　　　ジュリア：でも，トム，レシピにはバターを使えって書いてあるじゃない。

　　　　トム　　：レシピを変えればいいだけじゃないか。

　　　　ジュリア：そういうふうに料理するのは好きじゃないんだ。

　　　　トム　　：僕は，冷蔵庫にあるものなら何でもいっしょに入れてしまうだけかな。僕にとって料理はクリエイティブな行為なんだ。

ジュリア：私は違うね。レシピに従わなければならないの。

トム　　：僕は食材がどう結びつくかを考えるのが好きなんだ。

ジュリア：レシピ通りに正確に作れば，考える必要はないじゃない。私は計量スプーンや計量カップと，手順を解説してるレシピを使うよ。あなたは私の料理が好きでしょう？

トム　　：もちろん。君のビーフシチューは格別においしいよ。

ジュリア：ほらね。計画に沿って行動することには利点があるのよ。だから私はバターがないとオムレツは作れないの。

トム　　：わかった。それで，その卵はどうするつもりなの？

ジュリア：ゆで卵はどう？　レシピはどこ？

語句

▶ out of 〜　　　　　　　熟「(在庫など) が切れて」

▶ instéad　　　　　　　副「その代わりに」

▶ thrów 〜 togéther / togéther 〜

　　　　　　　　　　　　熟「〜をいっしょにする」

▶ refrígerator　　　　　名「冷蔵庫」

▶ fóllow a récipe　　　熟「レシピ通りに作る」

▶ ingrédient　　　　　　名「材料」

▶ combíne　　　　　　　自「結びつく」

▶ precísely　　　　　　副「正確に」

▶ ábsolutely　　　　　　副「その通り」

▶ There is something to be said for 〜

　　　　　　　　　　　　熟「〜には考慮すべき利点がある」

　　例 There is something to be said for keeping regular hours.

　　「規則正しい生活を送ることには利点がある」

▶ stick to 〜　　　　　　熟「(主義・計画など) を守り通す」

146

例題 20　　　　　　　　　　　　　難

　2人の対話を聞き，それに対する問いの答えとして最も適当なものを，4つの選択肢(①〜④)のうちから一つずつ選びなさい。(問いの英文は書かれています。)**状況と問いを読む時間が与えられた後，音声が流れます。**

状況
　Jane が Sho とフランス留学について話をしています。

問1　What is Jane's main point?
① 　A native French-speaking host family offers the best experience.
② 　Having a non-native dormitory roommate is more educational.
③ 　Living with a native speaker shouldn't be a priority.
④ 　The dormitory offers the best language experience.

問2　What choice does Sho need to make?
① 　Whether to choose a language program or a culture program
② 　Whether to choose the study abroad program or not
③ 　Whether to stay with a host family or at the dormitory
④ 　Whether to stay with a native French-speaking family or not

[本試]

 竹岡の一言

◆**設問を先読みしよう！**

　問1には「ジェーンが一番言いたいことは何か」とあるので，ジェーンの主張を選べばよいことがわかる。「フランス留学」が話題になっているのだから，「留学に賛成」あるいは「留学に反対」，「寮に入ることに賛成」あるいは「寮に入ることに反対」などが考えられる。**問2**には「ショウはどのような選択をする必要があるか」とあるので，おそらくショウは留学に関して何かを選択することになる，ということがわかる。

　設問の先読みはマストである。

Jane：Are you all right, Sho? What's wrong?

Sho ：Hey, Jane. It turns out a native French-speaking host family was not available ... for my study abroad program in France.

Jane：So you chose a host family instead of the dormitory, huh?

Sho ：Not yet. I was hoping for a native French-speaking family.

Jane：Why?

Sho ：Well, I wanted to experience real spoken French.

Jane：Sho, there are many varieties of French.

Sho ：I guess. But with a native French-speaking host family, I thought I could experience real language and real French culture.

Jane：What's "real," anyway? France is diverse. Staying with a multilingual family could give you a genuine feel of what France actually is.

Sho ：Hmm. You're right. But I still have the option of having a native speaker as a roommate.

Jane：In the dormitory? That might work. But I heard one student got a roommate who was a native French speaker, and they never talked.

Sho ：Oh, no.

Jane：Yes, and another student got a non-native French-speaking roommate who was really friendly.

Sho ：Maybe it doesn't matter if my roommate is a native speaker or not.

Jane：The same applies to a host family.

解説 問1 「ジェーンが一番言いたいことは何か」

① 「フランス語ネイティブのホストファミリーは最高の経験を与えてくれる」

② 「フランス語ネイティブでない寮のルームメイトを持つことはより教育にいい」

③ 「フランス語ネイティブの人との生活を優先するべきではない」

④ 「寮は最高の語学体験を与えてくれる」

③が正解。ジェーンの5番目の発言「フランスは多様性にあふれた国だよ。複数の言語を話すホストファミリーと生活することで，フラ

ンスが実際どういう場所なのかということを心から感じられると思う」や、7番目の発言「そう、それで、別の学生のルームメイトはフランス語ネイティブではなかったけど、すごく友好的だったということだよ」、さらにショウの7番目の発言「たぶん、ルームメイトがネイティブかどうかっていうことは重要ではないみたいだね」に対する、ジェーンの8番目の発言「同じことがホストファミリーにも言えるね」から、ジェーンの主張は「ホストファミリーであれ、寮のルームメイトであれ、必ずしもネイティブスピーカーである必要はない」だとわかる。よって、選択肢の中でホストファミリーか寮かどちらかに偏った選択肢は不適切ということになる。そのことだけでも①・②・④はおそらく誤りだろうとわかる。

①は、ジェーンの主張とは矛盾するので誤りである。②は、ジェーンの発言の中に「寮のルームメイトがネイティブスピーカーでない場合のほうが、ネイティブスピーカーである場合よりも教育的だ」というものはないので不適切。③はジェーンの主張そのものなので、これが正解である。④は、ジェーンは一切述べていないので誤りである。以上から③を正解として選ぶ。正答率は28.9％しかない。

問2 「ショウはどのような選択をする必要があるか」

① 「言語プログラムと文化プログラムのどちらを選ぶか」

② 「留学プログラムを選択するかどうか」

③ 「ホストファミリーといっしょに滞在するのか、寮に滞在するのか」

④ 「フランス語のネイティブスピーカーの家族といっしょに暮らすかどうか」

③が正解。ジェーンの2番目の発言「じゃあ、寮の代わりにホストファミリーを選んだってわけだね」と、ショウの2番目の発言「まだだよ。ネイティブスピーカーのホストファミリーを希望してたんだ」から、ショウは、寮という選択肢の可能性も残していることがわかる。さらに、ショウの5番目の発言に「うーん。確かに。でも、ネイティブスピーカーの（寮の）ルームメイトと過ごすという選択肢もあるんだよね」とあり、この段階では「ノンネイティブスピーカーのホストファミリー」あるいは「ネイティブスピーカーの（寮の）ルームメイト」で迷っていることがわかる。さらに、ジェーンの主張を聞いたあとのショウの7番目の発言「たぶん、ルームメイトがネイ

ティブかどうかっていうことは重要ではないみたいだね」は，「ノンネイティブスピーカーの（寮の）ルームメイト」が選択肢に加わったことを示唆している。これらから，ショウには3つの選択肢があり，彼はそこから選ぶことになるとわかる。①と②はまったく無関係な選択肢で誤りである。また，④は寮に触れていないことから，それだけでも×だとわかるが，ショウの最初の発言「やあ，ジェーン。フランス語ネイティブのホストファミリーの枠が空いていないらしいんだ…フランスに留学する予定なんだけどね」とも矛盾する。以上より③を正解として選ぶことになる。

　間違った人の多くが④を選んでいるが，これは英文全体の内容把握が不十分だからであろう。正答率は46.7％。

解答 問1　③　　**問2**　③

訳　ジェーン：ショウ，大丈夫？　どうしたの？

ショウ　：やあ，ジェーン。フランス語ネイティブのホストファミリーの枠が空いていないらしいんだ…フランスに留学する予定なんだけどね。

ジェーン：じゃあ，寮の代わりにホストファミリーを選んだってわけだね？

ショウ　：まだだよ。ネイティブスピーカーのホストファミリーを希望してたんだ。

ジェーン：なぜ？

ショウ　：そうだな，本当のフランスの話し言葉を経験してみたかったんだ。

ジェーン：ショウ，フランス語にはいろいろ種類があるよ。

ショウ　：わかるよ。でもネイティブスピーカーのホストファミリーとだったら，本当の言語と本当のフランス文化が体験できると思ったんだ。

ジェーン：というか，「本当の」って何？　フランスは多様性にあふれた国だよ。複数の言語を話すホストファミリーと生活することで，フランスが実際どういう場所なのかということを心から感じられると思う。

ショウ　：うーん。確かに。でも，ネイティブスピーカーのルームメイトと過ごすという選択肢もあるんだよね。

ジェーン：寮で？　それはいいかもね。でも，ある学生のルームメイトが

フランス語のネイティブスピーカーだったんだけど，一度も会話しなかったって聞いたことがあるよ。

ショウ　：うわあ。

ジェーン：そう，それで，別の学生のルームメイトはフランス語ネイティブではなかったけど，すごく友好的だったということだよ。

ショウ　：たぶん，ルームメイトがネイティブかどうかっていうことは重要ではないみたいだね。

ジェーン：同じことがホストファミリーにも言えるね。

（語句）

▶ **It turns out (that)** S V.　　熟「S V と判明する」

▶ **aváilable**　　形「都合がつく」

▶ **instéad of** ～　　熟「～の代わりに」

▶ **dórmitory**　　名「寮」

▶ **divérse**　　形「多様な」

▶ **multilíngual**　　形「多言語の」

▶ **give** *A* **a génuine feel of** ～

　　熟「A に～を実感させる」

▶ **it doesn't mátter if** S V　　熟「S V かどうかは重要ではない」

▶ **the same applíes to** ～　　熟「同じことが～にも当てはまる」

お役立ちコラム

「状況の it」を用いた熟語表現

以下の熟語では，it は「状況の it」であり訳さない。

1. It seems that SV.　　「SV だと思われる」
2. It turns out that SV.　「SV と判明する」
3. It is not that SV.　　「SV ということではない」
4. It happens that SV.　　「たまたま SV する」
5. It may be that SV.　　「SV かもしれない」

例題 21　標準

長めの対話を聞き，その内容についての問いの答えとして最も適当なものを，選択肢①〜④のうちから一つずつ選びなさい。

対話の場面

二人の学生が掲示板のポスターを見ながら，どのプログラムに応募するかを話しています。

Summer Volunteer Programs

Produce a music festival in INDONESIA	Dig wells in BOLIVIA
  **Dates:** July 1 – August 10 **Requirements:** 　Intermediate level of English 　Leadership skills	 **Dates:** July 30 – August 31 **Requirements:** 　Physical strength 　Willingness to work outdoors
Teach Japanese in AUSTRALIA	Restore an old castle in POLAND
 Dates: August 1 – September 1 **Requirements:** 　Advanced level of Japanese 　Teaching experience	 **Dates:** August 3 – September 10 **Requirements:** 　Interest in architecture/history 　Willingness to learn new skills

問1 Which program does the woman refer to first in the conversation?

①　The one in Bolivia　　②　The one in Brazil

③　The one in Indonesia　　④　The one in Portugal

問2 Which country is the man most likely to apply to go to?

①　Australia　②　Bolivia　③　Indonesia　④　Poland

問3 Which activity is the woman most likely to do?

①　Dig wells.　　②　Produce a festival.

③　Restore a castle.　　④　Teach Japanese.

[本試]

M：Have you decided which program to apply for?

W：This one looks really exciting. My brother did something similar in Brazil and Mexico. He helped organize events there without knowing Portuguese or Spanish.

M：Well, you would be a good leader, too.

W：Thanks, but there's a problem with the dates. I can't really go before mid-July.

M：How about this one? That's what I'd like to do.

W：Yeah, it looks good. But I have no teaching experience.

M：Well, I'm pretty lucky. I've been teaching foreign students as a volunteer for two years.

W：That's great!

M：This program would be a good chance to learn about the local history, and it doesn't start till early August.

W：Right, and it would be exciting to gain some new skills.

M：Look! Here's one that starts at the end of July, and it really helps the local people.

W：Actually, I don't think I can lift heavy things.

解説 問1 「**女性は会話の最初で，どのプログラムに言及しているか**」

　　　① 「ボリビアで行われるもの」

　　　② 「ブラジルで行われるもの」

　　　③ 「インドネシアで行われるもの」

　　　④ 「ポルトガルで行われるもの」

　女性の最初の発言に「（兄は似たようなことをして）そこでイベントの計画を手伝ったの」とある。よってイベントに関係する③を選ぶ。正答率は約45％。②を選んだ人が約28％，①・④を選んだ人がそれぞれ約14％いた。

問2 「**男性が申し込みをして出かけて行く可能性が最も高いのはどの国か**」

　　　① 「オーストラリア」　　② 「ボリビア」

　　　③ 「インドネシア」　　　④ 「ポーランド」

　男性の3番目の発言「僕がやりたいなと思っているものなんだけど」を受けて，女性は3番目の発言で「でも私には教えた経験がな

いの」と言っている。さらに男性は4番目の発言で「2年間ボランティアで外国人学生に教えてるんだ」と発言していることから、「オーストラリアで日本語を教える」だとわかる。よって①が正解。正答率は約65%。④を選んだ人が約20%。なお、男性の5番目の発言にある「郷土史」はポーランドのプログラムのことである。

問3 **「女性が最もしそうな活動はどれか」**
　　①「井戸を掘る」
　　②「祭りをプロデュースする」
　　③「城を修復する」
　　④「日本語を教える」

　①は、女性の最後の発言「私、重いものを持ち上げられないと思うわ」より不可。②は、女性の2番目の発言に日程が合わないとあるので不可。③は、いったん保留。④は、女性の3番目の発言に「でも私には教えた経験がないの」とあるので不可。以上より、消去法で③を選ぶ。③は「ポーランドでの古城修復」を指す。これなら日程も合う。正答率は約60%。それ以外の選択肢を選んだ人はそれぞれ約14%だった。

解答　**問1**　③　　**問2**　①　　**問3**　③

訳　男性：どのプログラムに応募するか決めた？
　　　　女性：これが本当に面白そう。兄がブラジルとメキシコで同じようなことをしたのよ。ポルトガル語やスペイン語の知識もないのに、そこでイベントの計画を手伝ったの。
　　　　男性：そうなんだ、君もいいリーダーになれるよ。
　　　　女性：ありがとう、でも日程が合わないのよね。じつは7月中旬まで行けないのよ。
　　　　男性：これはどう？　僕がやりたいなと思っているものなんだけど。
　　　　女性：ええ、よさそうね。でも私には教えた経験がないの。
　　　　男性：そうか、僕はかなりラッキーだね。2年間ボランティアで外国人学生に教えてるんだ。
　　　　女性：すごい！
　　　　男性：このプログラムは郷土史を学ぶいい機会になるだろうし、8月上旬まで始まらないよ。
　　　　女性：そうね、それに新しい技能を身につけるのはわくわくするでしょうね。

男性：見て！ ここに，7月末に始まって，すごく地元の人たちの役に立てるのがあるよ。

女性：でも，私，重いものを持ち上げられないと思うわ。

夏のボランティアプログラム

インドネシアで 音楽祭をプロデュースする	ボリビアで 井戸を掘る
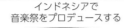	
期間：7月1日〜8月10日 条件： 　中級レベルの英語力 　リーダーシップ能力	期間：7月30日〜8月31日 条件： 　体力のある方 　屋外での労働が好きな方
オーストラリアで 日本語を教える	ポーランドで 古城を修復する
期間：8月1日〜9月1日 条件： 　上級レベルの日本語能力 　教えた経験	期間：8月3日〜9月10日 条件： 　建築や歴史に関心がある方 　新しい技能の習得に前向きな方

[語句]

▶ applý for 〜　　　　　　熟「〜に申し込む」

▶ símilar　　　　　　　　形「似た」

▶ help（V）　　　　　　　他「V するのを手伝う」

▶ órganize 〜　　　　　　他「〜を計画する」

▶ Portuguése　　　　　　名「ポルトガル語」

▶ a próblem with 〜　　　熟「〜に関する問題」

▶ téaching expérience　　名「教えた経験」

▶ prétty　　　　　　　　副「かなり」

▶ lócal hístory　　　　　名「地元の歴史」

▶ gain 〜　　　　　　　　他「〜を得る」

▶ skill　　　　　　　　　名「技能」

▶ lift 〜　　　　　　　　他「〜を持ち上げる」

例題 22

難

会話を聞き，それぞれの問いの答えとして最も適切なものを，選択肢のうちから一つずつ選びなさい。**状況と問いを読む時間が与えられた後，音声が流れます。**

状況

　四人の学生（Yasuko, Kate, Luke, Michael）が，店でもらうレシートについて意見交換をしています。

メモ

Yasuko	
Kate	
Luke	
Michael	

問1　会話が終わった時点で，レシートの電子化に**賛成した人**は四人のうち何人だったか。4 つの選択肢（①～④）のうちから一つ選びなさい。
　①　1人　　②　2人　　③　3人　　④　4人

問2　会話を踏まえて，Luke の意見を最もよく表している図表を，4 つの選択肢（①～④）のうちから一つ選びなさい。

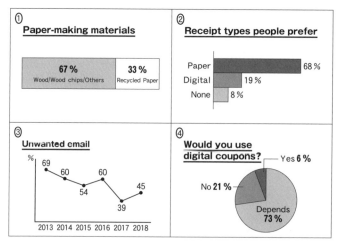

① **Paper-making materials**

| 67 %
Wood/Wood chips/Others | 33 %
Recycled Paper |

② **Receipt types people prefer**

Paper　68 %
Digital　19 %
None　8 %

③ **Unwanted email**

% 69　60　60　54　39　45
2013 2014 2015 2016 2017 2018

④ **Would you use digital coupons?**
Yes **6 %**
No **21 %**
Depends **73 %**

[本試]

Yasuko : Hey, Kate! You dropped your receipt. Here.

Kate : Thanks, Yasuko. It's so huge for a bag of chips. What a waste of paper!

Luke : Yeah, but look at all the discount coupons. You can use them next time you're in the store, Kate.

Kate : Seriously, Luke? Do you actually use those? It's so wasteful. Also, receipts might contain harmful chemicals, right Michael?

Michael : Yeah, and that could mean they aren't recyclable.

Kate : See? We should prohibit paper receipts.

Yasuko : I recently heard one city in the US might ban paper receipts by 2022.

Luke : Really, Yasuko? But how would that work? I need paper receipts as proof of purchase.

Michael : Right. I agree. What if I want to return something for a refund?

Yasuko : If this becomes law, Michael, shops will issue digital receipts via email instead of paper ones.

Kate : Great.

Michael : Really? Are you OK with giving your private email address to strangers?

Kate : Well ... yes.

Luke : Anyway, paper receipts are safer, and more people would rather have them.

Yasuko : I don't know what to think, Luke. You could request a paper receipt, I guess.

Kate : No way! There should be NO paper option.

Michael : Luke's right. I still prefer paper receipts.

解説 **問1** ①が正解。まずケイトは，最初の発言「このレシート，お菓子1袋に対して大きすぎるよね。紙の無駄だよ」と2番目の発言「ルーク，本気？　本当にこれを使う？　本当に無駄だよ。しかも，レシートは有害な化学物質を含んでいるかもしれないよ」，さらには最後の発言「まさか！　紙の選択肢はゼロにすべきだよ」から，レシートの電子化に賛成の立場だとわかる。

マイケルは，発言が二転三転しているが，最後の発言「ルークが正

しいね。僕もまだ紙のレシートがいいな」からレシートの電子化には反対の立場であることがわかる。

　ルークは，一貫して紙のレシートを擁護しており，最後の発言「とにかく，紙のレシートのほうが安全だし，紙がいいって人のほうが多いと思うよ」からもレシートの電子化には反対の立場だとわかる。

　ヤスコは，2番目の発言「最近，アメリカのある市では2022年までに紙のレシートが禁止されるかもしれないって聞いたよ」や，3番目の発言「マイケル，もしそれが法律化されたら，お店は紙のレシートの代わりに電子メールでデジタルのレシートを発行するんじゃないかな」では，事実や予測を述べたに過ぎず，レシートの電子化に対しての賛否は述べていない。最後の発言の前半「私はどう考えたらいいかわからないな，ルーク」から，レシートの電子化に対しての賛否を保留していることがわかる。問題なのは，最後の発言の後半で「紙のレシートをお願いすることもできるかなと思うよ」と言っていること。この発言は，紙のレシートに賛成する発言ともとれそうだが，could と I guess が使われていることから，紙のレシートが残ることを可能性の1つとして発言しただけであり，これだけで電子化に反対の立場ということにはならない。ヤスコは，ひょっとしたら，紙のレシートと電子化されたレシートを並行して使用する案を考えている可能性もある。いずれにしても，ヤスコの発言からは電子化賛成も反対も断定できない。以上から，4人の中でケイトのみが電子化に賛成していることがわかり，正解として①を選ぶことになる。

　ヤスコの発言が曖昧だったためか，過半数の人が②を選んでいる。正答率はわずか10.6％であった。

問2　②が正解。**問1**でも述べた通り，ルークは「紙のレシート擁護」の立場である。よってその立場を有利にする資料を選べばよいことがわかる。

　①は，紙を作る材料の多くが木材であることを示す図であり，レシートの電子化に賛成の立場の者にとって好都合な資料だと言えるが，ルークにとっては不適切なので誤り。②は，紙のタイプのレシートのほうを好む人が68％もいることを示すグラフなので，ルークの立場を擁護する資料と言える。これが正解となる。③は，不必要なEメールの推移であるが，これは「紙のレシート擁護」とは無関係な資料であるので誤りである。④は，デジタルクーポンを使うか否かの調査で，

使うが6％，ケースバイケースが73％，使わないが21％であること
を示した円グラフである。これも「紙のレシート擁護」とは無関係な
資料なので誤りである。以上から②が正解となる。正答率は49.7％。

解答 問1 ① 問2 ②

訳
ヤスコ　：ねぇ，ケイト！　レシートを落としたよ。はい。

ケイト　：ヤスコ，ありがとう。このレシート，お菓子1袋に対して大き
　　　　　すぎるよね。紙の無駄だよ！

ルーク　：そうだね，でも，この割引クーポンを全部見てよ。そのお店に
　　　　　次に行ったときに使えるよ，ケイト。

ケイト　：ルーク，本気？　本当にこれを使う？　本当に無駄だよ。しか
　　　　　も，レシートは有害な化学物質を含んでいるかもしれないよ。
　　　　　そうだよね，マイケル？

マイケル：そうだね，そしてそれは，リサイクルできないって意味だろう
　　　　　し。

ケイト　：でしょ？　紙のレシートは禁止すべきだよ。

ヤスコ　：最近，アメリカのある市では2022年までに紙のレシートが禁止
　　　　　されるかもしれないって聞いたよ。

ルーク　：ヤスコ，本当？　でもそれならどうなるの？　僕は買い物の証
　　　　　拠として紙のレシートが必要なんだけどな。

マイケル：そうだよね。わかる。もし返金のために返品したいときはどう
　　　　　したらいいんだろう。

ヤスコ　：マイケル，もしそれが法律化されたら，お店は紙のレシートの
　　　　　代わりに電子メールでデジタルのレシートを発行するんじゃな
　　　　　いかな。

ケイト　：いいね。

マイケル：本当に？　自分のプライベートアドレスを他人に教えるのは平
　　　　　気なの？

ケイト　：うーん…そうね。

ルーク　：とにかく，紙のレシートのほうが安全だし，紙がいいって人の
　　　　　ほうが多いと思うよ。

ヤスコ　：私はどう考えたらいいかわからないな，ルーク。紙のレシート
　　　　　をお願いすることもできるかなと思うよ。

ケイト　：まさか！　紙の選択肢はゼロにすべきだよ。

マイケル：ルークが正しいね。僕もまだ紙のレシートがいいな。

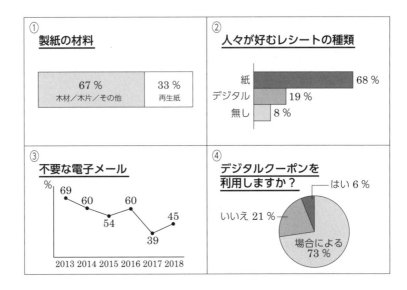

① 製紙の材料

67 % 木材／木片／その他	33 % 再生紙

② 人々が好むレシートの種類

紙 68 %
デジタル 19 %
無し 8 %

③ 不要な電子メール

% 69 60 60 54 39 45

2013 2014 2015 2016 2017 2018

④ デジタルクーポンを利用しますか？

はい 6 %
いいえ 21 %
場合による 73 %

語句
▶ drop 〜　　　　　他「〜を落とす」
▶ húge for 〜　　　熟「〜にしては大きい」
▶ a bag of chips　名「お菓子1袋」
▶ What a waste of 〜!　熟「何たる〜の無駄使いか！」
▶ next time S V　熟「次に S V するときには」
▶ contáin 〜　　　他「〜を含む」
▶ hármful chémicals　名「有害化学物質」
▶ recýclable　　　形「リサイクル可能な」
▶ prohíbit 〜　　　他「〜を禁止する」
▶ ban 〜　　　　　他「(悪いもの) を禁止する」
▶ as proof of 〜　熟「〜の証拠として」
▶ púrchase　　　　名「購入」
▶ What if S V?　　熟「もし S V ならどうなるだろう」
▶ réfund　　　　　名「返金」
▶ íssue 〜　　　　他「〜を発行する」
▶ via email　　　　熟「E メール経由で」
▶ would rather（V）熟「できれば V のほうがしたい」
▶ no way　　　　　熟「絶対だめ」
▶ prefér 〜　　　　他「〜のほうを好む」

覚えておきたい慣用表現

リスニング試験では会話特有の表現が出てくる場合もあるので，以下のものを覚えておきたい。

❶ That's right.「その通りだ」
　➡相手の言ったことが正しいときに用いる
　▶Is that right? なら「本当なの？」となる。
　例1 "Dave is over 50?"「デイブは50歳を超えてるの？」
　　　"That's right."「そう」
　例2 "Did you say 'right at the first light'?"
　　　「『最初の信号を右』と言いましたか？」
　　　"That's right."
　　　「その通りです」

❷ That's all right. / All right.「いいよ」
　➡感謝・謝罪・提案などをされた場合に用いる
　参考 **Is it all right if S V?**「S が V してもいいかな？」
　例1 "Thank you for your help."「手伝ってくれてありがとう」
　　　"That's all right."「構わないよ」
　例2 "Sorry, I'm late!"「遅れてごめん！」
　　　"That's all right."「大丈夫さ」
　例3 "Let's go now."「さあ行こうよ」
　　　"All right."「いいわよ」

❸ How are you doing? / How are you?　「調子はどう？」
　　　How's it going? / How are things?
　▶What are you doing?「君は今，何をしているの？」と区別。
　例1 **"How are things at work?"**「仕事の調子はどう？」
　　　"Just fine."「いいよ」
　例2 **"How are you?"**「調子はどう？」　"Not bad."「悪くないわ」

❹ How can[could] you (V)?「どうして V できるの？」
　(1) 相手の非礼などをたしなめるときに用いる
　(2) 単に驚きを表すときに用いる

例1 **"How can you** say that about your own parents?**"**
「自分の親のことなのに，よくもそんなふうに言えるものだ」

例2 "Ken was really angry with Tom."
「ケンはトムのこと相当怒っていたね」
"Was he? **How could you** tell?"「そう？　どうしてわかるの？」

❺ How do you like *A*? 「*A* のことどう思う？」
　　➡感想をたずねるときに用いる
▶レストランでのステーキの焼き加減など，客の好みをたずねる表現の How would you like 〜? と区別。

例 **"How did you like** the movie?"「映画どうだった？」
"It was okay."「よかったわ」

❻ How come S V? 「いったいどうして S は V するの？」
▶Why 〜? と同じ意味で用いられる。
▶S V が疑問文の語順にならないことに注意する。
▶How come は **How** should it **come** about? 「なぜそんなことが生じるのか」の省略形と考えるとわかりやすい。should は「**感情のshould**」と呼ばれるもの。

例1 "I didn't even eat lunch today."
「今日は昼飯さえ食べていないんだ」
"Really? **How come?"**「本当？　どうして？」

例2 **"How come** you got back so early?"
「どうしてこんなに早く帰ってきたの？」
"Tom was not at home."「トムが家にいなかったの」

❼ How about 〜? 「〜はどう？」
　　➡提案する場合に用いる
例 **"How about** some tea?**"**「お茶はどうですか？」
"Thank you."「ありがとう」

❽ What do you think of[about] *A*? 「*A* のことをどう思う？」
　　➡意見をたずねるときに用いる
例 **"What did you think of** the movie?"「その映画どう思った？」
"It was too slow."「展開が遅すぎたよ」

❾ What's the matter? / What's up? 「どうしたの？」

▶What's the matter with you? では，相手がやや深刻な状況にある。

▶現代のアメリカ英語では，What's up? を How are you? の代わりに用いることがあることを覚えておきたい。

例 "**What's up?** Are you OK?"「<u>どうしたの？</u>　大丈夫？」

⑩ **What have you done with** *A*? / **What did you do with** *A*?「Aをどこにやったの？」

▶「何をしたの？」という意味ではないことに注意。

例 "**What have you done with** my scissors?"
「私のハサミをどこへやったの？」
"I have no idea."「知らないよ」

⑪ **You're welcome. / Don't mention it.**「どういたしまして」
➡感謝の言葉に相づちを打つときに用いる

▶日本語の「どういたしまして」は多義語で英訳が難しい。

▶日本語とは違い，「人からほめてもらったとき」に使う表現ではない。

例 "Thanks for helping me out."「助けてくれてありがとう」
"**Don't mention it**."「<u>お礼には及びません</u>」

⑫ **That depends.**「時と場合によりけりだ」
➡状況によって答えが変わる場合に用いる

例 "Are you coming to my house later?"
「あとでうちまで来てくれる？」
"**It depends**. I might have to work."
「ケースバイケースね。もしかしたら仕事が入るかも」

⑬ **Why not?** (1)「もちろん（賛成）」
(2)「なぜ〜でないの？」◀文字通りの意味

例1 "Do you want to come along?"「いっしょに来る？」
"Yeah, **whý not?**"「もちろん」 ＊ アクセントの位置に注意

例2 "I haven't done my homework."「まだ宿題ができてないの」
"**Why nót?**"「どうして？」 ＊ アクセントの位置に注意

⑭ **Why don't you** (V)?「Vすればいいのに」➡相手に何かを促すときに用いる
Why don't we (V)? 「Vしようよ」➡何かを提案するときに用いる

例 "**Why don't we** go for a drive?"「ドライブに<u>行こうよ</u>」
"Sounds nice."「いいわね」

⑮ **Let me see. / Let's see.**「そうですね」
　➡考えるときに言う／「見せて」の意味で使うこともある
　例　"Where did you put your key?"「鍵はどこに置いたの？」
　　　"Well, **let's see.**"「えーと，そうですね」

⑯ **Go ahead.**「どうぞ」➡相手に許可を与えるときに用いる
　例　"May I ask you a question?"「質問してもいいですか？」
　　　"Go ahead."「どうぞ」

⑰ **Sounds great! / Sounds like a good idea.**「いいね」
　▶主語の that が省略されている。
　例　**"Sounds great!** I'll take it."「いいね。それにするよ」

⑱ **give ＋人＋ a ride**　「〔人〕を車で送る」
　pick ＋人＋ up　「(駅や家などで) 車に〔人〕を乗せる」
　例　"Could you **give me a ride**?"
　　　「送ってくれる？」
　　　"Sure. Shall I **pick you up** at 5:30?"
　　　「いいわよ。5 時半に迎えに行こうか？」

⑲ **Thank you just the same. / Thanks anyway.**
　「とにかく，ありがとう」
　　➡何か人に頼んだが相手がそれに応じられなかったとき，または何
　　　かをたずねても相手がわからなかったときに用いる
　例　"Excuse me. Where's the subway station?"
　　　「すみません。地下鉄の駅はどこですか？」
　　　"I'm not from around here."「私はこの辺の者ではないんです」
　　　"Well, **thanks anyway.**"「とにかく，ありがとう」

⑳ **That's kind of you. / It's kind of you.**「ありがとう」
　I'd appreciate it if you could (V).「V してくれたらうれしいのだけど」
　例　"Could you put these bags in the car for me?"
　　　「このかばんを車に入れていただけますか？」
　　　"Sure. I'll be glad to."「もちろん。喜んで」
　　　"It's very **kind of you.**"「ご親切に」

㉑ **It can't be helped.**「しかたないよ」

164

➡渋滞など，どうしようもない状況で用いる

例　"It's not an ideal situation."「理想的な状況とは言えないわね」
　　"**It can't be helped**."「しかたないよ」

❷❷　**Come on.**「おいおい（何言ってるんだよ／何してるんだよ）」
　　➡相手がもたもたしていたり，落ち込んでいたりするときに用いる
例1　"**Come on**, Sam! We have to go now."
　　「おい，サム，早くしろ。もう行かなきゃ」
例2　"Oh, **come on**, don't lie to me."「おいおい，ウソ言うなよ」
例3　"**Come on**, it's not that hard."「おいおい，そんな難しくないよ」

❷❸　**I'm not surprised.**「別に驚きませんよ／当然でしょ」
　　➡「当たり前だ」と言いたいときに用いる
例　"He won the game."「彼が試合に勝ったね」
　　"**I'm not surprised**."「当然でしょ」

❷❹　**I'm afraid ～.**「残念だけど～」
　　➡不都合なことについて述べるときに用いる
参考　I hope ～.「～ならいいね」➡希望的なことを述べるときに用いる
例1　"Are we late?"「遅れる？」
　　"**I'm afraid** so."「残念ながら，そうみたい」
例2　"Are there any tickets left?"「チケットは残っていますか？」
　　"**I'm afraid** not."「残念ながら，ありません」
例3　"Did Frank have an accident?"
　　「フランクは事故を起こしたのかい？」
　　"**I'm afraid** he did."「残念ながら，そうだったわ」

❷❺　**Help yourself.**「どうぞご自由に」
　　➡人に食べ物を勧めたり，何かを自由に使う許可を与えたりすると
　　きに用いる
例　"**Help yourself** to anything in the fridge."
　　「冷蔵庫のものなら，何でも食べてよ」

❷❻　**May[Can] I help you?**「何かうかがいましょうか？」
　　➡店員などが客に対して用いる
例　"Dr. Brown's office. **Can I help you?**"
　　「こちらブラウン診察室。どうしましたか？」

"Yes, I have an awful toothache. Can I see the doctor some time today?"
「歯がひどく痛むのです。今日の何時かに診てもらえますか？」

㉗ Could you do me a favor? / Could I ask you a favor?
「お願いがあるのですが」

例 "**Could you do me a favor** and watch the baby for half an hour?"
「お願いがあるのですが，30分間，この子を見ててもらえませんか？」
"Sure." 「いいですよ」

㉘ That's too bad. 「それはお気の毒に」
➡遺憾(いかん)の意を表すときに用いる

例 "I'm taking the train this time. All the flights are full."
「今回は電車にするよ。飛行機はどれも満席なんだ」
"**That's too bad.**" 「お気の毒さま」

㉙ Excuse me. / Pardon (me). / Sorry. 「すみません」
➡軽い謝罪をするときに用いる

(1) Excuse me, but 〜. ➡ 何か頼むときに用いる
(2) Excuse me. / Sorry. ➡ 軽く謝るときに用いる

例1 "**Excuse me**, is this the way to City Hall?"
「すみませんが，市役所はこの道ですか？」

例2 "**Pardon me**, could you repeat that again?"
「すみませんが，それをもう一度繰り返してもらえますか？」

㉚ It couldn't be better. / Nothing could be better. 「最高！」
It couldn't have been better. 「最高だった」
➡ 「これ以上によいものはないだろう」が直訳
▶いずれの場合も It が省略され Couldn't で始まることが多い。

例 "How were your summer holidays?" 「夏休みはどうだった？」
"**Couldn't have been better.**" 「最高だった」

㉛ Do[Would] you mind (V)ing? 「V してもらえないかな？」
Do[Would] you mind if I (V)? 「私が V してもかまいませんか？」
▶ 「〜するのを気にしますか？」が直訳だから，「いいよ」の意味なら Certainly not. / Of course not. / Not at all. などの否定表現で答える。また，「嫌だ」の意味なら I'd rather S didn't V. (≒ I wish S

didn't V.）で答えることがある。

例1 "**Do you mind** opening the window?"
「窓を開けてもらっ<u>てもいいですか？</u>」
"Certainly not."
「いいよ」

例2 "**Do you mind if I** smoke?"
「たばこを吸っ<u>てもかまいませんか？</u>」
"I'd rather you didn't."
「控えてください」

㉜ Don't worry about that. / Never mind.
「そんなこと気にするなって」

▶Never mind. は使用範囲が広い。日本人がよく使う「ドンマイ」（Don't mind.）は，Never mind. の誤り。

例 "I'm sorry for losing my temper at the meeting."
「会議のときにキレたりしてすみません」
"**Don't worry about that.**"「<u>気にするなって</u>」

㉝ Mind your own business. / That's none of your business.
「人のことに口出しするな」 ➡「大きなお世話」という感じ

例 "Did he kiss you?"「彼はあなたにキスしたの？」
"**Mind your own business!**"「<u>大きなお世話よ！</u>」

㉞ Same to you.「あなたこそ」
➡ Same here. なら「私もだ」の意

例 "Have a good weekend!"「いい週末を」
"**Same to you.**"「<u>君もね</u>」

㉟ I wish I could.「残念だけど」 ➡誘いを断るときに用いる

例 "Why don't you come with me?"
「いっしょに来ない？」
"**I wish I could**, but I have to work."
「<u>残念だけど</u>，仕事があるから」

㊱ You can say that again.「その通り」 ➡同意するときに用いる

例 "I don't think Tom's happy with his new job."
「トムは，今度の仕事でうまくいっていないようだね」

"**You can say that again**. I hear he's just begun looking for another job."
「そうね。新しい仕事を探し始めたらしいよ」

㊲ Here is 〜. 「ここに〜があります」

例 "**Here is** my passport." 「ここに私のパスポートがあります」
"Thank you. I'll check it." 「ありがとうございます。確認します」

㊳ By all means. 「ぜひどうぞ」 ➡承諾・許可するときに用いる

例 "May I call on you tomorrow?"
「明日，君の家に行ってもいい？」
"Yes, **by all means**."
「もちろんいいわよ」

㊴ I'll miss you. 「寂しくなります」 ➡別れるときに用いる

例 "Well, **I'll miss you**. Let me hear from you sometime."
「寂しくなるね。いつか連絡してね」
"Of course. Take care of yourself."
「もちろん。君もどうぞ体に気をつけて」

㊵ It's on me. 「私のおごりだ」

例 "Don't worry. **It's on me**." 「心配しないで。ここは私が払うから」

㊶ (right) on the tip of *one's* tongue 「(言葉や名前が)喉まで出かかって」

例 "Who is that actor?" 「あの俳優はだれだっけ？」
"Wait! His name is **right on the tip of my tongue**."
「言わないでね！　名前がここまで出かかっているの」

㊷ (I'll) tell you what. 「ねえ，いい考えがある」

例 "**Tell you what**. Let's split the bill."
「ねえ，こうしない。割り勘にしよう」

㊸ We could (V). 「V するのはどうかな」
➡控えめに提案するときに用いる

例 "**We could** eat here."
「ここで食べるのもいいよね」

原則❶ に該当する問題

チャレンジ問題 1 　　　　　　　　　　　 標準

トラック
36

　英語を聞き，それぞれの内容と最もよく合っているものを，4つの選択肢（①〜④）のうちから一つずつ選びなさい（2回流す）。

問1

① The speaker wants to know how many members will come.

② The speaker wants to know how often the club meets.

③ The speaker wants to know the club's room number.

④ The speaker wants to know the time of the meeting.

［本試］

問2

① The speaker has only one blue tie.

② The speaker has only one red tie.

③ The speaker has blue ties.

④ The speaker has red ties.

［本試］

問3

① The speaker is asking Kevin for an email.

② The speaker is reading an email from Kevin.

③ The speaker knows Kevin's email address.

④ The speaker wants Kevin's email address.

［本試］

問4

① The speaker will finish baking a cake for Yoko.

② The speaker will finish wrapping a present for Yoko.

③ Yoko will not get a cake.

④ Yoko will not receive a present.

［本試］

問1

When does our club get together today? At three?

解説　「今日，うちの部はいつミーティングをするの？　3時だったかな」

　　　　① 「話者は参加する部員の数を知りたがっている」
　　　　② 「話者は部活のミーティングの頻度を知りたがっている」
　　　　③ 「話者は部の部屋番号を知りたがっている」
　　　　④ 「話者はミーティングの時間を知りたがっている」

　　④が正解。第1文の When ...? と，第2文の At three? から，話者は部のミーティングの時間を知りたがっていることがわかる。よって④が正解となる。正答率は91.7%。

解答　④

問2

放送された英文

I'd like to wear a red tie to work, but I only have blue ones.

解説　「私は仕事に赤いネクタイをして行きたいが，青いネクタイしか持っていない」

　　　　① 「話者は青いネクタイを1本しか持っていない」
　　　　② 「話者は赤いネクタイを1本しか持っていない」
　　　　③ 「話者は青いネクタイを（複数）持っている」
　　　　④ 「話者は赤いネクタイを（複数）持っている」

　　③が正解。文末の blue ones は blue ties と同意である。よって話者は複数の青いネクタイしか持っていないことがわかる。①を選択した人が70.8%もいる。①は「1本の青いネクタイ」なので英文に反する。単数形と複数形の聞き分けができていない人がこれほど多いのは驚きである。正答率は25.0%。

解答　③

語句　▶ wear *A* to *B*　熟「A をつけて B に行く」

問3

放送された英文

Would you tell me Kevin's email address, please?

解説　「ケビンのEメールアドレスを私に教えていただけませんか？」

① 「話者はケビンにEメールをくれるように頼んでいる」
② 「話者はケビンからのEメールを読んでいる」
③ 「話者はケビンのEメールアドレスを知っている」
④ 「話者はケビンのEメールアドレスを入手したがっている」

　④が正解。〈Would you ～ , please?〉は「～していただけませんか？」という丁寧な依頼をする文である。そして依頼内容は,「ケビンのEメールアドレスを私に教えること」であることがわかる。

　これに対応する選択肢は④しかない。正答率は95.8％であり, 間違えた人は①を選んでいる。

解答 ④

問4

放送された英文

I baked Yoko's birthday cake, but I haven't finished wrapping her present yet. So I'll be late for her party.

解説 「ヨウコに渡すバースデーケーキは焼いたけれど, 彼女へ渡すプレゼントの包装がまだ終わっていない。だから, 私は彼女のパーティーに遅刻するでしょう」

① 「話者はヨウコにあげるケーキを焼き終えるだろう」
② 「話者はヨウコへのプレゼントを包み終えるだろう」
③ 「ヨウコはケーキをもらえないだろう」
④ 「ヨウコはプレゼントを受け取らないだろう」

　②が正解。第1文前半は過去形なので①は不適切である。第1文後半は現在完了〈have not ＋過去分詞＋ yet〉で「まだ～していない」の意味だが,「今はまだ包み終えていないが, まもなく包み終わる」ことが予想される。よって②が正解である。③・④は本文では述べられていない。正答率は75.0％。

解答 ②

チャレンジ問題2　やや難

トラック
37

　英語を聞き，それぞれの内容と最もよく合っている絵を，4つの選択肢（①~④）のうちから一つずつ選びなさい（2回流す）。

問1

①

②

③

④

[試行]

問2

①

②

③

④

[試行]

問3

① ② ③ ④

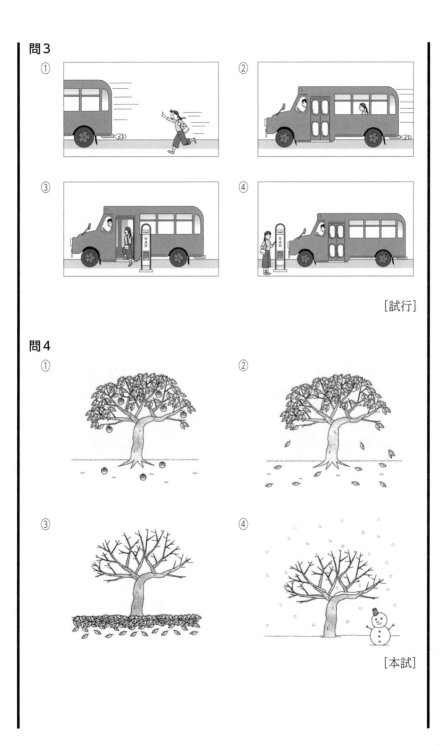

[試行]

問4

① ② ③ ④

[本試]

対話とそれについての問いを聞き，その答えとして最も適切なものを，4つの選択肢①～④のうちから一つずつ選びなさい（2回流す）。

問5 Which picture are they looking at?

①

②

③

④

[本試]

対話の場面が日本語で書かれています。対話とそれについての問いを聞き，その答えとして最も適切なものを，4つの選択肢①～④のうちから一つずつ選びなさい。

問6　女性の子ども時代の写真を見ています。

[本試]

問1

放送された英文

He got a phone call from Joe as soon as he arrived home from the library.

解説　「**彼が図書館から帰宅してすぐにジョーから電話があった**」

前置詞は，原則として弱形で発音される。さらに phone call や arrived home はつながって聞こえてくることにも注意。後半の「図書館から帰宅してすぐに」が答えの根拠となっていて，arrived home だけで答えは①だと確定できる。正答率は16.2％しかない問題。

解答　①

問2

放送された英文

Right now, she's too busy to go to the lake and fish.

解説　「今，彼女はとても忙しいので，湖に行って魚釣りをすることはできない」

　　too 〜 to（V）は「あまりに〜なので V できない」という意味。よって「忙しすぎて湖まで行って釣りをすることができない」の意味。実際には釣りに行っていないのだから，①と②がすぐに消去でき，too busy から③は消える。よって，正解は④。too は副詞なので強く発音されるが，to go to の2つの to は弱形で発音されている。よって，そのあたりがゴチャゴチャと聞こえてしまい，わからないという人が多かった問題。正答率は55.3%。

　　前置詞の to は「トゥー」などとは聞こえない。せいぜい / t / ぐらいの感じ。to 不定詞の to も同じ。want to の場合には，t の音が脱落して / wn / と聞こえる。

解答　④

問3

放送された英文

The woman has just missed the bus.

解説　「女性は今まさにバスに乗り遅れた」

　　放送された英文 を見ると，中学3年生レベルだが，正答率は18.6%しかない。has just missed あたりの語尾が聞き取れないため，難しく感じたのではないだろうか。

解答　①

問4

放送された英文

The season's changing. See, the leaves are falling.

解説　「季節が変わっています。見てください，葉が落ちています」

　　②が正解。the leaves are falling「葉が落ちている」の現在進行形の理解がポイントである。現在進行形を活字で見た場合には間違わない人でも，聞いた場合の識別率は下がる場合が多い。下位者の正答率は79.4% しかない。間違えた人の多くは③を選択しているが，③は

The leaves have already fallen. という現在完了を表す絵である。

解答 ②

問5

放送された英文

M：Look! This picture is from last spring.

W：What a beautiful garden!

M：Amazing, isn't it? And the skyscrapers in the distance.

W：Uh-huh. By the way, who's the woman beside you?

解説 「彼らはどの写真を見ているか」

男性の2番目の発言「遠くの超高層ビル」と，女性の2番目の発言「あなたの隣にいる女性」から②が正解だとわかる。skyscraper の意味がわからないと困難かもしれないが，少なくとも tree ではないことがわかれば，消去法で正解にたどり着ける。正答率は約62％で，約30％の人が①を選んでいる。

解答 ②

訳 男性：見てよ！　この写真はこの前の春に撮ったものだよ。

女性：きれいな庭ね！

男性：すばらしいだろう？　それに遠くの超高層ビルもね。

女性：そうね。ところで，あなたの隣にいる女性はだれなの？

語句 ▶ **What a 〜 ＋名詞！**　熟「なんと〜な…だ」

　　　　＊　「感嘆文」という

　　　　▶ **amázing**　　　　　形「驚くべき／すばらしい」

　　　　▶ **skýscraper**　　　　名「超高層ビル」

　　　　＊　「空を引っ掻くもの」が原義

　　　　▶ **in the dístance**　　熟「遠くに／遠くの」

　　　　▶ **by the way**　　　　熟「ところで」

問6

放送された英文

M：The girl holding the book looks like you.

W：Actually, that's my best friend. I'm in the front.

M：Ah, you're the one with the hat!

W：That's right!

Question：Which girl in the photo is the woman?

解説　「写真の中のどの女の子がその女性であるか」

　　④が正解。女性の最初の発言「じつは，彼女は私の親友です。私は前方にいます」から，①・②は消去できる。さらに，男性の2番目の発言「なるほど，あなたはぼうしを被っている女の子です！」と女性の2番目の発言「その通りです！」から④が正解だとわかる。男性の2番目の発言の中にある you're the one with the hat とは you're the girl with the hat の意味である。上位者の正答率は95.1％もあるが，下位者は66.7％しかない。女性の最初の発言の中にある I'm in the front. の聞き取りが難しかったためだと思われる。I'm in the までは弱形の発音ばかりなので，すべてがつながって聞こえることに注意したい。

解答　④

訳　男性：本を持っている女の子はあなたに似ていますね。
　　　　女性：じつは，それは私の親友です。私は前方にいます。
　　　　男性：なるほど，あなたはぼうしを被っている女の子ですね！
　　　　女性：その通りです！

お役立ちコラム

「聞いてわかる」が大切

　as soon as S V「S V したらすぐ」，**too ～ to** (V)「とても～なのでVできない」，**have just** (V)**pp**「V したばかりだ」はどれも中学校で習うレベルの表現だが，「見てわかる」より「聞いてわかる」ほうがずいぶん難しいことがわかる。

　だから，英文はできるだけ，まず「聞いて」理解するように努力しよう。

　問1に登場する $S_1 V_1$ **as soon as** $S_2 V_2.$ を「$S_2 V_2$ するとすぐに $S_1 V_1$」という順序で訳していると，リスニングで困るかもしれない。聞こえてきた順序で「$S_1 V_1$，$S_2 V_2$ とほぼ同時に」と理解する訓練も必要である。

チャレンジ問題 3　やや難

対話を聞き，それについての問いの答えとして最も適当なものを，4つの選択肢（①〜④）のうちから一つずつ選びなさい。

問1　Which clock do the man and the woman order?

① 　② 　③ 　④

［本試］

問2　Where is the bee?

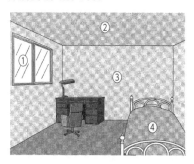

［追試］

問3　Which CD player are they talking about?

① 　②

③ 　④

［追試］

問4 Which chart shows the current results?

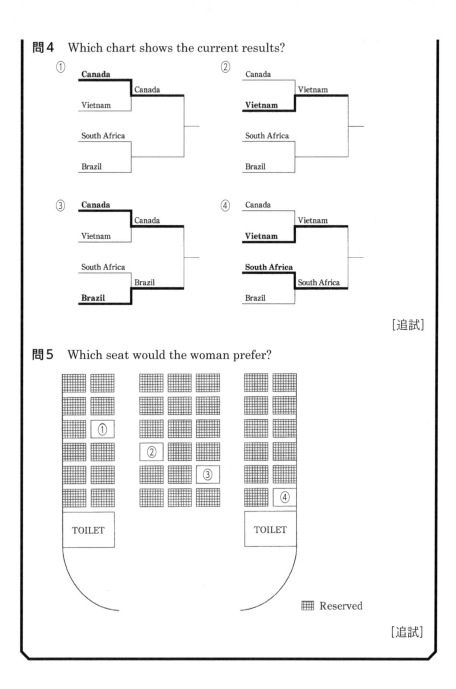

① Canada — Canada / Vietnam — South Africa — Brazil

② Canada — Vietnam / Vietnam — South Africa — Brazil

③ Canada — Canada / Vietnam — South Africa — Brazil / Brazil

④ Canada — Vietnam / Vietnam — South Africa — South Africa / Brazil

［追試］

問5 Which seat would the woman prefer?

TOILET

TOILET

Reserved

［追試］

問1

放送された英文

M：Let's get a new alarm clock.

W：Yes, this white one looks really easy to read.

M：They have a black one with big hands, too.

W：OK, let's order that one.

解説 「男性と女性はどの時計を注文するのか」

　　　　男性と女性の2番目の発言より，答えは②だとわかる。one with big の with が弱形で発音されているため，つながって聞こえてきて難しい。70％以上の人が④を選んだが，こうした弱形の聞き取りと hands の聞き取り，その意味の理解が困難であったためであろう。

解答 ②

訳 男性：新しい目覚まし時計を買おうよ。

　　　女性：そうね，この白いのは本当に見やすそうよ。

　　　男性：(店には) 大きな針のついた黒いやつもあるよ。

　　　女性：わかった，それを注文しましょう。

語句 ▶ **hand** 名 「(時計の) 針」

問2

放送された英文

M：Watch out! There's a bee in the room.

W：Where? Is that it on the bed?

M：No. Look! It's on the ceiling.

W：Quick! Open the window so it can get out.

解説 「ハチはどこにいるか」

　　　　男性の2番目の発言より，答えは②だとわかる。There's a bee in .... の部分がつながって聞こえる。bee と in がくっついて being のようにも聞こえる。正答率は70％弱で，①を選んだ人がおよそ20％だった。

　　　　一般に there is は，ほとんど聞こえない。せいぜい / dz / ぐらい。there は「そこで」の意味なら，やや強く発音されるが，there is ではきわめて弱く発音される。「ゼヤイズ」ではない！

解答 ②

訳 男性：気をつけて！ 部屋にハチがいるよ。

女性：どこ？ それってベッドの上のやつ？

男性：違うよ。見て！ 天井にいる。

女性：急いで！ ハチが出ていけるように窓を開けて。

語句 ▶ bee 名「ミツバチ」

▶ céiling 名「天井」

問3

放送された英文

W：I can't get the CD out of this old player.

M：Just press the button on the left.

W：You mean the one above the knob?

M：No, the one right under the knob.

解説 「彼らはどの CD プレイヤーを話題にしているか」

女性と男性の2番目の発言より，「つまみの下にボタンがついたもの」を選べばよいことがわかる。それを表すのは①である。女性の2番目の発言の one は弱く，後ろの above とくっついて発音されるため聞き取りが難しい。また，男性の2番目の発言の right には注意したい。〈right ＋（場所を表す）前置詞＋名詞〉では，right「まさに」は強調表現。なお，「左のボタン」は，見ている人の立ち位置によって変わるので，男性の最初の発言では the left button ではなく the button on the left [on your left] と言っていることにも注意。正答率は16％程度しかない難問。

解答 ①

訳 女性：この古いプレイヤーから CD が取り出せないのよ。

男性：左のボタンを押すだけだよ。

女性：つまみの上のボタンのこと？

男性：違うよ，つまみの真下のボタンだよ。

語句 ▶ press ～ 他「（しっかり）～を押す」

▶ knob 名「つまみ」

▶ right únder ～ 熟「まさに～の下に」

問4

放送された英文

W：Have you been following the tournament?

M：Yeah, I watched Vietnam beat Canada.

W：Me, too. That was a great match.

M：Tonight's semifinal between South Africa and Brazil should be exciting too.

解説 「どの図が現在の結果を示しているか」

男性の1番目の発言の中にある beat「〜に勝つ」が聞き取れれば，②か④に絞れる。また，男性の2番目の発言の should be exciting より，南アフリカとブラジルの試合はまだ行われていないことがわかり，④が消えて，②が答えだとわかる。正答率は約36％しかない。beat は「ビート」ではなく「ビー(ッ)」くらいの感じ。①と③を選んだ人は合わせて60％近くになる。

解答 ②

訳 女性：トーナメントをずっと見てるの？

男性：うん，ベトナムがカナダに勝つところを見たよ。

女性：私もよ。すごい試合だったね。

男性：今晩の南アフリカとブラジルの準決勝もきっといい試合だよ。

語句 ▶ fóllow 〜　他「〜に関心を持つ」

▶ beat 〜　他「〜を打ち破る」

問5

放送された英文

M：The web page says this flight is almost full.

W：Check to see if there are any aisle seats available.

M：You're in luck.

W：I want to sit as close to the toilet as possible, too.

解説 「女性はどの席を希望しているか」

女性の「通路側の席が空いていないかチェックして」という発言に対して男性が「君はラッキーだよ」と言っていることから，通路側の席が空いていることがわかる。また，女性の最後の発言「トイレからできるだけ近いほうがいいわ」から，答えは③だとわかる。正答率は約43％。④を選んだ人が約50％だが，aisle seats が聞き取れなかったか，あるいは意味を知らなかったかのいずれかであろう。

解答 ③

男性：ホームページによると，この便はほとんど満席だよ。

女性：通路側の席が空いていないかチェックして。

男性：君はラッキーだよ。

女性：それにトイレからできるだけ近いほうがいいわ。

語句

▶ aisle seat 　　　　名「通路側の席」　＊ / ail / の発音

▶ aváilable 　　　　形「利用できる」

▶ be in luck 　　　　熟「ついている／運がいい」

▶ as ～ as póssible 　熟「できるだけ～」

チャレンジ問題 4　　やや難

トラック39

　対話を聞き，それについての問いの答えとして最も適当なものを，4つの選択肢（①～④）のうちから一つずつ選びなさい。

問1　What will the man do?

① Record the drama. 　② Record the game.

③ Watch the drama. 　④ Watch the game.

［本試］

問2　What will the woman do on Saturday?

① Eat some birthday cake. 　② Go to the pool.

③ Join the birthday party. 　④ See the dentist.

［本試］

問3　Where will the woman get on the bus?

① At Central Bus Station.

② At Taylor Hall.

③ At the Crown Theater.

④ At the Redwood Hotel.

［本試］

問4　What is the man most likely to do?

① Buy the CD at a shop immediately.

② Buy the CD at a shop next week.

③ Download the song immediately.

④ Download the song next week.

［本試］

問5　What will the woman do?

① Ask Jim to come on time. 　② Find a place for Jim.

③ Open the party room. 　④ Speak to start the party.

［本試］

問6　What is the girl going to do first?

  ① Go down to the river.　② Help Dad.

  ③ Help Mom.　④ Start the fire.

［試行］

問7　Where is this conversation most likely taking place?

  ① On the second floor　② On the third floor

  ③ On the fourth floor　④ On the fifth floor

［本試］

問8　How are the man and woman going to the theater?

  ① By bus.　② By taxi.

  ③ By train.　④ On foot.

［本試］

問9　Why does Karen swim in the morning?

  ① Because she was advised to.

  ② Because she works in the afternoon.

  ③ Because swimming tires her out.

  ④ Because the pool isn't crowded.

［追試］

問10　How many DVDs does the man own?

  ① 120　② 150　③ 200　④ 220

［本試］

問1

放送された英文

M：Isn't the soccer game starting now?

W：Yeah, but my favorite drama comes on in an hour on another channel.

M：So, should I record the game?

W：That's OK. I'll record my program.

解説　「男性は何をするか」

  ①「ドラマを録画する」　②「試合を録画する」

③「ドラマを見る」　　　④「試合を見る」

　女性の最後の発言から「女性は自分が見たいドラマを録画する」ことがわかる。つまり男性はサッカーの試合を見ることができる。よって④が正解。正答率は約47％。②を選んだ人が約30％，①を選んだ人が約18％。in an hour / on another はそれぞれくっついて聞こえ，channel は語尾が脱落して聞こえることに注意。

解答 ④

訳
男性：サッカーの試合は始まってないかな？
女性：始まってるわよ。だけど，あと1時間したら別のチャンネルで私の好きなドラマが始まるのよ。
男性：ということは，試合を録画しないといけないね？
女性：いいわよ。私が見たい番組を録画するから。

語句 ▶ **come on** 熟「始まる」

問2

放送された英文

M：Don't forget Jack's birthday party on Saturday.
W：I have to have a tooth pulled that day.
M：Can't you come after that?
W：I don't think so. I won't feel like eating.

解説 「**女性は土曜日に何をするか**」
①「誕生日ケーキを食べる」　②「プールに行く」
③「誕生日会に参加する」　　④「歯医者に行く」

　have a tooth pulled「歯を抜いてもらう」が聞き取れれば，答えは④だとわかる。正答率は約58％。また won't と want to を勘違いすると③を選んでしまう。これを選んだ人が約20％。①を選んだ約15％の人は，この英文がほとんど聞き取れていないと思われる。

解答 ④

訳
男性：土曜日のジャックの誕生日会を忘れないようにね。
女性：その日は歯を抜いてもらわないといけないの。
男性：そのあと来ることはできないの？
女性：行けるとは思わない。食べる気がしないだろうし。

語句 ▶ **have ～ pulled** 熟「～を抜いてもらう」
▶ **tooth** 名「歯」

▶ **feel like** (V)ing 熟「V したい気分だ」

問3

放送された英文

W：When does the next city tour start?

M：Let's see. It leaves Central Bus Station at 1:00, and there are several pick-up points along the way.

W：Does it stop at the Redwood Hotel?

M：Well, it stops at Taylor Hall and the Crown Theater.

W：I think it's easier to start from the beginning.

解説　「**女性はどこでバスに乗るのか**」

　　　　　① 「**中央バス停で**」　　　② 「**テイラーホールで**」

　　　　　③ 「**クラウンシアターで**」　　④ 「**レッドウッドホテルで**」

　　最後の the beginning の聞き取り，および，それが Central Bus Station を指すとわかったかがポイント。それができていれば，正解は①だとわかる。②・③はバスが停車する地点の名前だが，解答とは無関係。②を選んだ人が約24％，③を選んだ人が約13％だった。

解答　①

訳　女性：次の市内観光は何時に出発ですか？

　　　男性：ええっと。1時に中央バス停を出て，途中で何カ所か停まります。

　　　女性：レッドウッドホテルには停まりますか？

　　　男性：ええと，テイラーホールとクラウンシアターに停まります。

　　　女性：最初の場所から乗ったほうが楽しみたいね。

語句　▶ alóng the way 熟「途中で」

問4

放送された英文

W：Angel's new song's great!

M：Is the CD already out? I thought it was coming out next week.

W：Yeah, but the song's available online.

M：Really? Maybe I should download it now.

W：But if you do that, you won't get the booklet.

M：Oh, I definitely want that! I'd better wait.

解説　「**男性が最もしそうなことは何か**」

① 「すぐに店で CD を買う」
② 「来週，店で CD を買う」
③ 「すぐに歌をダウンロードする」
④ 「来週，歌をダウンロードする」

　来週発売の CD はもうダウンロード可能だが，それでは小冊子が手に入らない。男性は最後の発言で「待ったほうがよさそうだね」と言っている。ここから，男性は来週まで待って CD を買うと決めたことがわかる。よって②が正解。正答率は約50％。③とした人が約31％もいる。①・④を選んだ人は，それぞれ約7％と12％だった。

解答 ②

訳 女性：エンジェルの新曲，すごくいいわ！
　　男性：もう CD が出ているの？　来週発売だと思っていた。
　　女性：ええ，でもその歌はオンラインで買えるわよ。
　　男性：本当？　今ダウンロードしたほうがいいかな。
　　女性：でもそれだと，小冊子が手に入らないわよ。
　　男性：あっ，それは絶対ほしいな！　待ったほうがよさそうだね。

語句 ▶ **come out**　熟「発売される」
　　　　▶ **aváilable**　形「手に入る」
　　　　▶ **dównload 〜**　他「〜をダウンロードする」
　　　　▶ **bóoklet**　名「小冊子／パンフレット」
　　　　▶ **définitely**　副「絶対に」

問5

放送された英文

M：I'm worried about the opening remarks at the party tomorrow.

W：I heard Jim will do that.

M：He said he'll be late ....　Would you mind taking his place?

W：Not at all.

解説 「**女性は何をするだろうか**」
　　　　① 「時間通りに来るようにジムに頼む」
　　　　② 「ジムのための場所を見つける」
　　　　③ 「パーティーの部屋をあける」
　　　　④ 「パーティーを始めるために話す」
　　女性の最初の発言から，ジムが開会の挨拶をすることになってい

たことがわかる。さらに，それぞれの 2 番目の発言から，女性がその任を引き受けたことがわかる。よって④が正解。Would you mind (V) ing? は「V するのを気にしますか」の意味だから，Not at all. は「かまわないよ（気にしないよ）」と承諾を示すことに注意する。

解答 ④

訳 男性：明日のパーティーでの開会の挨拶が心配なんだ。
女性：ジムがやるって聞いたけど。
男性：遅れると言ったんだよ。彼の代わりをしてもらえないかな。
女性：かまわないわ。

問 6

放送された英文

M：This looks like a good spot. Let's have lunch here.
W：Can we go down and play in the river, Dad?
M：Not now. I want to eat first. Give me a hand with the barbecue. Let's set it up under that tree. Then help your Mom with the food. OK?
W：Do you want me to start the fire?
M：No, I'd better do that.

解説 「少女はまず何をするか」
　　　①「川まで行く」　　　②「父親を手伝う」
　　　③「母親を手伝う」　　　④「火をおこす」

in the river, Dad の river と Dad が連続して聞こえることに注意。help your Mom with the food の with はほとんど聞こえない。また，want me to start the fire の部分は聞き取りが難しい。答えは ②。

解答 ②

訳 父親：よさそうな場所だね。ここで昼食をとろう。
少女：川まで行って遊んでもいい，パパ？
父親：今はだめだよ。まず食事にしたい。パパのバーベキューの準備を手伝って。あの木の下で準備しよう。それから，ママが調理するのを手伝ってね。いいね？
少女：私が火をおこそうか？
父親：いいや，それはパパがやったほうがいいだろう。

語句 ▶ give ＋人＋ a hand with ～

熟「〜に関して〔人〕の手伝いをする」

▶ set 〜 up / up 〜　　熟「〜を設置する」

問7

放送された英文

W：Excuse me, where's the computer lab?

M：Ahh, in the next building on the fourth floor.

W：Oh .... So, I climbed these stairs for nothing.

M：Yeah, people make this mistake all the time. Don't worry, there's a connecting bridge on this floor.

W：Great! And then just one floor up?

M：Yeah.

W：Thanks!

解説　「この会話が行われている可能性が最も高いのはどこか」

　　　①「2階で」　　②「3階で」　　③「4階で」　　④「5階で」

　　男性の最初の発言からコンピューター室は「隣のビルの4階」にあることがわかる。そして女性の3番目の発言から，今いる階から1つ上がればよいことがわかる。よって4−1＝3階となる。なお，イギリス英語なら，①「3階」②「4階」③「5階」④「6階」となる。

解答　②

訳　女性：すみません。コンピューター室はどこですか？

　　　男性：ああ，隣のビルの4階にありますよ。

　　　女性：あら…。じゃ，この階段を上がってきたのは無駄だったのですね。

　　　男性：ええ，この間違いをする人がしょっちゅういます。心配いりません。この階に連絡橋がありますから。

　　　女性：よかった！　それなら1つ上がるだけですね？

　　　男性：そうですよ。

　　　女性：ありがとう！

語句　▶ for nóthing　　熟「無駄に」

　　　▶ all the time　　熟「いつも」

　　　▶ connécting bridge　名「連絡橋」

　　　＊　connécting pássage「連絡通路」とも言う

問8

W：Let's take a taxi to the theater. It's too far to walk to the bus stop.

M：But that would be kind of expensive. How about taking the train?

W：Well, we'd have to change trains three times.

M：Oh, that's right. Let's go with your idea then.

解説　「この男女はどのようにして劇場まで行くだろうか」

　　　　① 「バスで」　　② 「タクシーで」

　　　　③ 「電車で」　　④ 「歩いて」

　　　最後の男性の発言にある your idea「君の考え」が，最初の女性の発言の「タクシーで行く」を受けるとわかるかどうかがポイント。

　　　2番目の女性の発言にある we'd have to の we'd は we would の縮約形。「もし電車を利用するなら〜しなければならなくなる」という仮定法になっている。

解答　②

訳　女性：劇場までタクシーに乗りましょう。バス停まで遠いから歩くのは無理よ。

　　　男性：けれど，ちょっと高くつきそうだよ。電車に乗るのはどう？

　　　女性：うーん，3回も乗り換えないといけないわよ。

　　　男性：ああ，そうだね。じゃあ，君の案で行こう。

語句　▶ **kind of** ＋形容詞／副詞　**熟**「ちょっと〜」

問9

M：How was the pool, Karen?

W：Wonderful. I could swim without worrying about people getting in my way. That's why I like swimming in the morning.

M：Don't you feel tired afterwards?

W：No. It gives me energy.

M：Hmm. Maybe I should take up swimming, too.

解説　「なぜカレンは午前中に泳いでいるのか」

　　　　① 「そうするように忠告を受けたから」

　　　　② 「午後に仕事があるから」

　　　　③ 「水泳で疲れるから」

④ 「プールが混んでいないから」

I could swim without worrying about people getting in my way. の聞き取りがポイント。get in *one's* way は「〜の邪魔になる」という意味の熟語。たとえそれがわからなくても「道の中に入ってくる」から推測してほしい。正解は④。

解答 ④

訳 男性：カレン，プールはどうだったの？

女性：最高。人に邪魔されるのを気にせずに泳ぐことができたから。だから，午前中に泳ぐのが好きなの。

男性：そのあと疲れない？

女性：疲れないわよ。泳ぐことで力をもらっているから。

男性：ふーん。僕も水泳を始めたほうがいいかもね。

問10

放送された英文

W：You have so many DVDs!

M：I have a hundred here, but it's only half of my collection.

W：Wow, that's a lot!

M：Actually, I'm thinking of ordering 20 more.

解説 **「男性は何枚の DVD を持っているか」**

　　　①「120枚」　　②「150枚」　　③「200枚」　　④「220枚」

男性の最初の発言に注目する。「100枚ある」のあとに「それはコレクションの半分だ」と言っている。よって100枚×2＝200枚が正解だとわかる。追加の20枚は注文しようと考えているにすぎないから，数に入れてはいけない。half of 〜の of の -f はほぼ聞こえない。

解答 ③

訳 女性：こんなにもたくさんの DVD を持っているのね！

男性：ここに100枚あるよ，でも僕のコレクションの半分にすぎないんだ。

女性：わあ，そんなにたくさん！

男性：じつのところ，20枚追加の注文をしようかと考えてるんだ。

チャレンジ問題 5 　やや難

それぞれの問いについて，対話の場面が日本語で書かれています。対話を聞き，問いの答えとして最も適切なものを 4 つの選択肢（①〜④）のうちから一つずつ選びなさい。

問1 友人同士が将来のことについて話をしています。

What do both friends plan to do?

① Look for jobs abroad

② Save money to travel

③ Work to earn money

④ Write for a magazine

[本試]

問2 カフェのカウンターで，店員と客が話をしています。

What will the man do this time?

① Ask for a discount

② Pay the full price

③ Purchase a new cup

④ Use his personal cup

[本試]

問3 夫婦が販売店で車を選んでいます。

Which car does the woman prefer?

① The black one

② The blue one

③ The green one

④ The white one

[本試]

問4 カフェで Jane が Mike と話をしています。

Which is true according to the conversation?

① Jane and Mike graduated four years ago.

② Jane and Mike were classmates before.

③ Jane had difficulty recognizing Mike.

④ Mike's hairstyle has changed a little.

[本試]

問5 大学生が授業で使うテキストについて話をしています。

What does the girl need to do after this?

① Ask Peter to lend her his textbook

② Contact Alex to ask for the book

③ Find another way to get the textbook

④ Take the same course once again

［本試］

問6 男性がホテルのフロント係と話をしています。

What will the man do before getting a room?

① Call the hotel before 3:00 p.m.

② Cancel his previous hotel reservation

③ Have some lunch at the hotel

④ Spend some time outside the hotel

［本試］

問1

放送された英文

M：What would you like to do after graduation?

W：Travel! But first I'm going to deliver newspapers until I save enough to go around the world. And you?

M：I want to be a famous writer someday, but right now, I need money, too. Maybe I can work for a magazine!

解説

「友人2人ともがしようと思っていることは何か」

①「海外で仕事を探す」

②「旅行のためにお金を貯める」

③「働いてお金を稼ぐ」

④「雑誌に投稿する」

③が正解。問いの both friends「友人2人」を読み飛ばさないように注意したい。女性は「旅行代金を貯めるために新聞配達をする」と言っており，男性は「お金が必要だから雑誌関係の職に就く」と発言している。よって，両者の共通点は「働いてお金を稼ぐこと」であり，③が正解だとわかる。正答率は79.3％で，②は女性にしか当てはまらないが，これを選んだ人が12.5％もいる。

解答 ③

男性：卒業後に君は何がしたいの？

女性：旅行よ！　だけどまず最初に，世界を回るのに十分なお金を貯めるまでは新聞配達をするつもり。あなたは？

男性：僕はいつか有名な作家になりたいんだ。だけど今は，僕もお金が必要なんだ。たぶん，雑誌関係の仕事に就くかもしれない！

問2

放送された英文

M：I'll have a large cup of hot tea.

W：Certainly. That'll be ¥400, but you can get a ¥30 discount if you have your own cup.

M：Really? I didn't know that! I don't have one today, but I'll bring one next time.

W：OK, great. Anything else?

M：No, thank you.

解説　「男性は今回何をするのか」

① 「割引をお願いする」

② 「定価を支払う」

③ 「新しいカップを購入する」

④ 「マイカップを使用する」

　②が正解。男性と女性の最初の発言「大きいカップの温かい紅茶をください」と，「かしこまりました。400円になりますが，ご自身のカップを持っておられる場合には，30円割引になりますよ」から，男性はホットの紅茶の大きいサイズを注文したこと，定価は400円だがマイカップがあれば370円になることがわかる。男性の2番目の発言「本当ですか。知りませんでした！　今日はマイカップを持っていませんが，次回から持ってきます」から，男性はマイカップを持っていないので，定価で支払うことがわかる。以上から②が正解だとわかる。

　正答率は上位者でも75.6％しかなく，下位者では50.0％しかない。間違えた人の多くは③・④にしているが，男性の2番目の発言中にある I don't have one（= one of my own cups）today が聞き取れなかったことが原因であろう。

解答　②

訳　男性：大きいカップの温かい紅茶をください。

女性：かしこまりました。400円になりますが，ご自身のカップを持って
　　　おられる場合には，30円割引になりますよ。

男性：本当ですか？　知りませんでした！　今日はマイカップを持ってい
　　　ませんが，次回から持ってきます。

女性：わかりました。他に必要な物はございますか？

男性：ありません。ありがとう。

(語句) ▶ certainly　副「かしこまりました」

問3

放送された英文

M：I like both the blue one and the black one. How about you?

W：I see the blue car, but where's the black one? Do you mean that dark
　　green one with the white seats?

M：Yes. Do you like that one?

W：Well, it's OK, but I like the other one better.

解説　「女性はどちらの車を好んでいるか」

　　　① 「黒の車」
　　　② 「青の車」
　　　③ 「緑の車」
　　　④ 「白の車」

　②が正解。男性の最初の発言から，男性が気に入ったのは青色と黒
色だとわかる。さらに，男性の最初と2番目の発言，および女性の最
初の発言から，男性が「黒色」と思ったものは「深緑色」であること
がわかる。女性の最後の発言から，女性が気に入った色は「深緑色で
はないほう」，つまり，「青色」だとわかる。black one → dark green
one → that one の流れが難しいためか，正答率は45.8％しかない。
①・④を選んだ人がそれぞれ20.8％もいた。

解答　②

訳

男性：僕は青いのも黒いのもどちらも好きだな。君はどうだい？

女性：青い車は見えるけど，黒いのはどこなの？　あの深緑色で座席が白
　　　い車のこと？

男性：そうだよ。君はあの車，いいと思う？

女性：えーっと，悪くないわね。でも私はもう一つのほうが好きだわ。

問4

放送された英文

W：You're Mike Smith, aren't you?

M：Hey, Jane Adams, right?

W：Yes! I haven't seen you for ages.

M：Wasn't it five years ago, when our class graduated?

W：Yes, almost six.

M：Well, I'm glad you recognized me. I haven't changed?

W：No, I recognized you immediately. You haven't changed your hairstyle at all.

解説　「会話によるとどれが正しいか」

① 「ジェーンとマイクは4年前に卒業した」

② 「ジェーンとマイクは以前クラスメートだった」

③ 「ジェーンはマイクのことを認識するのに苦労した」

④ 「マイクの髪形は少しだけ変わった」

②が正解。男性の2番目の発言より，男性と女性は同じクラスだったことがわかる。よって，②が正しい。簡単そうだが正答率は54.2%しかない。④を選んだ人が29.2%もいるが，おそらく女性の最後の発言の You haven't changed your hairstyle at all. の haven't を聞き取ることができなかったためと思われる。

解答　②

訳　女性：あなた，マイク・スミスじゃない？

男性：おや，ジェーン・アダムスだよね？

女性：ええ！　久しぶりね。

男性：僕たちのクラスの卒業以来だから，5年前だよね？

女性：そうよ。もうすぐ6年になるわ。

男性：えー，君が僕に気づいてくれてうれしいよ。僕変わってない？

女性：ええ，すぐにあなただって気づいたわ。あなたの髪形全然変わってないもの。

問5

放送された英文

W：The textbook is sold out at the bookstore. Do you know where I can get one?

M：Actually, I didn't buy mine. I got it from Peter. He took the same course last year.

W：So, who else took that course?

M：Alex!

W：Yeah, but I know he gave his book to his sister.

解説　「このあと女の子は何をしないといけないか」

①「ピーターに彼の教科書を貸してくれるように頼む」

②「アレックスに本を求めて連絡をとる」

③「教科書を入手する別の方法を見つける」

④「同じ授業をもう一度受ける」

　③が正解。書店で教科書が売り切れだったので，友人にどこで手に入るか聞いている会話である。男性の最初の発言から，ピーターの本は男性が持っているとわかるので①は不適切。女性の最後の発言から，アレックスはその本を妹にあげたことがわかるので，アレックスに本をくれるように頼んでも無駄である。よって②も不適切。④は once again「もう一度」とあり，女性が過去にその講座を受講したことになるが，そのような情報はない。以上から③が正解。正答率は45.8％しかない。なんと50.0％の人が②にしている。

解答　③

訳　女性：書店で教科書が売り切れだったわ。どこで手に入れられるか知ってる？

男性：実は，僕は買わなかったんだ。ピーターからもらったんだよ。彼は去年同じ授業を受けていたから。

女性：じゃあ，他にだれが授業を受けてたの？

男性：アレックス！

女性：あぁ，だけど彼は自分の本を妹にあげたことを私は知ってるわ。

問6

放送された英文

M：Good morning. My flight's been cancelled. I need to stay another night. Is there a room available?

W：Yes, but not until this afternoon. If you come back later, we'll have one for you.

M：What time?

W：About 3 o'clock?

M：OK. I'll go out for lunch and come back then.

解説 「男性は部屋をもらう前に何をするか」

　　　① 「午後 3 時より前にホテルに電話をする」

　　　② 「彼が事前に入れておいたホテルの予約をキャンセルする」

　　　③ 「ホテルで昼食をとる」

　　　④ 「ホテルの外で時間を過ごす」

　　④が正解。飛行機がキャンセルになってしまったお客が受付で滞在延長を申し出ている場面である。最初と 2 番目の女性の発言から，部屋は 3 時まで空かないことがわかる。よって男性はお昼を食べに出かけると言っている。注意すべきは go <u>out</u> for lunch である。昼ご飯のためにホテルの外に出かけると言っている。よって，③ではなく④が正解である。正答率は50.0％で，③を選んだ人が37.5％もいる。

解答 ④

訳 男性：おはようございます。飛行機が欠航になってしまったんです。だからもう一泊する必要があるのですが，空いている部屋はありますか？

　　　女性：ございますが，本日の午後まではご利用できません。後ほどお越しいただければ，お部屋をご用意することができます。

　　　男性：時間は？

　　　女性：3 時ごろでしょうか？

　　　男性：わかりました。外にお昼を食べに出かけて，そのあと戻ってきますね。

お 役 立 ち コ ラ ム

age について

　問4に for ages「長い間」という表現が出てくるが，知らないと難しい。age を用いた表現をいくつか確認しておこう。

1. for the first time in ages 　「久しぶりに（＝長年の中で初めて）」
2. It is ages since we last met. 「最後にお会いしてから長い時間が経ちました」
3. people of all ages 　「老いも若きも（＝すべての年齢の人々）」
4. the Middle Ages 　「中世」
5. a middle-aged man 　「中年の男」

チャレンジ問題 6　　　標準

それぞれの問いについて，対話の場面が日本語で書かれています。対話を聞き，問いの答えとして最も適切なものを 4 つの選択肢（①〜④）のうちから一つずつ選びなさい。

問1　道で，男性が女性に話しかけています。

Which is true according to the conversation?

①　The man doesn't have a good research topic.

②　The man wants to get rid of his stress.

③　The woman doesn't have time for the interview.

④　The woman thinks the man is very busy.

［追試］

問2　姉が弟と，いつ両親に会いに行くかについて話をしています。

What will the woman probably do next weekend?

①　Meet her brother and father on Saturday

②　Meet her brother and mother on Sunday

③　Meet her mother and father on Saturday

④　Meet her mother and father on Sunday

［追試］

問3　友人同士が，アルバイトについて話をしています。

How many days does the woman work in a week?

①　2 days　　②　3 days　　③　5 days　　④　7 days

［追試］

問4　公園から帰ったあとで，姉と弟が話をしています。

What did the boy do?

①　He left the park immediately.

②　He looked for his sister in the park.

③　He talked to his sister on the phone.

④　He went home with his sister.

［追試］

問5　オフィスで，男性が女性と話をしています。

What do the man and the woman decide to do?

①　Get away from the station

②　Go out for Italian food

③ Have Japanese food nearby
④ Stay close to the office

［追試］

問6 学校で，友人同士が話をしています。

Which is true about the girl?
① She rode the same train as the boy.
② She saw the boy alone at the station.
③ She talked to the boy on the train.
④ She took the boy to the station.

［追試］

問1

放送された英文

M：Excuse me. Do you have time for a short interview?

W：What's it about?

M：We're doing research on how people deal with stress.

W：That's interesting! I'm really busy, but I can spare a couple of minutes. How long will it take?

M：It should take about 10 minutes.

W：Oh, sorry.

解説　「会話によると，どれが正しいか」

① 「男性はよい研究テーマが定まっていない」
② 「男性はストレスを解消したいと思っている」
③ 「女性にはインタビューのための時間がない」
④ 「女性は男性がすごく忙しいと思っている」

　③が正解。「対話の場面」と，男性の最初と2番目の発言と，女性の最初の発言から，男性がストレスの対処法について道でインタビューをしており，女性にインタビューを受けてくれるかどうかをたずねていることがわかる。女性の2番目の発言から，女性は少しぐらいなら構わないと思っていることがわかる。しかし，男性の3番目の発言「10分ほどかかりそうです」を聞いて，最後に「ごめんなさい」と言っていることから，女性は断ったことがわかる。この会話の内容を表したものは③しかない。正答率は90.2％。

解答 ③

訳 男性：すみません。少し質問をしたいのですが，お時間はありますか？

女性：何についてですか？

男性：皆さんのストレスへの対処法について調査を行っています。

女性：面白そうですね！　すごく忙しいのですが，数分なら大丈夫です。
どれくらいかかりますか？

男性：10分ほどかかりそうです。

女性：ああ，ごめんなさい。

語句 ▶ do résearch on ～　　　　熟「～の研究をする」

　　　　▶ spare a cóuple of mínutes　熟「数分間時間を割く」

問2

放送された英文

W：Let's all get together next weekend.

M：Sure! I'm busy on Saturday, but Sunday would be fine. How about Mom and Dad?

W：Mom says either day is OK, but Dad is only free on Saturday.

M：I see .... Why don't you go ahead without me? I'll come next time!

W：Oh well, OK.

解説　「**女性は次の週末何をする可能性が高いか**」

　　　　① 「土曜日に弟と父に会う」

　　　　② 「日曜日に弟と母に会う」

　　　　③ 「土曜日に両親に会う」

　　　　④ 「日曜日に両親に会う」

　　　③が正解。「対話の場面」と，女性と男性の最初の発言から，週末に家族みんな（両親と姉と弟）でどこかで集まる予定だが，男性（＝弟）は日曜日だけが空いているとわかる。女性の2番目の発言から，両親がどちらも大丈夫なのは土曜日だとわかる。男性の2番目と女性の3番目の発言から，男性抜きで集まることに決まったことがわかる。この内容と合致するのは③しかない。②を選んだ人が37.3％もいるが，おそらく男性の2番目の発言が理解できなかったのであろう。

解答 ③

訳 女性：次の週末，みんなで集まろうよ。

男性：いいね！　土曜は忙しいけど，日曜は大丈夫だと思う。お母さんと

お父さんは？

女性：お母さんはどっちも空いてると言ってて，お父さんは土曜日だけ暇
だって。

男性：そうか…。僕抜きで進めたらどうかな？　次は行くよ！

女性：そうだね，わかった。

(語句) ▶ How about ～?　　熟「～はどうかな」

　　　 ▶ éither ～　　　　形「どちらの～」

　　　 ▶ go ahéad without ～　熟「～なしで進める」

問3

放送された英文

M：I didn't know you were working at the convenience store.

W：Yes, I used to work there every day, but now just three times a week,
on weekdays.

M：Are you working anywhere else besides that?

W：Yes, at the café near the station, two days, every weekend.

M：Wow! You're working a lot!

(解説)　「女性は週に何日働いているか」

　　　　①「2日」　　　②「3日」

　　　　③「5日」　　　④「7日」

　　　　③が正解。「対話の場面」と，男性と女性の最初の発言から，女性
はコンビニで平日に週3回アルバイトをしているのがわかる。さら
に男性と女性の2番目の発言から，女性は毎週末の2日間，駅の近
くのカフェでもアルバイトをしていることがわかる。よって，3日
＋2日＝5日で，女性は毎週5日間働いていることになる。正答率
は62.7%で，①・②を選んだ人がそれぞれ13.7%もいる。全体の意味
がわからず，聞こえてきた three や two という数字を頼りに解答し
たものと思われる。

(解答)　③

(訳)　男性：君がコンビニで働いてるって知らなかったよ。

　　　女性：うん，前はそこで毎日働いてたけど，今は平日に週3日だけ。

　　　男性：コンビニの他にどこかで働いてるの？

　　　女性：うん，駅前のカフェで，毎週末，2日間。

　　　男性：ええ！　働き者だね！

(語句) ▶ on wéekdays　熟「平日に」

▶ besídes 〜　前「〜に加えて」
▶ wéekend　名「週末」

問4

放送された英文

W：What happened? Where did you go?

M：I got lost and ended up in the rose garden.

W：So, you decided to come straight home then?

M：Well, no. First, I tried to find you.

W：Why didn't you call me?

M：I didn't have my phone. But I was OK. The flowers were nice.

解説　「男の子は何をしたのか」

① 「公園をすぐに出た」

② 「公園で姉を探した」

③ 「姉と電話で話した」

④ 「姉と家に帰った」

　②が正解。「対話の場面」と，女性と男性の最初の発言から，男性（＝弟）は公園でバラ園に迷い込んだことがわかる。男性と女性の2番目の発言から，男性（＝弟）はまず女性（＝姉）を探そうとしたことがわかる。さらに男性と女性の3番目の発言から，男性が女性に電話しなかったのは，電話を持っていなかったからだとわかる。以上から②が正解。正答率は45.1％しかない。③を選んだ人が31.4％もいたが，男性の最後の発言が聞き取れなかったのであろう。

解答　②

訳　女性：どうしたの？　どこに行ってたの？

　　　男性：道に迷って，バラ園に迷い込んじゃったんだ。

　　　女性：つまり，そのまま家に帰ることにしたってわけ？

　　　男性：うーん，いや。最初はお姉ちゃんを見つけようとしたんだ。

　　　女性：なんで私に電話しなかったの？

　　　男性：携帯を持っていなかったんだ。でも大丈夫だったよ。花が素敵だったから。

語句　▶ get lost　　　熟「道に迷う」
　　　　▶ end up in 〜　熟「結局〜の中にいることになる」

問5

放送された英文

M：Do you want to eat dinner after work?

W：I guess so, but where? The sushi place across from the office?

M：Not there again! Let's get away from the office.

W：OK ... what about the Italian restaurant near the station, then?

M：That's far!

W：Is it? It's on your way home!

M：Yeah, OK.

解説 「**男性と女性はどうすることにしたか**」

　　① 「駅から離れる」

　　② 「イタリアンを食べに行く」

　　③ 「近くで和食を食べる」

　　④ 「オフィスの近くにいる」

　②が正解。「対話の場面」と，男性と女性の最初と2番目の発言から，職場に近い寿司屋ではなく，職場から遠いイタリアンレストランで食事をするのはどうかと言っているのがわかる。

　男性の3番目と4番目の発言および女性の3番目の発言から，結局男性の帰り道にあるイタリアンレストランに決まったことがわかる。正答率は54.9％。③を選んだ人が20％近くもいるが，男性の3番目の発言の「それ（イタリアンレストラン）は遠い」だけが印象に残ってしまったのであろう。

解答 ②

訳 男性：仕事のあと，夕食に行かない？

　　　女性：そうね，でもどこで？　オフィスの向かいのお寿司屋さん？

　　　男性：もうあそこはいいよ！　オフィスから遠いところに行こう。

　　　女性：そうね…じゃあ，駅前のイタリアンレストランはどう？

　　　男性：遠いよ！

　　　女性：そう？　帰り道じゃないの！

　　　男性：うん，わかったよ。

語句　▶ **acróss from ～**　　熟 「～の向かい側の」

　　　　▶ **get awáy from ～**　　熟 「～から離れる」

　　　　▶ **what about ～?**　　熟 「～はどうかな？」

　　　　▶ **on** *one's* **way home**　　熟 「家に帰る途中」

問6

放送された英文

W：You took the 7:30 train this morning, right?

M：Yes. Did you see me at the station?

W：No, I saw you on the train. I took that train, too.

M：Why didn't you say hello?

W：Weren't you talking with somebody?

M：No, I was alone.

W：Really? That must've been someone else, then.

解説 「**女の子について正しいことはどれか**」

① 「男の子と同じ電車に乗った」

② 「駅で一人でいる男の子を見た」

③ 「電車で男の子に話しかけた」

④ 「駅まで男の子を送った」

　①が正解。「対話の場面」と，女性の最初と2番目と男性の最初の発言から，共に7時半の電車に乗ったことがわかる。男性の2番目の発言から，互いに話はしなかったことがわかる。さらに，女性と男性の3番目の発言から，女性は男性がだれかと話しているので声をかけなかったが，それは勘違いだったことがわかる。事実として確実なのは共に7時半の電車に乗ったということなので，①が正解となる。正答率は54.9%で，②を選んだ人が29.4%であった。I was aloneという男性の発言から推測したものと思われる。聞こえてきた単語が選択肢にあった場合，「ワナかな？」と思ってほしい。

解答 ①

訳 女の子：今朝7時半の電車に乗ってたでしょ？

　　　男の子：うん。駅で僕を見た？

　　　女の子：いや，電車で見たよ。私もその電車に乗ってたの。

　　　男の子：なんで挨拶しなかったんだい？

　　　女の子：だれかと喋ってなかった？

　　　男の子：いや，一人だったよ。

　　　女の子：本当？　じゃあ，違う人だったのね。

語句 ▶ **the 7:30 train**　　　名 「7時半の電車」

　　　▶ **alóne**　　　　　　　形 「一人で」

　　　▶ **must have** ＋過去分詞　熟 「～したに違いない」

チャレンジ問題 7　やや難

対話を聞き，それに対する問いの答えとして最も適当なものを，4つの選択肢（①〜④）のうちから一つずつ選びなさい。

問1　What does the man imply?

① *Anime* is a historical topic.

② Changing topics is difficult.

③ The woman may get a low mark.

④ The woman's research is worthwhile.

[本試]

問2　How does the man feel about the lessons?

① Both tennis and yoga were easy.

② Neither tennis nor yoga was easy.

③ Tennis was easy and yoga was not.

④ Yoga was easy and tennis was not.

[追試]

問3　Where is the discount section?

① By the cash registers.

② In front of the store.

③ On the other side of the store.

④ Past the cookbooks.

[追試]

問4　According to the man, which statement is true?

① The new light bulb can be dangerous.

② The new light bulb is unbreakable.

③ The new light bulb isn't sold yet.

④ The new light bulb never needs to be replaced.

[本試]

問5　What does the woman say?

① The man can take Saturday off this week.

② The man cannot go to his friend's wedding.

③ The man should not work an additional day next week.

④ The man should tell her about his absence next week.

[本試]

問6 What does the woman mean?
① It's not necessary to make a reservation.
② The man can't buy the pass for his brother.
③ The man's brother will have a lot of free time to travel.
④ The pass is more expensive than regular tickets.

［追試］

問7 What will the woman do with the gift?
① Get it exchanged for a different gift.
② Get it wrapped on the second floor.
③ Take it to the Christmas wrapping counter.
④ Take it without having it gift-wrapped.

［追試］

問8 What do they agree to do?
① Buy some cucumbers.
② Get a planter.
③ Grow some spinach.
④ Plant tomatoes.

［本試］

問9 What do the man and woman agree about?
① Most of the stories present real social problems.
② Some technological ideas have become reality.
③ The plots are quite interesting.
④ The special effects are excellent.

［追試］

問10 When is the woman likely to go to the movie?
① At 6:50.
② At midnight.
③ In 30 minutes.
④ On another day.

［本試］

問11 What will the woman do first?
  ① Open the wine.
  ② Pour the tea.
  ③ Set the table.
  ④ Slice the bread.

[本試]

問12 Why won't the man cook the dish?
  ① He doesn't want to boil the beans.
  ② He doesn't want to prepare the chilies.
  ③ He doesn't want to put in the spices.
  ④ He doesn't want to soak the beans.

[追試]

問13 Which statement is true about the man?
  ① He dislikes helping his mother-in-law.
  ② He dislikes shopping centers.
  ③ He likes going to parties.
  ④ He likes having free time.

[追試]

問14 What will the man and woman do for the members leaving the club?
  ① Buy them some chocolates.
  ② Get them some flowers.
  ③ Give them coffee cups.
  ④ Have a party for them.

[追試]

問15 How many junk mail messages does the man usually get a day?
  ① About 30
  ② About 60
  ③ About 90
  ④ About 120

[本試]

問1

M：What is your oral presentation topic?

W：Japanese *anime*.

M：Remember, the teacher said we should talk about something historical.

W：I think the export of Japanese pop culture is worth looking into.

M：Well, I doubt she'll accept it. It's too recent.

W：I'd rather not change it anyway.

M：You're taking a chance.

W：Yeah, I know.

解説　**「男性が暗に意味しているのは何か」**

　　① 「アニメは歴史的な話題である」

　　② 「話題を変えるのは難しい」

　　③ 「女性のもらう点数は低いかもしれない」

　　④ 「女性の研究は価値がある」

　　男性の2番目と3番目の発言から「先生はプレゼンテーションのトピックとして歴史的なものを選ぶように言ったので，女性が考えているアニメでは先生に拒否されるかもしれない」ということがわかる。よって③が正解で，正答率は約47％であった。export of / she'll accept の聞き取りが困難。②を選んだ人が約25％，①・④を選んだ人は，それぞれ約14％だった。

解答　③

訳　男性：口頭での発表のテーマは何にしたの？

　　女性：日本のアニメ。

　　男性：先生が歴史的なものについて話すように言ったのを忘れちゃだめだよ。

　　女性：日本のポップカルチャーの輸出は調べる価値があると思うよ。

　　男性：うーん，先生が受け入れてくれるかは疑問だね。新しすぎるよ。

　　女性：いずれにしても変えるつもりはないけどね。

　　男性：一か八かやってみるという感じだね。

　　女性：うん，わかってるよ。

語句　▶ óral presentátion　名 「口頭での発表」
　　　　▶ histórical　　　　　　形 「歴史的な」
　　　　▶ worth (V)ing　　　　 熟 「V する価値がある」

▶ **look ínto** ～   熟「～を調べる」
▶ **doubt (that)** S V   熟「S V とは思わない」
▶ **would ráther not** (V)   熟「できれば V したくない」
▶ **take a chance**   熟「一か八かやってみる」

問2

放送された英文

W：Hi, Dennis. How did you like the free tennis and yoga lessons at the gym?

M：Don't ask. I did terribly! But ... maybe tennis was easier.

W：Really? I'm glad you found something you're good at.

M：I didn't say it was easy! I just said easier!

解説　「レッスンについて男性はどのように感じているのか」

　　① 「テニスもヨガも簡単だった」

　　② 「テニスもヨガも簡単ではなかった」

　　③ 「テニスは簡単だったが，ヨガは簡単ではなかった」

　　④ 「ヨガは簡単だったが，テニスは簡単ではなかった」

　　男性の2つの発言より「テニスもヨガもうまくいかなかったが，少なくともテニスのほうがましだった」ということがわかる。easy「簡単な」と easier「より簡単な」の違いに気がつくかどうかがポイント。以上から，正解は②。約26％の人が①を，約30％の人が③を選んだ。

解答　②

訳　女性：あら，デニス。ジムでの無料のテニスとヨガのレッスンはどうだったの？

　　男性：聞かないでよ。ひどかったよ！　でも…テニスのほうが簡単だったかな。

　　女性：本当？　得意なものが見つかってよかったわね。

　　男性：簡単だなんて言ってないよ！　比べれば簡単だと言っただけだよ！

問3

放送された英文

W：Excuse me, where are your travel guidebooks?

M：Over on the other side of the store, past the cookbooks. Oh, and there are some in the discount section, too.

W：I'll check the discount section first, then. Where is it?

M：By the front door, next to the cash registers.

W：Thank you.

解説 「特価品のコーナーはどこか」

① 「レジのそば」　　② 「店の前」

③ 「店の反対側」　　④ 「料理本の先」

　特価品売り場の場所は，男性の2番目の発言から「入り口のそばの，レジの隣」だとわかる。選択肢の中で男性の発言と合致するのは①のみ。正答率は約56％で，それ以外の選択肢をそれぞれ10％以上の人が選んでいる。本文の next to が選択肢では by に言い換えられているため混乱したものと思われる。

解答 ①

訳 女性：すみませんが，旅行のガイドブックはどこですか？

　　　男性：店の反対側の，料理本の先です。ああ，特価品のコーナーにもあります。

　　　女性：では，まず特価品のコーナーをチェックしてみます。それはどこですか？

　　　男性：入り口のそばの，レジの隣です。

　　　女性：ありがとうございました。

問4

放送された英文

M：There's a new type of light bulb for sale that lasts almost forever.

W：You mean you don't need to replace it so often?

M：That's right.

W：Wow, I should get some.

M：Yeah, but you still have to be careful not to break them because they contain poisonous material.

W：I'll keep that in mind.

解説 「男性によると，どの記述が正しいか」

① 「その新しい電球は危険になり得る」

② 「その新しい電球は割れない」

③ 「その新しい電球はまだ販売されていない」

④ 「その新しい電球は決して交換する必要がない」

　男性の3番目の発言「有毒物質を含んでいますから，割らないよう

に注意しなければなりません」から，①が正解だとわかる。正答率は約50％。②・③・④を選んだ人は，それぞれ約28％，約7％，約15％となっている。代名詞の発音 break them / they contain / keep that が聞き取りにくいので注意したい。

解答 ①

訳 男性：半永久的に持つ新しいタイプの電球がありますよ。

女性：それほど頻繁に交換しなくてもいいということですか？

男性：その通りです。

女性：へえ，じゃあ，買わないとね。

男性：わかりました。ただ，有毒物質を含んでいますから，割らないように注意しなければなりません。

女性：覚えておくわ。

語句 ▶ **light bulb** 名「電球」

▶ **last** 自「続く／長持ちする」

▶ **repláce** ～ 他「～を取り替える」

▶ **contáin** ～ 他「～を含んでいる」

▶ **póisonous** 形「有毒な」

▶ **keep** ～ **in mind** 熟「～を覚えている」

問5

放送された英文

M：Could I take a day off tomorrow?

W：Well, we're pretty busy on Saturdays.

M：I know, but I'd like to attend my friend's wedding. I can work an extra day next week instead.

W：I guess that'll work, but next time let me know earlier.

解説 「女性は何と言っているのか」

① 「男性は今週の土曜日，休むことができる」

② 「男性は友人の結婚式に行くことができない」

③ 「男性は来週，1日多く働くべきではない」

④ 「男性は来週，自分の欠勤について彼女に言うべきだ」

女性の2番目の発言から，男性は土曜日に休むことが許可されたとわかる。よって正解は①で，正答率は約25％しかない。③と④はそれぞれ約30％の人が選択。②は約16％の人が選択している。なお work

と earlier の「暗いアー」には注意。

解答 ①

訳 男性：明日，休みをいただいてもいいですか？

女性：あら，土曜日はとても忙しいわよね。

男性：わかっていますが，友人の結婚式に出たいと思いまして。代わりに来週は1日余分に働きますから。

女性：それはそれでいいけど，次はもっと早めに言ってね。

語句 ▶ **take a day off** 熟「1日休む」

▶ **prétty** 副「かなり」

▶ **atténd ～** 他「～に出席する」

▶ **éxtra** 形「余分な」

▶ **instéad** 副「その代わり」

問6

放送された英文

M：My brother is coming to visit next month.

W：Great!

M：He wants to see as much of Japan as possible in a week.

W：Well, he should get a rail pass. It's cheaper and will allow him to travel freely throughout the country.

M：I'll get one for him.

W：Actually, it's only sold outside Japan.

解説 「女性は何を言おうとしているのか」

① 「予約する必要はない」

② 「男性は兄のためにそのパスを購入することができない」

③ 「男性の兄は旅行するための自由時間を多く持てるだろう」

④ 「そのパスは通常のチケットより高い」

女性の2番目と3番目の発言から，海外から日本に来た人専用の割安の鉄道パスがあるが，それは日本国内では購入できない，ということがわかる。よって②が正解。正答率は約44％。①・③・④を選んだ人はそれぞれ約14％，約27％，約16％となっている。

解答 ②

訳 男性：兄が来月来るんだ。

女性：よかったわね！

男性：1週間で日本をできるだけ見たいって。

女性：あら，鉄道のパスを買うべきよ。安くなるし，日本中を自由に移動できるわよ。

男性：兄のためにそのパスを1つ買うよ。

女性：じつは，日本の外でしか売ってないの。

語句 ▶ **as ～ as póssible** 熟「できるだけ～」

▶ **allów ～ to** (V) 熟「～がVするのを可能にする」

▶ **throughóut ～** 前「～中を」

問7

放送された英文

W：Can you wrap this right away? It's a gift.

M：Sorry, you'll have to wait. The Christmas wrapping counter is very busy.

W：Actually, it's a birthday gift, and I'll be late for the party.

M：You can get it wrapped on the second floor.

W：That's all right. I'll take it as it is.

解説 「女性はその贈り物をどうするつもりか」

① 「違う贈り物と交換してもらう」

② 「2階で包装してもらう」

③ 「クリスマスの包装カウンターに持っていく」

④ 「ギフト用の包装をしてもらうことなく持っていく」

女性の最後の発言「そのまま持っていくわ」から，④が正解で，正答率は約70％。①・②・③を選んだ人がそれぞれ約5％，約7％，約18％。That's all right.「もういいわよ」と，take it as it is「それをそのまま持っていく」の意味がわからずに③を選んだ人が多いことがわかる。

解答 ④

訳 女性：これ，すぐに包んでくださる？ 贈り物なの。

男性：すみませんが，お待ちいただかねばなりません。クリスマスのラッピングカウンターはとても混み合っていますので。

女性：じつは誕生日の贈り物なの。パーティーに遅れてしまうわ。

男性：2階で包装してもらえますが。

女性：もういいわよ。そのまま持っていくわ。

語句 ▶ wrap ～ 　　　　他「～を包む」
　　　 ▶ take it as it is 　熟「それをそのままで持っていく」

問8
放送された英文

W : Spring is here. Let's get the vegetable garden started. I love home-grown tomatoes.

M : It's still too cold for tomatoes, but we can plant some cucumbers.

W : I don't particularly care for cucumbers.

M : Spinach grows really fast. Why don't we plant that first?

W : Good idea. I prepare the soil.

解説 　「彼らは何をすることに同意しているのか」
　　　① 「キュウリを買う」
　　　② 「プランターを手に入れる」
　　　③ 「ほうれん草を栽培する」
　　　④ 「トマトを植える」
　　　　男性の2番目の発言「ほうれん草は本当に生長が早いよ。まずそれを植えない？」と，女性の最後の発言「いいわね。土の準備をするわ」から③が正解。正答率は約71％。cucumber や spinach の意味がわからなくても解けるように作ってある。①・④を選んだ人はそれぞれ約4％と少ないが，②を選んだ人が約21％もいる。plant が聞こえてくるので選んだのであろう。

解答 ③

訳 女性：春が来たわね。家庭菜園を始めましょうよ。家で作ったトマトが大好き。
　　男性：トマトにはまだ寒すぎるけど，キュウリは植えられるよ。
　　女性：キュウリはそんなに好きじゃないわ。
　　男性：ほうれん草は本当に生長が早いよ。まずそれを植えない？
　　女性：いいわね。土の準備をするわ。

語句 ▶ get ～ stárted 　　熟「～を始める」
　　　 ▶ plant ～ 　　　　　他「～を植える」
　　　 ▶ cúcumber 　　　　名「キュウリ」
　　　 ▶ do not care for ～ 　熟「～が好きではない」
　　　 ▶ spínach 　　　　　名「ほうれん草」

問9

W：How can you like science fiction movies?

M：Well, the special effects are great.

W：What? They're all fake.

M：You know, many old movies introduced things we're using now, like computers and satellites.

W：True, but the plots are so similar and boring.

M：Actually, most of them deal with social issues.

W：I doubt that.

解説 「男性と女性は何に同意しているのか」

　　　① 「話の大半が現実の社会問題を提示している」

　　　② 「技術にかかわる考えが現実になったものもある」

　　　③ 「筋がかなり面白い」

　　　④ 「特殊効果がすばらしい」

　　女性は，男性の2番目の発言「知っての通り，昔の多くの映画で紹介されたものは，コンピューターや衛星など僕たちが今使っているものなんだよ」にだけ同意している。よって②が正解で，正答率は約40％。①・③・④を選んだ人はそれぞれ約30％，約21％，約9％であった。

解答 ②

訳 女性：空想科学映画なんかどうして見る気になるの？

　　　男性：うん，特殊効果がすばらしいんだ。

　　　女性：ええ？　あんなの嘘ばかりじゃないの。

　　　男性：知っての通り，昔の映画には，コンピューターや人工衛星など，僕たちが今使っているものを紹介したものがたくさんあるよね。

　　　女性：たしかにそうだけど，話の筋はよく似ていて退屈よね。

　　　男性：実際，その大半は社会問題を扱っているんだよ。

　　　女性：そうかしらね。

語句 ▶ scíence fíction móvie　名 「空想科学映画／SF 映画」

　　　　▶ fake　　　　　　　　　形 「ニセの」

　　　　▶ plot　　　　　　　　　名 「(話の) 筋」

　　　　▶ deal with ～　　　　　熟 「～を扱う」

　　　　▶ sócial íssue　　　　　 名 「社会問題」

問10

W：It's ten to seven! I've missed *Titanic*!

M：Has it started?

W：Yeah, 30 minutes ago at the Cosmic Theater. I guess I'll give it up tonight.

M：It starts at nine at the Solar Cinema. You can still see it there.

W：Hmm, I don't think so. It won't end until after midnight.

解説 「**女性はいつ映画に行きそうか**」

　　① 「6時50分に」　　② 「深夜に」
　　③ 「30分後に」　　④ 「別の日に」

　男性の2番目の発言「ソーラーシネマなら9時からだよ。そこならまだ見られるよ」に対して，女性は「うーん，そうは思わない。終わるのが深夜を越えるから」と言っていることから，映画を見るのはあきらめたことがわかる。よって正解は④となる。正答率は約78％。①・②・③を選んだ人がそれぞれ約6％，約10％，約6％であった。

解答 ④

訳 女性：7時10分前よ！ 『タイタニック』を見逃しちゃった！

　　　男性：始まってるの？

　　　女性：そうなの，コズミックシアターで30分前に。今夜は，映画をあきらめることになるようね。

　　　男性：ソーラーシネマなら9時からだよ。そこならまだ見られるよ。

　　　女性：うーん，そうは思わない。終わるのが深夜を越えるから。

語句 ▶ **until after midnight** 熟 「深夜のあとまでずっと」

　　　＊ until のあとに前置詞＋名詞が置かれることがある

問11

W：Is there anything I can do to help with dinner?

M：Well, I already set the table.

W：Then, how about if I pour the iced tea?

M：Not just yet. The bread needs to be cut, and the wine's not open.

W：OK. Where's the cutting board?

解説 「**女性は最初に何をするか**」

① 「ワインを開ける」　　　② 「お茶を入れる」
③ 「テーブルをセットする」　④ 「**パンを切る**」

　男性の2番目の発言「まだいいよ。パンを切る必要があるし，ワインが開いてない」に対して女性が「わかった。まな板はどこにあるの？」と発言していることから，④が正解。正答率は約64％。cutting board が聞き取れなかったか，あるいは意味がわからなかった約20％の人が，①を選択した。

解答　④

訳　女性：夕食で何か手伝えることある？

男性：そうだね，テーブルのセットはもう終わったし。

女性：じゃあ，アイスティーを入れるというのはどう？

男性：まだいいよ。パンを切る必要があるし，ワインが開いてない。

女性：わかった。まな板はどこにあるの？

語句　▶ **pour 〜**　　他「（お茶など）を入れる」

　　　　▶ **cútting bóard**　名「まな板」

問12

放送された英文

M：These chili beans are delicious. How did you make them?

W：First I boil the beans for a couple of hours.

M：Even I can do that. Then just add some chilies for flavor, right?

W：No, it's not that simple. Before that, you have to soak, chop, and fry the chilies.

M：Forget about it.

解説　「なぜ男性はその料理を作らないのか」
① 「豆を煮たくない」
② 「唐辛子を調理したくない」
③ 「スパイスを入れたくない」
④ 「豆を水に浸したくない」

　2番目の女性の発言「いいえ，そんなに簡単ではないわよ。その前に，唐辛子を水に浸して，刻んで，炒めないといけないのよ」を聞いて，おそらく煩雑と思った男性が「（自分にもできると言ったのは）忘れてよ」と言っているので，②が正解。正答率は約36％。chili をchilly「肌寒い」と勘違いするとわけがわからなくなってしまう問題。

①・③・④を選択した人がそれぞれ約16％，約18％，約31％。

解答 ②

訳 男性：このチリビーンズはとてもおいしいね。どうやって作ったの？

女性：まず，2，3時間，豆を煮るの。

男性：僕でもできるね。それから唐辛子を香りづけに加えるんだろ？

女性：いいえ，そんなに簡単ではないわよ。その前に，唐辛子を水に浸して，刻んで，炒めないといけないのよ。

男性：忘れてよ。

語句 ▶ chíli　　　　　名「唐辛子」

▶ a cóuple of ～　熟「2，3の～」

▶ add ～　　　　他「～を加える」

▶ that　　　　　副「それほど」

▶ soak ～　　　　他「～を水に浸す」

▶ chop ～　　　　他「～を刻む」

▶ fry ～　　　　他「～を炒める」

問13

放送された英文

W：Hi, honey. I'm home.

M：Your mother called.

W：What did she want?

M：She wants you to take her shopping tomorrow.

W：Ah ... no. I've got an office party planned.

M：Then, I'll do it.

W：Are you sure? You hate going to the mall.

M：Yeah, I know, but I like her and I'm free anyway.

解説　「男性に関して，どの記述が正しいか」

① 「義理の母を手伝うのが嫌いだ」

② 「ショッピングモールが嫌いだ」

③ 「パーティーに行くのが好きだ」

④ 「自由時間を持つのが好きだ」

　女性の4番目の発言「本当？　ショッピングモールに行くのは嫌なんでしょ」と，それに対する男性の発言「まあそうだけど」から，②が正解。hate going to the mall が，正解の選択肢では dislikes shopping centers で言い換えられていることに注意。正答率は約44%。①・③・④を選んだ人はそれぞれ約29％，約18％，約10％である。

解答 ②

訳 女性：あなた，ただいま。
男性：君のお母さんから電話があったよ。
女性：何の用？
男性：明日，君に買い物に連れていってほしいって。
女性：ああ…だめ。明日は会社のパーティーがあるのよ。
男性：じゃあ，僕が行くよ。
女性：本当？　ショッピングモールに行くのは嫌なんでしょ。
男性：まあそうだけど，お母さんのことは好きだし，いずれにしても暇だから。

問14

放送された英文

M：What should we get for the members who are leaving the club?
W：Every year we get them boxes of chocolates.
M：How about coffee cups this year?
W：Or we could just have a nice farewell party.
M：Hmm, or maybe flowers?
W：I don't know. Maybe we should just follow tradition.
M：OK.

解説 「**男性と女性はクラブを卒業するメンバーのために何をするのか**」
① 「チョコレートを買う」
② 「花を買う」
③ 「コーヒーカップをあげる」
④ 「パーティーを開く」
　女性の最初の発言「毎年，箱入りのチョコを買っているのよ」と，最後の発言「ただ伝統に従うだけがいいかもね」から，例年通り箱入りのチョコレートを買うだろうということがわかる。よって，①が正解。follow tradition が難しいのか，正答率は約45％であった。②・③・④を選んだのは，それぞれ約26％，約7％，約22％であった。

解答 ①

訳 男性：今度クラブを卒業するメンバーに何を買えばいいかな？

女性：毎年，箱入りのチョコを買っているのよ。

男性：今年はコーヒーカップでどうかな？

女性：あるいはすてきなお別れ会を開くだけにする，なんてどうかしら。

男性：うーん，あるいは花なんかどうかな？

女性：わからない。ただ伝統に従うだけがいいかもね。

男性：わかった。

語句 ▶ **get** *A* *B* 熟「A に B を買う」
　　 ▶ **fárewell párty** 名「お別れ会」
　　　 ＊　単独なら farewéll となる
　　 ▶ **fóllow tradítion** 熟「伝統に従う」

問15

放送された英文

W：How many emails do you usually get a day?

M：Around 90.

W：That many?

M：Yeah, but a third of them are junk mail.

解説 「**男性は普通1日にどれくらいの迷惑メールを受け取っているか**」
　　 ①「約30通」　②「約60通」
　　 ③「約90通」　④「約120通」
　　 男性の最初の発言「90通ぐらい」と2番目の発言「うん，でもその3分の1は迷惑メールだけどね」から，90通÷3＝30通となり，①が正解。正答率は約73％。②を選んだ人が約12％，③を選んだ人が約13％，④を選んだ人が約2％。a third of them（それの3分の1）の聞き取りがポイントとなる問題。

解答 ①

訳 女性：普通1日にどれくらいのメールがくるの？
　　 男性：90通ぐらい。
　　 女性：そんなにたくさん？
　　 男性：うん，でもその3分の1は迷惑メールだけどね。

語句 ▶ **a third of** ～ 熟「～の3分の1」
　　 ▶ **júnk (é) mail** 名「迷惑メール」

チャレンジ問題 **8**　　　　　　　やや難

対話を聞き，それに対する問いの答えとして最も適当なものを，選択肢①~④のうちから一つずつ選びなさい。

問1　How much does the whole group have to pay?
① $44　② $52　③ $55　④ $65

[本試]

問2　How much is a pack of discount tickets?
① $10　② $12　③ $15　④ $18

[本試　改題]

問3　Which is the current score?
① 1−2　② 2−3　③ 2−4　④ 3−4

[本試]

問4　How much change does the man get?
① $0.50　② $0.85　③ $35.50　④ $35.85

[追試]

問5　How much would the woman pay for only one pair of jeans?
① $50　② $75　③ $100　④ $150

[追試]

問6　What time did the woman think it was?
① 1:20　② 1:30　③ 1:40　④ 1:50

[本試]

問7　How much will the woman have to pay?
① 1,000 yen　② 2,000 yen
③ 3,000 yen　④ 4,000 yen

[本試]

問8　According to the woman, what would people have to do if they had four fish?

① Pay double.   ② Pay for four pets.

③ Pay for one pet.   ④ Pay nothing.

［本試］

問9 What will the man do?

① Gather his belongings.

② Let the woman get her things.

③ Move to seat 19A.

④ Stay in seat 9A.

［本試］

問10 How much did the boy spend on transportation?

① $5   ② $10   ③ $15   ④ $25

［本試］

問11 How long can a person extend online?

① One week   ② Two weeks

③ Three weeks   ④ Four weeks

［本試］

問12 How much time do they have left to finish the report?

① 10 minutes   ② 20 minutes

③ 30 minutes   ④ 50 minutes

［本試］

問13 How much of their own money will each person pay?

① 10 dollars   ② 15 dollars

③ 30 dollars   ④ 35 dollars

［本試］

問14 How fast was the woman driving?

① 30 km/h   ② 40 km/h

③ 50 km/h   ④ 60 km/h

［本試］

問1

M：The sign says admission is five dollars each.

W：But since we're a group, we can save a dollar on each ticket.

M：We have eleven students and teachers are free.

W：Sounds good.

解説　「グループ全体でいくら払わなければならないか」

　　① 「44ドル」　② 「52ドル」　③ 「55ドル」　④ 「65ドル」

　　男性の最初の発言から，正規料金では1人5ドルだとわかる。ところが女性の最初の発言から，団体だと1枚（＝1人）につき1ドル安くなる。さらに先生は無料なので，4ドル×11名＝44ドルで，①が正解。save a dollar on each ticket の部分の聞き取りがポイント。③を選んでしまった人が60％を超えていることから，その部分の聞き取りが難しかったことがわかる。正答率は20％ぐらいの難問。

解答　①

訳　男性：看板には入場料は1人5ドルとあるよ。

　　　女性：でも私たちは団体だから，チケット1枚につき1ドル安くなるのよ。

　　　男性：生徒が11人で，先生は無料だね。

　　　女性：いいわね。

語句　▶ **admíssion**　名「入場料」

　　　　▶ **since** S V　接「(常識的な理由を示して) S V なので」

問2

M：Oh! Don't you use a discount ticket?

W：But the bus fare is just a dollar fifty.

M：Yeah, but with a pack of discount tickets, you can ride twelve times for the cost of ten.

W：Really? I'll get one now.

解説　「割引券は一綴りでいくらか」

　　① 「10ドル」　② 「12ドル」　③ 「15ドル」　④ 「18ドル」

　　「1ドル50セント」は，きちんと言えば one dollar and fifty cents だが，会話では a dollar fifty と簡潔に言うことが多い。それがわかっているかどうかをたずねる問題。男性の2番目の発言から「10回

226

分の料金で12回乗れる割引券」であることがわかる。よって1.5ドル ×10＝15ドルで③が正解。正答率は約15％の難問だった。

解答 ③

訳 男性：え！　割引券を使わないのですか？

女性：でも，バスの運賃はたった１ドル50セントでしょ。

男性：そうですが，割引券なら，10回分の値段で12回乗れますよ。

女性：本当ですか？　では１つもらいます。

語句 ▶ **a pack of tickets** **名**「一綴りの券」

▶ **for the cost of 〜** **熟**「〜の費用で」

問3

放送された英文

W：How's the soccer game going?

M：Well, the Bears have two goals, but they're behind.

W：There're 14 minutes left. They still have a chance.

M：Yeah, two more goals to win the game!

解説 「現在の得点はどれか」

①「１対２」　　②「２対３」　　③「２対４」　　④「３対４」

男性の最初の発言から，ベアーズは現在２点取っているが負けていることがわかる。さらに男性の２番目の発言に「あと２点取れば勝てる」とあるので，相手チームは３点だとわかり答えは②となる。③を選んだ人が40％近くもいる。正答率は約45％だった。

解答 ②

訳 女性：サッカーの試合はどうなっているの？

男性：うん，ベアーズは２点取っているけど，負けているんだ。

女性：残り14分あるから，まだチャンスはあるわね。

男性：うん，あと２点取れば勝てるね！

問4

放送された英文

M：Excuse me. I'd like one of these mugs.

W：Sure. That'll be fourteen dollars and fifty cents.

M：Here you go.

W：All right, out of fifty dollars. Here's your change.

「男性はおつりをいくら受け取るか」

　　　① 「50セント」　　　　　② 「85セント」

　　　③ 「35ドル50セント」　　④ 「35ドル85セント」

　　会話の内容から50ドル－14ドル50セント＝35ドル50セントで，③が正解。fourteen と fifty が聞き取れれば解ける。①を選んだ人が約34％。正答率は約50％だった。

③

男性：すみませんが，このマグカップを１つください。

　　女性：かしこまりました。14ドル50セントです。

　　男性：はい。これでお願いします。

　　女性：わかりました。50ドルからですね。これがおつりです。

▶ **mug** 　名 「マグカップ」　＊　日本語との違いに注意

　　　　　 ▶ **change** 　名 「おつり」

問5

放送された英文

W：Are all your jeans the same price?

M：Yes, but a second pair is 50% off.

W：So would that be $150 for two pairs?

M：That's right.

「女性はジーンズ１本だけに対していくら支払うか」

　　　① 「50ドル」　② 「75ドル」　③ 「100ドル」　④ 「150ドル」

　　男性の最初の発言と女性の２番目の発言から，１本では100ドルだが２本目は半額の50ドルになることがわかる。よって，１本なら③が正解となる。$150は one hundred fifty dollars と発音されている。男性の発言の「２本目は半額です」の部分が聞き取れずに②を選んだ人が40％以上もいる。正答率は30％を切っている。

③

女性：ジーンズはすべて同じ値段ですか？

　　男性：はい，でも２本目は半額です。

　　女性：ということは，２本で150ドルですね？

　　男性：その通りです。

228

問6

M：Let's go! The meeting will start soon.

W：We still have plenty of time. Doesn't the meeting start at 2?

M：Yeah, in ten minutes.

W：Oh, no! My watch is 20 minutes behind.

解説　「**女性は何時だと思っていたか**」

①「1 時20分」　　②「1 時30分」

③「1 時40分」　　④「1 時50分」

　会議が始まるのは 2 時で，今は10分前で 1 時50分。女性の時計は20分遅れているから，女性の時計では今は 1 時30分のはずで，正解は②。正答率は約60％。③を選んだ人が約28％もいた。

解答　②

訳　男性：さあ，行こう！　まもなく会議が始まるよ。

　　　女性：まだ十分に時間はあるわよ。会議は 2 時から始まるんじゃなかった？

　　　男性：そうだよ，あと10分だ。

　　　女性：あら，いけない！　私の時計，20分遅れているわ。

問7

W：We'd like to reserve this tennis court.

M：The hourly rate is 1,000 yen before 12 and 2,000 yen in the afternoon.

W：We'll need it from noon till 2 pm.

M：OK.

解説　「**女性はいくら支払わなければならないか**」

①「1000円」　　②「2000円」

③「3000円」　　④「4000円」

　男性の 1 番目の発言より，午後は 1 時間で2000円だとわかる。また，女性の 2 番目の発言より，女性は正午から 2 時までの 2 時間借りたいことがわかり，2000円×2 時間＝4000円で，④が正解となる。正答率は約50％。②とした人が約45％もいたが，noon が聞こえなかったか，その意味を知らなかったのかもしれない。

解答　④

訳 | 女性：このテニスコートの予約をしたいのですが。

男性：1時間あたりの料金は，12時までが1000円，午後が2000円です。

女性：正午から午後2時まで使います。

男性：承知いたしました。

語句 | ▶ **resérve** 〜　他「〜を予約する」

▶ **hóurly rate**　名「1時間あたりの料金」

問8

放送された英文

W：Have you heard about the new law?　When you rent an apartment and have a pet, it'll cost 50 dollars extra a month.

M：So, with a cat and a dog you'd pay double?

W：Right.

M：What about four fish in a bowl?　Would you have to pay 200 dollars?

W：Well, a pet is a pet.

解説 | **「女性によると，魚を4匹飼えば何をしなければならないか」**

①「倍の額を支払う」　　　②「ペット4匹分を支払う」

③「ペット1匹分を支払う」　④「何も支払わない」

男性の2番目の発言「1つの金魚鉢に魚を4匹飼ったら，200ドル払うの？」に対して，女性は「ペットには変わりないからね（＝どんなペットでも同じ）」と答えていることから，支払うお金は4匹分となる。よって②が正解で，正答率はおよそ40％。①と③を選んだ人は，それぞれ約24％と約27％。

解答 | ②

訳 | 女性：新しい法律について聞いた？　アパートを借りてペットを1匹飼うと，毎月50ドル余分にかかるんだって。

男性：イヌとネコを1匹ずつ飼うと2倍になるってこと？

女性：そうよ。

男性：1つの金魚鉢に魚を4匹飼ったら？　200ドル払わなくちゃいけないの？

女性：そうね。ペットには変わりないからね。

語句 | ▶ **rent** 〜　他「（お金を払って）〜を借りる」

▶ **have a pet**　熟「ペットを飼う」

問9

放送された英文

W：Sorry, but isn't this 9A?

M：Yes, it is.

W：Well, I've reserved this seat.

M：But my ticket says ... oops, I reserved 19A. Sorry, I'll move, but first let me gather my things.

W：Uh, don't bother. I'll just sit in the seat you reserved.

M：Thank you.

解説　「**男性は何をするのか**」

　　① 「持ち物を集める」

　　② 「女性に彼女のものを取るのを許す」

　　③ 「19Aの座席へ移動する」

　　④ 「9Aの座席から動かない」

　　男性の2番目の発言「移動しますが，まず荷物を整理させてください」に対して，女性は「ああ，お気になさらないで。あなたの予約した席に座りますね」と返答しているので，男性はそのまま同じ席にいることになり，④が正解。正答率は約35％。③を選んだ人が50％を超えている。nine と nineteen とが紛らわしいので注意が必要。

解答　④

訳　女性：すみませんが，ここは9Aではありませんか？

　　　　男性：はい，そうです。

　　　　女性：あの，私，この席を予約しているんですけど。

　　　　男性：けど僕のチケットにも…あ，僕は19Aでした。すみません。移動しますが，まず荷物を整理させてください。

　　　　女性：ああ，お気になさらないで。あなたの予約した席に座りますね。

　　　　男性：ありがとうございます。

語句　▶ **resérve** ～　他 「～を予約する」

　　　　▶ **gáther** ～　他 「～を集める」

問10

放送された英文

W：What did you do with your $50, Bobby?

M：Well, Mom, I bought shoes for 35 and spent 10 on Sally's present.

W：And the rest?

M：I used it for bus fare.

解説　「**少年は交通機関にいくら使ったか**」

① 「5ドル」　② 「10ドル」　③ 「15ドル」　④ 「25ドル」

単純な計算。50ドル－(35ドル＋10ドル)＝5ドル。よって正解は①だが，正答率は36％しかない。②・③・④を選んだ人がそれぞれ約20％，30％，14％もいた。

解答　①

訳　女性：ボビー，50ドルはどうしたの？

男性：えーっと，お母さん，35ドルで靴を買って，サリーのプレゼントに10ドル使ったよ。

女性：残りは？

男性：バス代に使った。

問11

放送された英文

M：How many books can I borrow from the library?

W：Up to four at a time.

M：For how long?

W：Two weeks, but you can extend the period a week at a time if no one has requested the book.

M：Can I do it online?

W：Sure, but only once for online extensions.

解説　「**オンラインではどれくらい期間延長できるのか**」

① 「1週間」　② 「2週間」　③ 「3週間」　④ 「4週間」

女性の2番目の発言に「どなたからも借りたいという要望がなければ，一度につき1週間，期間を延長できます」とあり，さらに女性の3番目の発言に「オンラインでの延長は1回だけです」とあるので，①が正解。正答率は約40％であった。③を選んだ人が約30％に及ぶ。何となく2週間＋1週間＝3週間としてしまったようだ。

解答　①

訳　男性：図書館から何冊借りることができますか？

女性：一度に4冊までです。

男性：期間はどれくらいですか？

女性：2週間ですが，どなたからも借りたいという要望がなければ，一度
　　　につき1週間，期間を延長できます。

男性：オンラインでもできますか？

女性：もちろんできますが，オンラインでの延長は1回だけです。

語句　▶ bórrow A from B　熟「BからAを（無償で）借りる」

　　　▶ up to ～　　　　　熟「最大で～」

　　　▶ exténd ～　　　　　他「～を延長する」

問12

放送された英文

W：Hurry up! The report is due soon.

M：I thought you said we still had 50 minutes left.

W：That was half an hour ago!

M：I didn't realize it'd been that long.

解説　　「レポートを仕上げるのに時間はどれくらい残されているか」

　　　　① 「10分」　② 「20分」　③ 「30分」　④ 「50分」

　　　　男性の最初の発言と女性の2番目の発言から，30分前に50分残っ
ていたことがわかる。よって50分－30分＝20分より，②が正解。正
答率は約43％で，③を選んだ人が約30％，①を選んだ人が約15％。
we still had / it'd been that long の部分の聞き取りが難しいため，全
体で何を言っているかわからなかった人が多かったようだ。

解答　②

訳　　女性：急いで！　レポートの締め切りまでもうすぐよ。

　　　男性：まだ50分あるって言ってたと思うけど。

　　　女性：それは30分前のことよ！

　　　男性：そんなに時間が経っていたなんて知らなかったよ。

語句　▶ due　形「期限になって」

　　　▶ that　副「それほど」

問13

放送された英文

W：Our bill is 85 dollars.

M：I have a fifteen-dollar discount coupon.

W：Remember, Mom gave us ten dollars.　Let's use that as well.

M：OK, and then we can split the rest.

解説　「彼ら自身のお金から，それぞれいくら払うのか」

　　①「10ドル」　　②「15ドル」　　③「**30ドル**」　　④「35ドル」

　　女性の最初の発言から，支払い額は85ドルだとわかる。また，男性の最初の発言から，15ドルの割引券があることがわかる。さらに女性の2番目の発言から，母からもらった10ドルがあることがわかる。それらを差し引いた金額を2人で割り勘にすると，（85ドル－15ドル－10ドル）÷2＝30ドルとなり正解は③。正答率は約49％。④を選んだ人が約25％もいた。

解答　③

訳　女性：お会計は85ドルね。

　　男性：15ドル割引のクーポンがあるよ。

　　女性：お母さんが10ドルくれたわよね。それも使いましょう。

　　男性：いいよ。それで残りを割り勘にしよう。

語句　▶ **bill**　　名「勘定」

　　　　▶ **as well**　熟「なおその上」

　　　　▶ **split 〜**　他「(支払い額など)を割る」

問14

放送された英文

M：May I see your driver's license?　This is a 30 kilometer zone, and you were going 20 kilometers over the limit.

W：I thought the limit was 60.

解説　「女性はどのくらいの速度で運転していたか」

　　①「時速30km」　　②「時速40km」

　　③「**時速50km**」　　④「時速60km」

　　制限速度が時速30kmのところを20km超えていたとあるから，③の時速50kmが正解。単なる足し算さえできれば解ける。

解答　③

訳　男性：免許証を見せていただけますか？　ここは制限速度時速30kmですが，あなたはその制限を20km超過していました。

　　　　女性：制限速度は時速60kmだと思っていました。

チャレンジ問題 9　標準

　対話を聞き，それに対する問いの答えとして最も適当なものを，選択肢①～⑥のうちから一つずつ選びなさい。

対話の場面
　二人の友人が，モロッコで行われる長距離マラソンについて話しています。

問　以下の表の（　**1**　）～（　**3**　）にあてはまる距離はどれか。

Stage	Distance
1	（　**1**　）
2	34 km
3	38 km
4	（　**2**　）
5	（　**3**　）
6	22 km

①　25 km　　②　41 km　　③　42 km　　④　60 km

⑤　72 km　　⑥　82 km

[本試]

放送された英文

W：What are you doing?

M：I'm filling out an entry form to run in this year's ultra marathon in Morocco.

W：What's that?

M：It's a six-stage endurance footrace almost 250 kilometers long. Here, look.

W：Oh, I see. Each stage is a different distance. In the fifth stage, you run a regular marathon, right? It's 42 kilometers.

M：Uh-huh. And the hardest part is before that — more than twice the distance of the third stage.

W：That's tough.

M：Yeah, but I'm most worried about Stage 2 and 3, which are run over desert sand for a total of 72 kilometers.

W：It looks like the first and last stages are shorter than the others so you can warm up at the beginning, and take it easy at the end.

M：That's right. The organizers thought of everything.

W：Well, good luck and be careful.

解説 （ **1** ）　女性の5番目の発言「最初と最後のステージは他よりも短いようね」から，第2ステージの34kmより少ない距離が入るとわかる。選択肢の中でそれを満たすのは①「25km」しかない。正答率は56％。対話の後半が解答の根拠になっているので戸惑った人も多かったのだろう。⑤・⑥を選んだ人がそれぞれ約10％，③・④を選んだ人がそれぞれ約8％。

（ **2** ）　男性の3番目の発言「そして最も過酷なのはその前なんだ。第3ステージの2倍を超える距離だよ」。「その前」とは，42kmを走る第5ステージの前，つまり第4ステージのこと。第3ステージは38kmだから，その2倍以上のものは⑥「82km」しかない。正答率は約33％。さまざまな情報を合わせなければならないので難しかったのであろう。⑤を選んだ人が約35％に及ぶ。more than twice the distance of the third stage の部分の聞き取りができなかったと思われる。

（ **3** ）　女性の3番目の発言「第5ステージでは普通のマラソンよね。42kmだし」から，③「42km」が正解。正答率は約84％でかなり高い。marathon だけでも十分なのに，42 km と念を押しているからであろう。①を選んだ人が約8％。

解答 （ **1** ）　①　　（ **2** ）　⑥　　（ **3** ）　③

訳 女性：何してるの？

男性：今年のモロッコ・ウルトラマラソンの参加申込書に記入しているんだ。

女性：それは何？

男性：6つのステージからなる，およそ250km の耐久レースなんだ。ほら，見てよ。

女性：ああ，わかった。それぞれのステージで距離が違うのね。第5ステージでは普通のマラソンよね。42km だし。

男性：そうだね。そして最も過酷なのはその前なんだ。第3ステージの2倍を超える距離だよ。

女性：それはきついわね。

男性：うん。でも一番心配なのは合計72km ものあいだ，砂漠の砂の上を走る第2，第3ステージなんだ。

女性：最初と最後のステージは他よりも短いようね。最初はウォーミングアップで，最後は気分を楽にするためね。

男性：その通り。主催者は何もかも考えてくれているね。

女性：ええ，幸運を祈るわ。気をつけてね。

【語句】
▶ fill 〜 out / out 〜　　熟「〜に記入する」
▶ éntry form　　　　　名「エントリーシート／参加申込用紙」
▶ endúrance fóotrace　名「耐久レース」
▶ dístance　　　　　　名「距離」
▶ régular　　　　　　形「通常の」
▶ désert sand　　　　名「砂漠の砂」
　　＊　burning［firely］desert sand なら「砂漠の熱砂」
▶ take it éasy　　　　熟「リラックスする」
▶ órganizer　　　　　名「主催者」

　数字の聞き取りは慣れていないと難しく感じます。これは日本人のみならず，英語圏の人でも同じです。いろんな数字を聞いて苦手意識をなくしていくことが重要です。

チャレンジ問題 10　難

英文を聞き，それについての問いの答えとして最も適当なものを，4つの選択肢（①～④）のうちから一つずつ選びなさい。

問1 According to the speaker, what is true about steel frames in skyscrapers?
① Steel frames allow more space for windows.
② Steel frames improve elevator safety.
③ Steel frames make skyscraper walls thicker.
④ Steel frames take up more space in skyscrapers.

［本試］

問2 According to the speaker, which is true about urban farming?
① It makes the city feel like the country.
② It requires modern transportation systems.
③ This American business is not a new idea.
④ This way of farming is not good in winter.

［本試］

問3 When is a good time to visit the museum?
① Monday at 1 p.m.
② Tuesday at 6 p.m.
③ Thursday at 7 p.m.
④ Saturday at 10 a.m.

［本試］

問4 What plan is mentioned for the vehicle in the future?
① To develop a South Pole research station.
② To discover vast areas underneath the lake.
③ To do research in the lake on Jupiter.
④ To investigate the oceans on Europa.

［追試］

問 5 How much does it cost to take the eight-mile canoe tour with breakfast and lunch?

① $12.00

② $16.00

③ $19.00

④ $21.00

［追試］

問 6 How does the speaker feel about the sound of cicadas?

① He feels grown-up.

② He feels surprised.

③ He finds it disturbing.

④ He finds it relaxing.

［本試］

問 7 Who is going to take the net down?

① Coach.　　② Jiro.

③ Kenji.　　④ Yumiko.

［追試］

問 8 Which cities did Mr. Sasaki originally plan to visit?

① Brisbane and Sydney.

② Brisbane, Melbourne, and Sydney.

③ Melbourne and Brisbane.

④ Melbourne and Sydney.

［追試］

問 9 What should Pat take after eating if she has a sore throat and a slight fever?

① One yellow tablet and two green pills.

② Three green pills.

③ Two yellow tablets.

④ Two yellow tablets and one green pill.

［本試］

問1

Towering skyscrapers are a symbol of modern society. In the late 1800s, new technological developments made very tall buildings possible. One development was steel building technology. Before that, architects were required to create thicker stone walls to support taller buildings. These walls were extremely heavy and allowed less room for windows and light. After mass production of steel was introduced, architects began to use steel frames to support a building's weight. Steel was much lighter and stronger than stone, while taking up much less space. At the same time, elevator technology and fire-resistant building materials also helped make skyscrapers possible.

解説　**「話者によると，超高層ビルの鋼鉄のフレームに関して正しいのはどれか」**

① 「鋼鉄のフレームのおかげで窓のための空間が増える」

② 「鋼鉄のフレームはエレベーターの安全性を向上させる」

③ 「鋼鉄のフレームが超高層ビルの壁をより厚くする」

④ 「鋼鉄のフレームが超高層ビルの内部のより多くの空間を取る」

①が正解。正答率はおよそ20%。本文の第5文「これら（石の建物）の壁はきわめて重く，また窓や採光のための空間を減らすことになった」，第7文「鋼鉄は石よりはるかに軽く強いが，必要となる空間はずっと少なかった」より，鋼鉄のフレームのおかげで窓のための空間を多く取ることが可能になったことがわかる。allowed less room for windows and light の部分は，rとlで始まる単語が連続して出てくるためか，うまく聞き取れなかったようだ。②は本文には言及がないが，約16%が選んでいる。③は本文と真逆のことを言っているが，約26%の人が選んでいる。④は，take 〜 up「〜を占める」，skyscrapers「超高層ビル」などの聞こえてきた単語を組み合わせただけの選択肢で，いかにもワナだが，約38%の人が選んでいる。

解答　①

訳　　天にそびえる超高層ビルは現代社会の象徴である。1800年代後半，新たな技術の発展により超高層ビルが可能になった。そうした発展の中の1つが，鋼鉄を用いた建築技術であった。それより前，建築家たちには，より高い建物を支えるためのより分厚い石の壁を造ることが要求された。これ

らの壁はきわめて重く，また窓や採光のための空間を減らすことになった。鋼鉄の大量生産が始まると，建築家は建物の重量を支える鋼鉄のフレームを使い始めた。鋼鉄は石よりはるかに軽く強いが，必要となる空間はずっと少なかった。同時に，エレベーターの技術や耐火建築素材もまた超高層ビルを可能にするのに役立った。

(語句)
- **tówering** 形「そびえる」
- **skýscraper** 名「超高層ビル」
- **steel** 名「鋼鉄」
- **árchitect** 名「建築家」
- **be requíred to** (V) 熟「V することを要求される」
- **room for ～** 熟「～のための空間」
- **máss prodúction** 名「大量生産」
- **take ～ up / up ～** 熟「～を占める」
- **fíre-resístant** 形「耐火の」

問2

放送された英文

　Growing food locally in American cities has been getting more popular recently.　In fact, the vegetables you buy in the supermarket may be grown just down the street.　Shoppers may be surprised, but actually urban farming has deep roots, especially in the northeastern US.　Before we had good highways and air transport, fruits and vegetables were often grown in city greenhouses during the winter, instead of being shipped in from faraway states or other countries.　Because it reduces transportation costs and provides people with fresh food more quickly, urban farming is making a comeback.

解説　「話者によると，都会の農業に関して正しいのはどれか」
　　　① 「それによって都会を田舎のように感じさせる」
　　　② 「それは現代の輸送システムを必要とする」
　　　③ 「このアメリカのビジネスは新しい考えではない」
　　　④ 「この農業のやり方は冬には適さない」
　　　①は本文にはいっさい記述はないが，これを選んだ人が50%近くもいる。②は，都会の農業には無関係な記述だが，約20%の人が選んでいる。③が正解で，正答率は約20%。本文第3文「買い物客には驚きかもしれないが，じつは，都会での農業はとくにアメリカ北東部にお

いて，その歴史が古い」や最終文「都会での農業は，輸送費用を削減し，より速く新鮮な食べ物を人々に供給できるので，復活しつつあるのだ」などから正解だとわかるはず。④は，本文第4文に「幹線道路や航空輸送が整う以前は，果物や野菜は冬のあいだ，遠く離れた州や他国から輸送されるのではなく，都会の温室で栽培されることが多かった」とあるので不可。

解答 ③

訳　アメリカの都市では，地元で食べ物を栽培することが近ごろ人気を博しつつある。事実，スーパーマーケットで買う野菜は，すぐ近所で栽培されているかもしれない。買い物客には驚きかもしれないが，じつは，都会での農業はとくにアメリカ北東部において，その歴史が古い。幹線道路や航空輸送が整う以前は，果物や野菜は冬のあいだ，遠く離れた州や他国から輸送されるのではなく，都会の温室で栽培されることが多かった。都会での農業は，輸送費用を削減し，より速く新鮮な食べ物を人々に供給できるので，復活しつつあるのだ。

語句
- ▶ grow 〜　　　他「〜を栽培する」
- ▶ úrban fárming　名「都会の農業」
- ▶ híghway　　　名「幹線道路」
- ▶ gréenhouse　　名「温室」
- ▶ províde A with B　熟「A に B を提供する」
- ▶ make a cómeback　熟「復活する」

問3

放送された英文

Attention please. It is now 5:30, and the museum will close in 30 minutes. When you have finished looking at the exhibits in the room you are in, please make your way to the exit. We hope you have enjoyed the exhibition. For your information, the museum is open every day including holidays. Opening hours are from 10 a.m. to 6 p.m. Monday through Thursday. From Friday to Sunday, the museum is open from noon to 9 p.m. The coming exhibition on Leonardo da Vinci will start on September 10th. We hope you will visit us again soon.

解説　「美術館を訪れるのによい時間はいつか」
　　　　① 「月曜日の午後 1 時」　　　　② 「火曜日の午後 6 時」

③「木曜日の午後 7 時」　　　④「土曜日の午前10時」

第 6 文「開館時間は月曜日から木曜日までは午前10時から午後 6 時まで」と第 7 文「金曜日から日曜日までは正午から午後 9 時までとなっております」から，①が正解だとわかる。正答率は約60%。②・④を選んだ人がそれぞれ約15%，③を選んだ人が約10%。

解答 ①

訳　（ご来館の皆さまに）お知らせいたします。ただ今 5 時30分です。当館はあと30分で閉館とさせていただきます。今おられる部屋の展示物をご覧になったら，出口のほうへお進みください。展示をお楽しみいただけたなら幸いです。ご参考までに，当美術館は休日を含めて毎日開館しております。開館時間は月曜日から木曜日までは午前10時から午後 6 時まで。金曜日から日曜日までは正午から午後 9 時までとなっております。次のレオナルド・ダ・ビンチの展示は 9 月10日からです。またのご来館をお待ちしております。

語句 ▶ exhíbit 　　　　　　　　名「展示物」
　　　　 ▶ make *one's* way to ～ 　熟「～まで進む」
　　　　 ▶ inclúding ～ 　　　　　　前「～を含めて」

問4

放送された英文

Antarctica, the huge continent at the Earth's South Pole, is a place where scientists from nearly thirty countries carry out research. One team from the American Space Agency has developed an underwater robotic vehicle to explore an ice-covered lake there. With this special vehicle, scientists were able to study the huge area under the lake for the first time. They intend to use this vehicle for space operations, such as exploring the icy oceans on one of Jupiter's moons, Europa. Robotic vehicles like this will have many uses in the future.

解説　「今後，その探査機について，どのような計画が述べられているか」
　　　　 ①「南極研究所を開発すること」
　　　　 ②「湖の下の広大な地域を発見すること」
　　　　 ③「木星の湖の調査をすること」
　　　　 ④「エウロパの海を調査すること」
　　　　 本文第 4 文に「彼らはこの探査機を木星の衛星の 1 つであるエウ

ロパの氷の海を探査するなどの宇宙探査に使うつもりである」とあるので，④が正解で，正答率は23％ぐらい。木星の衛星の１つである Europa と Europe とを勘違いして頭がぐちゃぐちゃになった人が多かった問題。①を選んだ人は10％弱だが，②を選んだ人が40％を超えている。③も30％弱もいる。

解答 ④

訳　地球の南の極にある巨大な大陸である南極大陸は，30近い国々からの科学者が研究を行っている場所である。アメリカ宇宙局のチームは，南極の氷で覆われた湖を探査するため，水中ロボット探査機を開発した。この特殊な探査機を用いて，湖の下の広大な地域を調査することが初めて可能になった。彼らはこの探査機を木星の衛星の１つであるエウロパの氷の海を探査するなどの宇宙探査に使うつもりである。このようなロボット探査機が将来，さまざまな用途で使われるだろう。

語句
▶ **Antárctica**　　　　　　　　　名「南極大陸」
　▶ **cárry out résearch**　　　　　熟「研究をする」
　▶ **the Américan Space Ágency**　名「アメリカ宇宙局」
　▶ **robótic véhicle**　　　　　　　名「ロボット探査機」
　▶ **explóre ～**　　　　　　　　　他「～を探査する」
　▶ **inténd to** (V)　　　　　　　　熟「V する意図がある」

問5

放送された英文

　Thank you for calling White River Canoeing Club. This recorded message provides you with some important information about our canoe tours. We offer five-mile, eight-mile, and eleven-mile canoe tours. The five-mile tour costs $10, the eight-mile $12, and the eleven-mile tour $14, per person. Rental fees for canoes, paddles, and life jackets are included in the price. Lunch is $4 extra. Each tour starts at eight o'clock in the morning. Breakfast before the tours is available for $3, and those who want to have breakfast are requested to come to the starting point by seven o'clock.

解説　「朝食と昼食つきの８マイルのカヌーツアーはいくらかかるか」
　　　　　① 「12ドル」　　② 「16ドル」
　　　　　③ 「19ドル」　　④ 「21ドル」

本文第4文「お1人様あたり5マイルの料金は10ドル，8マイル
は12ドル，そして11マイルは14ドルです」より，8マイルツアーは
12ドルだとわかる。さらに第6文「昼食は4ドル追加です」と第8
文「朝食はツアーの前に3ドルでご用意させていただいております」
から，朝食・昼食をつけると，ツアー料金にさらに7ドル追加にな
るとわかる。以上から，③が正解となる。正答率は約50％。朝食の分
を入れずに②を選んだ人が約27％，いろいろと聞き取れずに④を選ん
だ人が約15％。

解答 ③

訳　ホワイトリバーカヌークラブにお電話をいただき，ありがとうございま
す。この録音メッセージでは，私どものカヌーツアーに関する大切なお知
らせを提供いたします。私どもは，5マイル，8マイル，11マイルのカヌー
ツアーを提供しています。お1人様あたり5マイルの料金は10ドル，8マ
イルは12ドル，そして11マイルは14ドルです。カヌー，櫂，ライフジャケ
ットのレンタル料金は，ツアー料金に含まれています。昼食は4ドル追加
です。どのツアーも朝8時にスタートです。朝食はツアーの前に3ドルで
ご用意させていただいております。ご朝食をご希望の方は，7時までに出
発地点にお越しください。

語句
▶ **províde A with B**　熟「A に B を提供する」
▶ **réntal fee**　名「レンタル料金」
▶ **páddle**　名「櫂」
▶ **aváilable**　形「利用できる」
▶ **be requésted to (V)**　熟「V するよう求められている」

問6

放送された英文

　When I first came to Japan, I was surprised when people asked if I
was annoyed by the sounds of insects such as cicadas. They had heard
many western people couldn't stand such sounds. Actually, the sound
of cicadas — which are called *semi* in Japanese — makes me feel at home.
When I was growing up, the cicadas would sing in a tree just outside my
bedroom window all summer long. I would lie on my bed, listening to their
peaceful song. When I heard the cicadas during my first summer in Japan,
it brought back happy childhood memories.

「話者はセミの声をどのように感じているのか」

  ① 「成長したと感じている」
  ② 「驚きを感じている」
  ③ 「それをうるさいと感じている」
  ④ 「それを心休まると思っている」

 本文第 4～5 文「子どものころ，セミは夏のあいだずっと私の寝室の窓のすぐ外にある木に止まってジージー鳴いていたものだった。私はベッドに横になり，セミの心休まる鳴き声に耳を傾けていた」より④が正解。正答率は約55％。①・②・③を選択した人がそれぞれ約20％，約17％，約 8 ％である。

解答 ④

訳 初来日したとき，私はたとえばセミのような昆虫の鳴き声を聞いていらいらするかという質問を受けて驚いた。質問した人たちは多くの西洋人にはそんな音は我慢できないと聞いていたのだ。実際には，セミ（日本語で「せみ」と呼ばれている）の鳴き声を聞くと私は落ち着く。子どものころ，セミは夏のあいだずっと私の寝室の窓のすぐ外にある木に止まってジージー鳴いていたものだった。私はベッドに横になり，セミの心休まる鳴き声に耳を傾けていた。来日後初めての夏のあいだ，セミの鳴き声を聞くと，幸福な子ども時代の思い出がよみがえってきた。

語句
 ▶ annóy ～   他「～をいらいらさせる」
 ▶ ínsect   名「昆虫」
 ▶ cicáda   名「セミ」
 ▶ make ～ feel at home 熟「～をくつろがせる」
 ▶ bring back ～ mémories 熟「～な思い出をよみがえらせる」

問7

放送された英文

 Hi, coach. This is Jiro. I'm calling about Saturday's tennis practice. I know I said that I'd go to the court early to set up the net, but I'm afraid I can't get there by 10:00. The earliest would be around noon. So, I asked Kenji if he could do it instead of me, and he said that would be no problem. He has to study with Yumiko in the afternoon, so he can't take the net down, but I'll be there by then, so don't worry, OK? Bye.

解説 「だれがネットを下ろすのか」

① 「コーチ」　②「ジロー」　③「ケンジ」　④「ユミコ」

最後から2つ目の文に「ケンジは午後はユミコと勉強しなければならないのでネットを下ろすことはできませんが，そのときまでには僕（ジロー）が行けるので大丈夫です」とあるので，②が正解だとわかる。正答率は約35％。③を選んだ人の数は正答者を上回っている。

解答 ②

訳

　こんにちは，コーチ。ジローです。電話したのは土曜日のテニスの練習についてです。ネットを張りに早い時間にコートに行くと言いましたが，10時までには行けません。早くても正午ごろです。だから，ケンジに僕の代わりにネットを張ってもらえるか聞いてみたら，ケンジは大丈夫と言ってくれました。ケンジは午後はユミコと勉強しなければならないのでネットを下ろすことはできませんが，そのときまでには僕が行けるので心配しないでください。失礼します。

語句 ▶ **set up a net** 　熟「ネットを張る」
　　　　 ▶ **instéad of** ～ 　熟「～の代わりに」
　　　　 ▶ **take a net down** 　熟「ネットを下ろす」

問8
放送された英文

　Hello, Mr. Sasaki? This is Mel's Travel Agency calling from Australia. I'm afraid that the tour you booked for next week has been cancelled because there weren't enough people to go. However, we have a similar tour to Australia, except this one will go to Melbourne instead of Brisbane. The rest of the plan is the same, including the price. That is, you'll spend the last three days in Sydney, and you'll stay at the best hotels. And, of course, breakfast is included in the price. Please call us back and let us know what you think.

解説 「ササキさんはもともとどの都市を訪問する予定であったか」
　　　　①「ブリスベンとシドニー」
　　　　②「ブリスベンとメルボルンとシドニー」
　　　　③「メルボルンとブリスベン」
　　　　④「メルボルンとシドニー」
　留守番電話の録音と気づかないとわかりにくい。
　問いの originally「もともとは」に注意し，変更前の計画に注目す

ること。本文第4文「この旅行は，ブリスベンではなくメルボルン
に行くという点を除けば同じです」から，もともとはブリスベンへ行
く予定であったことがわかる。さらに第6文「シドニーで最後の3
日間をお過ごしいただきます」からシドニーに行くこともわかる。以
上から①が正解だが，正答率は約26％しかない。第4文が聞き取れず
④とした人が40％近くもいる。

解答 ①

訳　もしもしササキ様ですか？　こちらはメルズ旅行代理店で，オーストラ
リアから電話しています。残念ながら，ササキ様がお申し込みになった来
週の旅行は定員に満たないためキャンセルになりました。しかし，オース
トラリア行きの似たような旅行をご用意しております。この旅行は，ブリ
スベンではなくメルボルンに行くという点を除けば同じです。旅行の他の
部分も価格を含めて同じです。つまり，シドニーで最後の3日間をお過ご
しいただきます。ご滞在先は最高ランクのホテルです。そしてもちろん朝
食は旅行代金に含まれています。折り返しお電話をいただき，ご意向をお
聞かせください。

語句
▶ **trável ágency** 　名「旅行代理店」
▶ **book ～** 　他「～を予約する」
▶ **excépt (that) S′ V′** 　接「S′ V′ ということを除いて」
▶ **instéad of ～** 　熟「～の代わりに」
▶ **inclúding ～** 　前「～を含めて」
▶ **be inclúded in the price** 　熟「値段に含まれている」

問9

放送された英文

OK, Pat. Here's the medicine for your cold. There are two kinds.
These yellow tablets are for your sore throat. Take two of them three
times a day, after each meal. Take one of these green pills after meals
only when you have a very high fever. They'll bring your temperature
down to normal. They're strong, so take no more than three a day.

解説　「もし喉が痛くて微熱があるならば，パットは食後何を飲めばよいか」
①「黄色の錠剤を1錠と緑の錠剤を2錠」
②「緑の錠剤を3錠」
③「黄色の錠剤を2錠」

④「黄色の錠剤を 2 錠と緑の錠剤を 1 錠」

本文第 4 〜 5 文「この黄色の錠剤は喉の痛み止め。1 日に 3 回，毎食後に 2 錠ずつね」から，③が正解。正答率は約55％。第 6 文に「この緑の薬はひどい高熱の場合のみ，食後に 1 錠飲んでね」とあるので，緑の錠剤は飲む必要がない。この部分が聞き取れずに④を選んでしまった人が約34％に達する。

解答 ③

訳　オーケー，パット。これがあなたの風邪薬よ。2 種類ね。この黄色の錠剤は喉の痛み止め。1 日に 3 回，毎食後に 2 錠ずつね。この緑の薬はひどい高熱の場合のみ，食後に 1 錠飲んでね。これを飲んだら平熱にまで下がるからね。これは強い薬だから，1 日に 3 錠だけにしておいてよ。

語句　▶ médicine for 〜　　　　熟「〜のための薬」
　　　　▶ sore throat　　　　　　名「喉の痛み」
　　　　▶ bring 〜 down / down 〜　熟「〜を下げる」
　　　　▶ témperature　　　　　　名「体温／温度」

 竹岡の一言

　問 8 は，選択肢からオーストラリアのことを話題にしているとわかる。音声が聞こえてきたときに，Melbourne / mélbərn / の発音に馴染みがなくても推測が可能になるはずだ。このように，選択肢をよく見れば解答のヒントになることがある。

チャレンジ問題 11 やや難

長めの英文を聞き，それについての問いの答えとして最も適当なもの を，4つの選択肢（①〜④）のうちから一つずつ選びなさい。

問1 What bothered the speaker about cleaning?
① Following instructions
② Returning before 10 pm
③ Sweeping the floor
④ Waking up early

問2 What was the speaker's opinion about phones in the dormitory?
① Mobile phones should have been allowed.
② Mobile phones should have been cheaper.
③ Phones should have been placed in each room.
④ Phones should have been placed on each floor.

問3 Which of the following would be the best title for this story?
① How I challenged the strict Japanese dorm system
② How I improved the rules of a Japanese dorm
③ How I matured while living in a Japanese dorm
④ How I survived a Japanese dorm without a phone

［本試］

放送された英文

When I was an exchange student in Japan over 20 years ago, I lived in a dormitory. It was an unforgettable, transforming experience. Several things bothered me during that time, though. Learning Japanese, performing dorm duties, and obeying dorm rules were especially troublesome. For example, there was a curfew, which meant we had to return no later than 10 in the evening. One of the duties was cleaning the floors and the bathroom. I wouldn't have minded, but it had to be done before everyone else got up. Telephone duty was another annoying responsibility. Mobile phones weren't available back then. Amazingly, the only phone was on the first floor, and we took turns answering it. I knew having a phone in each room was too costly, but surely a phone on each floor would've been reasonable. Many of these duties and rules felt like burdens to me. Although it was a huge challenge communicating in a foreign language and dealing with these obstacles, it turned out to be beneficial for me. It forced me to improve my language ability and adapt very quickly. I realize now that overcoming these difficulties helped me grow up and become a more responsible person.

 問1 「掃除に関して，何が話者を困らせたか」
  ① 「指示に従うこと」
  ② 「午後10時までに戻ること」
  ③ 「床を掃除すること」
  ④ 「早起きすること」
 第6～7文「務めの1つは，床と浴室の掃除だった。嫌ではなかったのだが，他のみんなが起きる前にしなければならなかったのだ」の内容と一致する④が正解。なお，①・②も「話者にとっての困ったこと」には違いないが，掃除とは関係がないので不適切。正答率は約19％しかない。②を選んだ人が約45％もいる。問題文の「掃除に関して」を読み飛ばした人が多いようだ。

 問2 「寮の電話に関して，話者の意見はどうだったか」
  ① 「携帯電話の使用を許可すべきだった」
  ② 「携帯電話をもっと安くすべきだった」
  ③ 「各部屋に電話を設置すべきだった」
  ④ 「各階に電話を設置すべきだった」
 第11文に「各階に電話を1台設置するのが妥当だったのはたしかだろう」とあるので，④が正解。正答率は約65％。20％を超える人が③を選んでいる。②も約9％の人が選んでいる。

 問3 「この話に最もふさわしい題名は次のどれだろうか」
  ① 「日本の厳しい寮制度に私がいかに挑んだか」
  ② 「日本の寮の規則を私がいかに改善したか」
  ③ 「日本の寮で生活するあいだに私がいかに成長したか」
  ④ 「電話のない日本の寮生活に私がいかに耐えたか」
 第13文に「外国語で意思の疎通を図り，このような障害に対処す

るのは大変な難題だったが，結果的には自分のためになるとわかった」とあり，さらに最終文に「今となっては，こうした困難を克服することが，私が成長してより責任感のある人間になるのに役立ったと，身にしみてわかる」とあるので，③が正解。正答率は約57％。②を選択した人が約25％，①を選択した人が約13％いる。

解答 問1 ④　　問2 ④　　問3 ③

訳　私は20年以上前，日本に交換留学生として来たとき，寮に住んでいた。それは忘れられない，私を大きく変える経験だった。けれども，そのあいだに，いくつか困ったことがあった。日本語を身につけること，寮での務めを果たすこと，寮の規則に従うことがとくに大変だった。たとえば，門限があって，夜10時までには必ず戻っていなければならなかった。務めの1つは，床と浴室の掃除だった。嫌ではなかったのだが，他のみんなが起きる前にしなければならなかったのだ。電話番をすることももう1つのやっかいな務めだった。当時は携帯電話などなかったのだ。驚くことに，電話は1階にしかなくて，私たちはかかってきた電話に交代で出ていた。各部屋に電話を設置すると費用がかかりすぎるのはわかっていたが，各階に電話を1台設置するのが妥当だったのはたしかだろう。このような務めと規則の多くは，私には負担に感じられた。外国語で意思の疎通を図り，このような障害に対処するのは大変な難題だったが，結果的には自分のためになるとわかった。このため私は語学力を向上させて，非常にすばやく適応せざるを得なかったからだ。今となっては，こうした困難を克服することが，私が成長してより責任感のある人間になるのに役立ったと，身にしみてわかる。

語句
▶ exchánge stúdent　名「交換留学生」
▶ dórmitory　名「寮」
▶ transfórming　形「大きく変える」
▶ bóther ～　他「～を悩ませる」
▶ dórm dúty　名「寮での務め」
▶ obéy ～　他「～に従う」
▶ tróublesome　形「やっかいな」
▶ cúrfew　名「門限」
▶ no láter than ～　熟「遅くとも～」
▶ aváilable　形「手に入る」
▶ take turns (V)ing　熟「交代でVする」

▶ ánswer ～	他	「(電話) に出る」
▶ réasonable	形	「納得できる」
▶ búrden	名	「重荷」
▶ chállenge	名	「(やりがいのある) 難題」
▶ óbstacle	名	「障害」
▶ (S) turn out to be ～	熟	「(S が) ～であると判明する」
▶ benefícial	形	「有益な」
▶ adápt	自	「適応する」
▶ overcóme ～	他	「～を克服する」

 竹岡の一言

　dormitory (学生寮) が聞こえたあとに dorm duty とあれば, たとえこの言葉を知らなくても「寮での務め」だと推測できるはずだ。なお, curfew (門限) の cur- は cover (～を覆う) で, -few は fire (火) となるため, 「火に覆いをかける」→「消灯する」からできた単語。

チャレンジ問題 12　　標準

　長めの英文を聞き，それについての問いの答えとして最も適当なものを，4つの選択肢（①～④）のうちから一つずつ選びなさい。

問1　When Jane was out of the room, what did she think the speaker and her husband were doing?
① Cheering.
② Cooking.
③ Fighting.
④ Laughing.

問2　How did the speaker find out how to cook a lobster?
① By asking her husband.
② By checking the Internet.
③ By looking at a cookbook.
④ By talking to a neighbor.

問3　What happened to the lobster at the end of the story?
① It was cooked.
② It was given away.
③ It was set free by the husband.
④ It was taken home by the boss.

[本試]

放送された英文

　Now let me tell you a story. When we lived in Japan many years ago, my American friend Jane came to visit us with her Japanese boss, who wanted to meet my husband. After he left, we decided to open the gift that he had brought. Surprisingly, it was a neatly packed live lobster. I started laughing and shouting, "It's alive! It's alive!" But Jane, who'd just gone to the bathroom, thought I was yelling, "It's a lie! It's a lie!" She thought we were having an argument, so she was afraid to come back into the living room. When she finally returned, she realized that we were not fighting, but laughing at such an unexpected gift.

We had never cooked a lobster before, so we didn't know what to do. In those days there was no Internet to get information, so we went and asked a neighbor. Meanwhile, we had put the lobster in a sink full of water. When we came home the lobster had become so lively that we no longer had the heart to cook it. We managed to get it back into the box, and we gave it to the neighbor instead.

解説 問1 「その部屋の外にいたとき，ジェーンは話者とその夫が何をしていると思ったか」

① 「歓声をあげている」 　　② 「調理している」
③ 「喧嘩している」 　　　　④ 「笑っている」

第1段落第7文「彼女は，私たちが口論していると思ったので，居間に戻ってくるのをためらいました」より③が正解だとわかる。ジェーンの勘違いの背景は，第5～6文「私は笑って『生きているわ！生きているわ！』と大きな声で叫び出しました。でも，ちょうどお手洗いに行っていたジェーンは，私が『嘘よ！　嘘よ！』と怒鳴っていると思ったのです」。つまり，ジェーンは alive「生きている」を a lie「嘘」と聞き間違え，夫婦が口論していると思ったのである。正答率は約42％。④を選んだ人が約32％もいる。「笑っている」という描写は第1段落の最終文にもあるが，これは実際の様子であり，ジェーンの勘違いの内容とは異なる。①・②を選んだ人もそれぞれ10％を超えている。

問2 「話者はロブスターの調理法をどのようにして知ったか」

① 「夫にたずねて」 　　② 「インターネットを調べて」
③ 「料理本を見て」 　　④ 「隣人と話して」

第2段落第2文に「当時は情報を得るためのインターネットもなかったので，近所の人に聞きに行きました」とあるので，④が正解。正答率は約62％。②を選んだ人が約33％もいる。おそらく聞き取れないので「常識」から選んでしまったのであろう。

問3 「この話の最後に，ロブスターに何が起こったか」

① 「調理された」 　　　　　② 「譲り渡された」
③ 「夫によって解放された」 　④ 「上司に持ち帰られた」

第2段落最終文に「私たちはロブスターを何とか箱に戻し，調理

する代わりに先ほどの近所の人に差し上げました」とあるので，②が正解。正答率は約61%。①を選んだ人が約22%。

問1　③　　問2　④　　問3　②

　　さて物語を1つお話しさせていただきます。何年も前に私たちが日本に住んでいたとき，アメリカ人の友人ジェーンが，私の夫に会いたがっていた日本人の上司といっしょに家へやってきました。彼が帰ったあと，私たちは彼が持ってきたお土産を開けることにしました。驚いたことに，それはきちんと箱詰めされた生きたロブスターでした。私は笑って「生きているわ！　生きているわ！」と大きな声で叫び出しました。でも，ちょうどお手洗いに行っていたジェーンは，私が「嘘よ！　嘘よ！」と怒鳴っていると思ったのです。彼女は，私たちが口論していると思ったので，居間に戻ってくるのをためらいました。やっと戻ったとき，彼女は私たちが喧嘩しているのではなく，そんな思いがけない贈り物に笑っていることを理解しました。

　　私たちはそれまでロブスターを調理したことがなかったので，どうしたらいいのかわかりませんでした。当時は情報を得るためのインターネットもなかったので，近所の人に聞きに行きました。そのあいだ，水で満たした流しにロブスターを入れておきました。家に戻るとロブスターはとても元気になっていたので，私たちにはもう調理する勇気は残っていませんでした。私たちはロブスターを何とか箱に戻し，調理する代わりに先ほどの近所の人に差し上げました。

▶ live	形	「生きている」
＊ / láiv / の発音		
▶ lóbster	名	「ロブスター」
▶ have an árgument	熟	「言い争いをする」
▶ be afráid to (V)	熟	「怖くて V できない」
▶ unexpécted	形	「予期せぬ」
▶ in those days	熟	「その当時」
▶ méanwhile	副	「そのあいだに」
▶ sink	名	「流し／シンク」
▶ have the heart to (V)	熟	「V する勇気がある」
▶ mánage to (V)	熟	「何とか V する」
▶ instéad	副	「その代わりに」

チャレンジ問題 13 標準

英文を聞き，それについての問いの答えとして最も適当なものを，4つの選択肢（①〜④）のうちから一つずつ選びなさい。

問1 Why did the researchers carry out this study?

① To find out what people thought of the Orange Prize.

② To find out who read more novels, women or men.

③ To see if the Orange Prize had affected people's reading habits.

④ To see if there were more women writers than before.

問2 Which group of people did the researchers choose for the study?

① Female novelists who said they supported the Orange Prize.

② Male and female professors and writers from Britain.

③ People who avoided reading books by women writers.

④ Readers and writers encouraged by the Orange Prize.

問3 According to the researchers' findings, which statement is true?

① Men said they had no preferences, but they seemed to prefer male writers.

② Men said they supported the Orange Prize, but they read fewer novels than women.

③ Women said they supported the Orange Prize more than men did.

④ Women said they were encouraged to write more books than before.

［本試］

 竹岡の一言

the Orange Prize「オレンジ賞」なんて初めて聞いたという人が多いと思う。「いったい何の賞だろう？」と好奇心を持って聞いてほしい。「聞きたい，聞きたい」と思って聞くほうが，頭に入りやすいものだ。

放送された英文

In 1995 a special prize for female novelists, called the Orange Prize for Fiction, was established in Britain. The point of giving this prize was to encourage women writers and attract more attention to their works.

Recently, in order to find out if people's reading habits had changed since the Orange Prize was started, researchers asked a group of 100 British professors and writers about the novels they read. This group included both men and women. All of these 100 people said they supported the Orange Prize and that they never chose or avoided a book because of the author's sex.

Nevertheless, it was found that the men mainly read works by other men. When the researchers asked, "What novels by women writers have you read recently?", a majority of the men found it hard to recall or could not answer. However, when asked the same question, many of the women were able to name several book titles. The researchers concluded that although men seem to support the Orange Prize, it appears that they choose to read novels written by men.

解説 問1 「研究者たちはなぜこの研究を行ったのか」

① 「オレンジ賞について人々がどのように考えているかを調査するため」

② 「女性と男性，どちらがより多くの小説を読んでいるかを調査するため」

③ 「オレンジ賞が人々の読書習慣に影響をおよぼしているかどうかを調査するため」

④ 「以前よりも女性作家が増えたかどうかを調査するため」

第2段落第1文には，「オレンジ賞が設けられて以来，人々の読書習慣が変化したかどうかを調査するために」とあるから，③が正解となる。正答率は約50％。①を選んだ人が約20％。

問2 「研究者たちが調査のために選んだのはどの集団か」

① 「オレンジ賞を支持すると言った女性作家」

② 「イギリスの大学教授と作家の男女」

③ 「女性の作家の本を読むのを避けていた人々」

④ 「オレンジ賞で力づけられている読者と作家」

第2段落第1文に「イギリス人の大学教授や作家たち100人に彼ら

が読んだ小説に関する質問をした」とあるから，②が正解で正答率は50％。それ以外の選択肢の内容は，本文には述べられていない。

問3　「研究者の発見によれば，どの記述が正しいか」
   ① 「男性は好みに偏りはないと言ったが，男性の作家のほうを好むように思われた」
   ② 「男性はオレンジ賞を支持していると言ったが，女性より読む小説の数が少なかった」
   ③ 「女性は男性よりもオレンジ賞を支持していると言った」
   ④ 「女性は以前よりも多くの本を書くように力づけられていると言った」

この問題の正答率は約24％。

まず，②と③が「ワナ」。②については，女性の書いた小説を読む数においては男性のほうが少ない，ということを本文は示唆しているが，小説そのものの冊数に関することは述べていない。③は正しそうに見えるが，本文からは確定できない。

第2段落第3文に「この100人のすべての人々は，オレンジ賞を支持しており，筆者の性別によって本を選んだり避けたりすることは決してないと述べた」とあるから，①の前半はOK。また，第3段落第4文に「男性はオレンジ賞を支持しているように思えるが，男性の書いた小説を好んで読んでいるようだ，と研究者たちは結論づけた」とあるから，①の後半もOK。それ以外の選択肢の内容は，本文には述べられていない。②を選んだ人が約26％，③を選んだ人が約35％。

解答　問1　③　　問2　②　　問3　①

訳　1995年，オレンジ賞と呼ばれる，女性の小説家を対象とした特別な賞がイギリスで設けられた。この賞を授与する目的は，女性作家を力づけ，彼女たちの作品により多くの注意をひきつけることであった。

近ごろ，オレンジ賞が設けられて以来，人々の読書習慣が変化したかどうかを調査するために，研究者たちはイギリス人の大学教授や作家たち100人に彼らが読んだ小説に関する質問をした。この母集団には男女とも含まれていた。この100人のすべての人々は，オレンジ賞を支持しており，筆者の性別によって本を選んだり避けたりすることは決してないと述べた。

それにもかかわらず，男性は他の男性の作品を主に読んでいることがわかった。研究者たちが「最近はどのような女性作家の小説を読みましたか？」とたずねたとき，ほとんどの男性はなかなか思い出せなかったり，

答えられなかったりした。しかし，同じ問いに対して女性の多くはいくつかの書名を挙げることができた。男性はオレンジ賞を支持しているように思えるが，男性の書いた小説を好んで読んでいるようだ，と研究者たちは結論づけた。

(語句)
- ▶ fémale 形「女性の」
- ▶ nóvelist 名「小説家」
- ▶ estáblish ～ 他「～を設ける／設立する」
- ▶ the point of ～ 熟「～の目的」
- ▶ encóurage ～ 他「～を力づける」
- ▶ attráct atténtion to ～ 熟「～に注意をひきつける」
- ▶ find out if S V 熟「S V かどうか知る」
- ▶ reséarcher 名「研究者」
- ▶ proféssor 名「(大学) 教授」
- ▶ inclúde ～ 他「～を含む」
- ▶ suppórt ～ 他「～を支持する」
- ▶ avóid ～ 他「～を避ける」
- ▶ áuthor 名「著者」
- ▶ nevertheléss 副「それにもかかわらず」
- ▶ majórity 名「大半」
- ▶ recáll ～ 他「～を思い出す」
- ▶ when asked ... は when they were asked ... の省略形。
- ▶ name ～ 他「～を挙げる」
- ▶ conclúde that S′ V′ 熟「S′ V′ という結論を出す」
- ▶ it appéars that S′ V′ 熟「S′ V′ と思われる」

チャレンジ問題14　標準

英文を聞き，それについての問いの答えとして最も適当なものを，4つの選択肢（①～④）のうちから一つずつ選びなさい。

問1　What were people in Bermuda doing when the first hurricane approached?
① Cutting down the palm trees.
② Preparing to leave the island.
③ Suffering from destruction.
④ Taking action to avoid damage.

問2　Why were the weather forecasters shocked?
① A second hurricane was approaching the island.
② The destruction was expanding rapidly.
③ The hurricane lasted much longer than usual.
④ They had glorious weather in spite of the hurricane.

問3　What happened in the end?
① High waves brought about terrible destruction.
② Neither hurricane hit Bermuda directly.
③ The first hurricane caused a shortage of water.
④ The people's preparations saved Bermuda.

［本試］

 竹岡の一言

　日本では「台風」は1号，2号と数えるが，米国では，ハリケーンは，毎年アルファベット順にAから命名される。たとえば，1号なら Anna, 2号なら Bill, 3号なら Claudette という具合である。「所変われば品変わる」ということだ。

In today's program I'll tell you an amazing story about something that happened in Bermuda about fifty years ago. A powerful hurricane was approaching the island, so all the people were busy preparing to protect their homes against the strong winds and high waves that were sure to hit.

As the storm swept within ten miles of Bermuda's coast, the winds bent the island's palm trees down to the ground. It was such a strong hurricane that destruction on a large scale seemed certain.

Suddenly, the weather forecasters were shocked to find out that there was not one, but two powerful storms approaching the island. In fact, the first hurricane was being followed by an even more powerful one. The island appeared to be doomed.

But then a very strange thing happened. The second storm came so close to the first one that both were thrown off course. The storms changed direction and blew out to sea where they wasted their force on the empty ocean. Glorious weather returned to Bermuda. Unbelievable as it sounds, the island was saved from one hurricane by another.

解説 問1 「最初のハリケーンが接近してきたとき，バミューダの人々は何をしていたか」

① 「ヤシの木を切り倒していた」
② 「島を離れる準備をしていた」
③ 「破壊に苦しんでいた」
④ 「被害を避けるために行動を起こしていた」

第1段落第2文に「島の人々はみんな確実に襲ってくるであろう強風と高波から家を守るために慌ただしく準備していました」とあるから，④が正解となる。①と③はまったくのデタラメだとしても，②は選んでしまいたくなる選択肢で，これが「ワナ」。なお，正解は本文の「言い換え」を用いているため，消去法を用いなければ，選ぶのは困難である。正答率は60％ぐらいである。

問2 「なぜ天気予報官たちは愕然としたのか」

① 「2つめのハリケーンが島に近づいていたから」
② 「破壊が急速に広がっていたから」
③ 「ハリケーンがいつもよりはるかに長く続いたから」

④　「ハリケーンにもかかわらず好天だったから」

第3段落第1文に「バミューダ島に近づいている強力な嵐は1つではなく2つであると突然判明し，天気予報官たちは愕然としました」とあるので，①が正解。②・③・④はすべて本文で言及されていない。この問題の正答率は約86％であった。

問3　「結局，何があったのか」
① 「高波が悲惨な破壊を引き起こした」
② 「どちらのハリケーンもバミューダを直接襲うことはなかった」
③ 「最初のハリケーンが水不足を引き起こした」
④ 「人々の準備がバミューダを救った」

最終段落第2文に「2つめのハリケーンが最初のハリケーンに接近しすぎて，どちらも進路からはずれてしまったのです」とあるから，②が正解。①・③はおかしいとわかっても，④は何となく合っているように思えてしまう選択肢である。これが「ワナ」。この問3が一番難しく，正答率は約43％であった。

解答　問1　④　　問2　①　　問3　②

訳　　今日の番組では，約50年前にバミューダで起きたことに関する驚くべき話をお伝えします。強力なハリケーンがバミューダ島に近づきつつありました。そこで島の人々はみんな確実に襲ってくるであろう強風と高波から家を守るために慌ただしく準備していました。

嵐がバミューダ沖10マイル以内に接近すると，風が島のヤシの木を地面になぎ倒しました。それはとても強力なハリケーンだったので，大規模な被害は避けられないように思えました。

バミューダ島に近づいている強力な嵐は1つではなく2つであると突然判明し，天気予報官たちは愕然としました。事実，最初のハリケーンを追いかけるようにしてさらに強力なハリケーンが来ていたのです。バミューダ島の運命に暗雲が垂れこめているように見えました。

しかしそのとき，非常に奇妙なことが起きました。2つめのハリケーンが最初のハリケーンに接近しすぎて，どちらも進路からはずれてしまったのです。2つの嵐は方向を変えて海上へ抜け，何もない海で勢力を弱めていきました。すばらしい天気がバミューダに戻りました。信じられないかもしれませんが，その島が1つのハリケーンの被害を免れたのは，もう1つのハリケーンのおかげだったのです。

語句

▶ amázing	形	「驚くべき」
▶ appróach ~	他	「~に近づく」
▶ be búsy (V)ing	熟	「V するのに忙しい」
▶ protéct A agáinst B	熟	「A を B から守る」
▶ be sure to (V)	熟	「確実に V する」
▶ sweep	自	「さっと通る」
▶ withín ~ of A	熟	「A から~以内に」
▶ bend ~ down / down ~	熟	「~を下に曲げる/~をなぎ倒す」
▶ such ~ that S V	熟	「とても~なので，S V」
▶ on a large scale	熟	「大規模な/大規模に」
▶ wéather fórecaster	名	「天気予報官/気象予報士」
▶ not one, but two ~	熟	「1 つではなく 2 つの~」
▶ be being fóllowed by ~	熟	「~によって追いかけられつつある」
＊ 受動態の進行形		
▶ even ＋比較級	熟	「さらに~」
▶ be doomed	熟	「(悪い方向に)運命づけられている」
▶ throw ~ off course	熟	「~をコースからそれさせる」
▶ glórious wéather	名	「好天」
▶ C as S V	熟	「S V というのは C かもしれないが」
＊ ＝ though S V C		
▶ save ~	他	「~を救う」

お役立ちコラム
隠れた分詞構文

<u>Rich as she is</u>, she is unhappy. 「彼女は金持ちだが不幸せだ」の下線部は，Though she is as rich as she is「彼女は実際金持ちだけど」を分詞構文にして，Though she is as を省いた形。米語では as rich の as が残ることもある。本問の Unbelievable as it sounds がこれに当たる。

チャレンジ問題 15　　標準

英文を聞き，それについての問いの答えとして最も適当なものを，4
つの選択肢（①～④）のうちから一つずつ選びなさい。

問1　Who is left on stage at the conclusion of the *Farewell Symphony*?
① No one.
② The composer.
③ Three violinists.
④ Two violinists.

問2　Why were the musicians unhappy at the country palace?
① They did not enjoy hunting in the countryside.
② They did not like playing symphonies.
③ They disliked playing in a large orchestra.
④ They found the working conditions uncomfortable.

問3　What was the message in this symphony by Haydn?
① Haydn was telling the prince to go hunting.
② Some players wanted to leave the orchestra.
③ The musicians were eager to go to the country palace.
④ The orchestra members were homesick.

［本試］

放送された英文

　　Many of the world's best-loved symphonies are known by popular
nicknames given by the general public or music publishers rather than
by their composers.　A number of Haydn's symphonies have nicknames
such as the *Surprise Symphony*, the *Military Symphony* and the *Clock
Symphony*.　Another example of this type is the *Farewell Symphony*, in
which the musicians leave the stage one by one as they finish playing.
Eventually, the two violinists who are left put down their instruments
and walk away from the stage in silence.　This ends the performance.

　　The story behind this piece is that the prince, for whom Haydn worked, had taken all of the musicians to his second palace in the countryside where he liked to go hunting. The musicians found the weather and working conditions at this place to be very unpleasant. Moreover, they missed their families and the simple comforts of home. When the *Farewell Symphony* was first performed at the country palace, the prince understood the message of Haydn's music at once. The next day he ordered that his entire household return to the city so they could be with their families in time for Christmas.

解説 問1 「告別交響曲の最後にはだれがステージに残っているか」
　　　①「だれもいない」　　　　②「作曲家」
　　　③「3人のバイオリニスト」　④「2人のバイオリニスト」

　第1段落第3〜5文に「そのうちの1つの例が告別交響曲であり，その曲では自分の演奏を終えた演奏者が1人，また1人とステージを去るのである。最終的に残された2人のバイオリニストが楽器を置き，黙って舞台から歩み去る。これで演奏が終わるのである」とあるので，①が正解。正答率は約59%。④を選んだ人が約30%もいた。walk away from the stage の部分が理解できなかったのかもしれない。

問2　「なぜ団員たちは田舎の宮殿で幸せではなかったのか」
　　　①「田舎で狩猟を楽しめなかった」
　　　②「交響曲を演奏するのが好きでなかった」
　　　③「大きなオーケストラで演奏するのが嫌いだった」
　　　④「労働条件を不快に思った」

　第2段落第2文に「楽団員にとってこの場所の天候と労働条件はじつに不快であった」とあるので，④が正解。正答率は約42%。①を選んだ人が約25%もいる。

問3　「ハイドンのこの交響曲の中のメッセージは何であったか」
　　　①「ハイドンは王子に狩猟に行くように伝えていた」
　　　②「一部の団員はオーケストラから去りたいと思っていた」
　　　③「団員たちは田舎の宮殿に行きたがっていた」
　　　④「オーケストラの団員たちはホームシックになっていた」

　第2段落第3文に「おまけに家族への思いが胸に募り，家でのくつろぎも恋しく思われた」とあるので，④が正解だとわかる。正答率

は約68％。③を選んだ人が約20％。

解答 問1　①　　問2　④　　問3　④

訳　　世界で最も愛されている交響曲の多くが，その作曲者よりもむしろ，一般大衆もしくは音楽出版社によってつけられた人気のある愛称によって知られている。ハイドンのいくつもの交響曲が，驚愕交響曲，軍隊交響曲，時計交響曲といった通称を持っている。そのうちの1つの例が告別交響曲であり，その曲では自分の演奏を終えた演奏者が1人，また1人とステージを去るのである。最終的に残された2人のバイオリニストが楽器を置き，黙って舞台から歩み去る。これで演奏が終わるのである。

　　この曲の背後にある物語は，ハイドンの雇い主であった王子が好んで狩りに行く，田舎にあるもう1つの宮殿に楽団員全員を連れていったというものだ。楽団員にとってこの場所の天候と労働条件はじつに不快であった。おまけに家族への思いが胸に募り，家でのくつろぎも恋しく思われた。田舎の宮殿で告別交響曲が初めて演奏されたとき，ハイドンの曲のメッセージを王子はただちに理解した。翌日，王子は命令を出し，宮殿で働く全員を町に帰してクリスマスに間に合うよう家族と再会させることにした。

語句
▶ sýmphony	名	「交響曲」
▶ géneral públic	名	「一般大衆」
▶ públisher	名	「出版社」
▶ compóser	名	「作曲家」
▶ a númber of 〜	熟	「いくつもの〜」
▶ fárewell	名	「別れ」
▶ evéntually	副	「最終的に」
▶ ínstrument	名	「楽器」
▶ walk awáy from 〜	熟	「〜から歩き去る」
▶ work for 〜	熟	「〜のために働く」
▶ take A to B	熟	「A を B に連れていく」
▶ pálace	名	「宮殿」
▶ in the cóuntryside	熟	「田舎の」
▶ find O to be C	熟	「O を C と思う」
▶ moreóver	副	「おまけに」
▶ miss 〜	他	「〜がいなくて寂しいと思う」
▶ at once	熟	「すぐに」
▶ hóusehold	名	「世帯」

チャレンジ問題 16　やや難

英文を聞き，それについての問いの答えとして最も適当なものを，4つの選択肢（①〜④）のうちから一つずつ選びなさい。

問 1　According to the speaker, which trees do mountain pine beetles attack?
① Both sick and healthy trees.
② Both young and old trees.
③ Only old, sick trees.
④ Only young, healthy trees.

問 2　According to the speaker, what is true about previously-attacked trees?
① They become thicker than trees not attacked.
② They can only be harvested after 18 years have passed.
③ They cannot be harvested at all.
④ They have colored marks on them.

問 3　According to the speaker, what is likely to happen in the future?
① Attacking female beetles will stop forest destruction.
② Early harvesting will remove stains from trees.
③ Forest destruction by beetles will be managed.
④ Mountain pine beetles will migrate to warmer climates.

［追試］

放送された英文

1　Mountain pine beetles are insects native to North America. They are a threat to some types of pine trees. Usually, they attack unhealthy trees, but can also affect healthy ones. Climate change may be causing an increase in the number of these beetles, and they are beginning to have an effect on a growing number of pine species.

2　Forest destruction is not only an ecological problem, but it also has a serious economic effect. Although trees which remain after beetle attacks can be used, they must be cut down within 18 years, or they cannot be sold. Even if they are harvested, timber from trees that beetles have lived in breaks more easily. In addition, beetles leave blue stains on the wood. In the end, damaged logs are less attractive to buyers and their value is decreased.

3　One way to fight these beetles is to spray artificial scents on other trees. These smells imitate those of female pine beetles and can attract males to locations where they can be destroyed. Another way is to burn affected trees. While these methods won't get rid of entire beetle populations, they will slow down the process of forest destruction.

解説 **問1　「話者によると，マウンテンパインビートル（和名：アメリカマツノキクイムシ）はどの木を攻撃するのか」**

　　① 「病気の木も健康な木も」　　② 「若い木も古木も」
　　③ 「古い病気の木だけ」　　　　④ 「若い健康な木だけ」

　第1段落第3文に「普通は病気の木を襲うのだが，病気でない木にも影響をおよぼし得る」とある。よって，①が正解。正答率は約37％。本文には「病気でない木にも影響をおよぼし得る」とはあるが，これが「健康な木を襲う」と言い換えられていることに注意。

問2　「話者によると，以前に攻撃された木に関して，どれが正しいか」

　　① 「攻撃されていない木より茂るようになる」
　　② 「18年経って初めて伐採できる」
　　③ 「まったく伐採できない」
　　④ 「色のついたしみを持っている」

　第2段落第4文に「ビートルは木に青いしみを残す」とあるので④が正解。正答率は約20％しかない。②・③を選んだ人がそれぞれ約37％，約23％もいる。beetles leave blue stains on the wood が They have colored marks on them. で言い換えられていることに気がつかなかったのだろう。

問3　「話者によると，将来何が起こりそうか」

　　① 「メスのビートルを攻撃することが森林破壊を止めるだろう」
　　② 「早期に伐採することが木からしみを取り除くだろう」
　　③ 「ビートルによる森林破壊は統制されるだろう」

④「マウンテンパインビートルはより暖かい気候の場所へ移動するだろう」

　第3段落にはパインビートルと闘うための2つの方法が提示されていて，最終文に「これらの方法では，ビートルのすべての個体を駆除することはないが，森林破壊の過程を遅らせるであろう」とあるので，③が正解。それ以外の選択肢はすべてでたらめ。本文の内容を manage を使ってうまくまとめている選択肢なので，「これが正解だ！」という自信を持つことは難しかったと思われる。正答率は約50％で，①を選んだ人が約23％。

解答　問1　①　　問2　④　　問3　③

訳

　1　マウンテンパインビートルは北米原産の昆虫である。この昆虫は，ある種の松にとっては脅威となる。普通は病気の木を襲うのだが，病気でない木にも影響をおよぼし得る。気候変動はこうしたビートルの数の増加を引き起こしつつあるかもしれず，さまざまなマツ類に影響を与えるようになりつつある。

　2　森林破壊は，生態系の問題のみならず，経済への深刻な影響ももたらす。ビートルによって攻撃されたあとに残った木は，使うことはできるが，18年以内に伐採しなければならない。さもないと売れなくなってしまうのだ。たとえ伐採されたとしても，ビートルの棲んでいた木からとれた材木は折れやすい。おまけに，ビートルは木に青いしみを残す。結果的に，損傷を受けた丸太は買い手にとって魅力が少なくなり，価値は下がる。

　3　こうしたビートルと闘う1つの方法は，他の木に人工的な香りを散布することである。こうした香りはメスのパインビートルの香りに似せられており，オスを駆除できる場所までおびき寄せることを可能にする。もう1つの方法は影響を受けた木々を燃やすことである。これらの方法では，ビートルのすべての個体を駆除することはないが，森林破壊の過程を遅らせるであろう。

語句　第1段落

▶ pine　名「松」
　　＊　pineapple は，果実の形が松かさに似ているところから。apple は昔は「果実全般」を意味していた

▶ beetle　名「カブトムシ」
　　＊　the Beatles「ザ・ビートルズ」は，beat「（音楽の）ビート」と beetle を組み合わせた造語

▶ ínsect	名「昆虫」
▶ nátive to ~	熟「~に土着の」
▶ a threat to ~	熟「~に対する脅威」
▶ afféct ~	他「~に影響をおよぼす」
▶ clímate chánge	名「気候変動」
▶ cause ~	他「~を引き起こす」
▶ an íncrease in ~	熟「~の増加」
▶ have an efféct on ~	熟「~に影響をおよぼす」
▶ pine spécies	名「マツ類」

    * / spíːʃiːz / の発音

第２段落

▶ fórest destrúction	名「森林破壊」
▶ remáin	自「とどまる」
▶ éven if ~	接「たとえ~でも」
▶ hárvest ~	他「~を伐採する」
▶ tímber	名「材木」
▶ in addítion	熟「おまけに」
▶ stain	名「しみ」
▶ log	名「丸太」
▶ attráctive	形「魅力的な」

第３段落

▶ fight ~	他「~と闘う」
▶ spray ~	他「~を散布する」
▶ artifícial	形「人工の」
▶ scent	名「におい」
▶ ímitate ~	他「~をまねる」
▶ those of ~ = the smells of ~	
▶ locátion	名「場所」
▶ burn ~	他「~を燃やす」
▶ get rid of ~	熟「~を駆除する」
▶ entíre	形「全体の」
▶ slow ~ down / down ~	熟「~を遅くする」

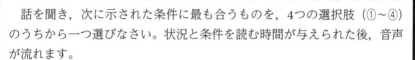

チャレンジ問題 17 　　　　　　やや難

　話を聞き，次に示された条件に最も合うものを，4つの選択肢（①〜④）のうちから一つ選びなさい。状況と条件を読む時間が与えられた後，音声が流れます。

状況

　あなたは，旅行先のニューヨークで見るミュージカルを一つ決めるために，四人の友人のアドバイスを聞いています。

あなたが考えている条件
　A. 楽しく笑えるコメディーであること
　B. 人気があること
　C. 平日に公演があること

Musical titles	Condition A	Condition B	Condition C
① It's Really Funny You Should Say That!			
② My Darling, Don't Make Me Laugh			
③ Sam and Keith's Laugh Out Loud Adventure			
④ You Put the 'Fun' in Funny			

問　 " ☐ " is the musical you are most likely to choose.
　①　It's Really Funny You Should Say That!
　②　My Darling, Don't Make Me Laugh
　③　Sam and Keith's Laugh Out Loud Adventure
　④　You Put the 'Fun' in Funny

［本試］

1　I love It's Really Funny You Should Say That! I don't know why it's not higher in the rankings. I've seen a lot of musicals, but none of them beats this one. It's pretty serious, but it does have one really funny part. It's performed only on weekdays.

2　You'll enjoy My Darling, Don't Make Me Laugh. I laughed the whole time. It's only been running for a month but already has very high ticket sales. Actually, that's why they started performing it on weekends, too.

3　If you like comedies, I recommend Sam and Keith's Laugh Out Loud Adventure. My friend said it was very good. I've seen some good reviews about it, too, but plan carefully because it's only on at the weekend.

4　Since you're visiting New York, don't miss You Put the 'Fun' in Funny. It's a romance with a few comedy scenes. For some reason, it hasn't had very good ticket sales. It's staged every day of the week.

解説　「（　）が，あなたが選ぶ可能性の最も高いミュージカルである」
　　　①「そんなこと言うなんて変っ！」
　　　②「ダーリン，私を笑わせないで」
　　　③「サムとキースの爆笑アドベンチャー」
　　　④「愉しさに『愉しさ』を」
　　　②が正解。

　　　1　第1～3文「私は『そんなこと言うなんて変っ！』が大好き！私はなぜ順位がもっと高くないのかがわからない。私は今までミュージカルをたくさん見てきたけれど，これに勝るものはないね」から，条件Bを満たしていないことがわかる。また第4文「けっこう堅い話だけど，本当に面白い部分も1つあるよ」からは，条件Aを満たしているとは言い切れない。第5文「公演は平日だけだよ」とあり，これは条件Cは満たすことを示している。

　　　2　第1～2文「『ダーリン，私を笑わせないで』は気に入ると思う。私はずっと笑ってたよ」から，条件Aを満たしていることがわかる。さらに第3文「公演が始まって1ヶ月しか経っていないのに，すでにチケットの売り上げはとても好調なんだ」から条件Bを満たしていることもわかる。さらに第4文「実際，そういうわけで週末公演も始まったよ」から条件Cも満たしており，これが正解だとわかる。条件には「平日」とあるが，聞こえてくるのが on weekends なので，too「また」を聞き逃すと，正解だとわからないかもしれない。

3　第1文「コメディーが好きなら，私は『サムとキースの爆笑アドベンチャー』をおすすめするよ」から条件Aは満たしていることがわかる。また第2～3文「私の友人がとてもよかったと言っていたからね。いいレビューもいくつか見たけれど，週末にしか公演がないから，慎重に計画してね」からは，条件Bについては言及がなく，また条件Cについては満たしていないことがわかる。

4　第1～2文「ニューヨークを訪れるなら，『愉しさに「愉しさ」を』を見逃さないで。コメディーシーンがいくつかある恋愛ものだよ」は条件Aを満たしているともいないとも言えない。第3文「どういうわけか，チケットの売り上げはあまりよくないな」から，条件Bは満たしていないことがわかる。さらに第4文「毎日公演があるよ」から，条件Cだけは満たしていることがわかる。

上位者でも正答率は5割強しかない。この理由は，2番目の説明文の解答の根拠となる一部の表現が，直接的な言い方ではなく，間接的な言い方で示されていること，さらに4番目の説明文のhasn't had very good ticket salesのhasn'tの聞き取りができなかったことだと推察される。hasn't, put, ticket, betなどの語尾のtはしばしば消える点に気をつけること。

解答　②

訳　1　私は『そんなこと言うなんて変っ！』が大好き！　私はなぜランキングの順位がもっと高くないのかがわからない。私は今までミュージカルをたくさん見てきたけれど，これに勝るものはないね。けっこう堅い話だけど，本当に面白い部分も1つあるよ。公演は平日だけだよ。

2　『ダーリン，私を笑わせないで』は気に入ると思う。私はずっと笑ってたよ。公演が始まって1ヶ月しか経っていないのに，すでにチケットの売り上げはとても好調なんだ。実際，そういうわけで週末公演も始まったよ。

3　コメディーが好きなら，私は『サムとキースの爆笑アドベンチャー』をおすすめするよ。私の友人がとてもよかったと言っていたからね。いいレビューもいくつか見たけれど，週末にしか公演がないから，慎重に計画してね。

4　ニューヨークを訪れるなら，『愉しさに「愉しさ」を』を見逃さないで。コメディーシーンがいくつかある恋愛ものだよ。どういうわけか，チケットの売り上げはあまりよくないな。毎日公演があるよ。

語句 ▶ **in the ránkings** 熟「ランキングで」
　　　＊　複数形になることに注意
　▶ **beat ~** 他「～を打ち負かす」
　▶ **prétty** 副「かなり」
　▶ **run** 自「上演される」
　▶ **that's why** S V 熟「だから S V」
　▶ **on wéekends** 熟「週末に」
　▶ **recomménd ~** 他「～を薦める」
　▶ **revíew** 名「評論／批評」
　▶ **for some réason** 熟「何らかの理由で／どういうわけか」
　▶ **stage ~** 他「～を上演する」

お役立ちコラム

弱形

　機能語は，対比などの特別な事情がない限り弱形で発音される。機能語とは，人称代名詞（主格，所有格，目的格），助動詞，be 動詞，前置詞，冠詞，接続詞のこと。代名詞でも，指示代名詞，再帰代名詞，所有代名詞は比較的強く発音される。

1．接続詞：and は，d が脱落して「アン」ぐらいにしか聞こえなくなる。
　　例　rock and roll は「ロックンロー」のような発音になる。
2．前置詞：for は「フ」あるいは「ファ」。from は「フム」。to は「トッ」。of は「オッ」，with は「ウィ」，at は「ア」のように聞こえる。
　　例　hear from him は「ヒアフロミン」のように聞こえる。
　　例　one of the なら「ワナダ」のように聞こえる。
　　例　talk with her なら「トークゥィハ」のように聞こえる。
　　例　look at it「ルカリッ」のように聞こえる。
3．代名詞：he，his，him の h- は聞こえない。文頭の場合は例外的に / h / が入ることもある。her の / h / も脱落するのが普通。them も him も，ほとんど同じに聞こえるが，文脈から判断する。関係代名詞 that も非常に弱く / ðət / のように発音される。
4．助動詞：can は「カン，クン」，must は「ムスト」のような音。

チャレンジ問題 18　やや難

話を聞き，次に示された条件に最も合うものを，4つの選択肢（①～④）のうちから一つ選びなさい。状況と条件を読む時間が与えられた後，音声が流れます。

状況

　あなたは夏休み中にインターンシップ（internship）に参加します。

　インターン（intern）先を一つ決めるために，条件について四人から説明を聞いています。

あなたが考えている条件

　A. コンピューターの知識を生かせること

　B. 宿泊先が提供されること

　C. 2週間程度で終わること

	Internship	Condition A	Condition B	Condition C
①	Hotel			
②	Language school			
③	Public library			
④	Software company			

問　You are most likely to choose an internship at the (　　　).

① hotel

② language school

③ public library

④ software company

[本試]

1 Our hotel's internship focuses on creating a new website. The work will be done in late August. Interns will help set up the website, which should take about half a month. You can stay at our hotel or come from home.

2 The internship at our language school starts in early summer when the exchange program starts. Many international students visit us, so we need to help these students get around. Interns should stay at the dormitory for about ten days while assisting with the program.

3 Public library interns help with our reading programs. For example, they prepare for special events and put returned books back on the shelves. Interns must work for more than two weeks. You can join anytime during the summer, and housing is available.

4 We're a software company looking for students to help develop a smartphone application. They are required to participate in brainstorming sessions, starting on the 15th of July, and are expected to stay until the end of August. Participants should find their own place to stay.

解説 **「あなたが最も選びそうなのは（　　）のインターンシップである」**

① 「ホテル」

② 「語学学校」

③ 「公共図書館」

④ 「ソフトウェア会社」

①が正解。選択肢を順に検討する。

①は，第1文「主に新しいウェブサイトの制作を行っていただきます」から，条件Aを満たしているとわかる。さらに，最終文「当ホテルに宿泊していただいてもいいですし」から，条件Bも満たしている。また，第3文「約半月ほどかかる」から，条件Cも満たしている。

②は，最終文「約10日間，寮で生活していただきます」から，条件B，条件Cを満たしているが，「留学生の手助け」が，条件Aを満たすかどうかが不明である。

③は，第2文「特別なイベントに向けて準備をしたり，返却された本を本棚に戻したりといった作業をしていただきます」が条件Aを満たすかどうかが不明である。また，第3文「実習生には2週間以

上働いてもらうことになっています」も条件 C を満たすかどうかが不明。最終文「夏のあいだであればいつでも参加が可能で，宿泊施設が利用できます」から条件 B だけは満たしている。

④は，第 1 文「スマートフォン用のアプリの開発をお手伝いしてくれる学生を探しています」から，条件 A を満たしていることがわかる。ところが，第 2 文「7 月15日からスタートするブレーンストーミング会議に必ず参加してもらいます。そして，8 月の終わりまで続けていただきます」から，条件 C を満たしていない。さらに，最終文「ご自身の滞在先につきましては，参加者の皆さんに見つけていただかないといけません」から，条件 B も満たしていないことがわかる。

以上から①が正解となる。正答率は41.7％であった。

解答 ①

訳

1　当ホテルのインターンシップでは，主に新しいウェブサイトの制作を行っていただきます。作業の終了は 8 月下旬の予定です。実習生にはウェブサイトの立ち上げの補助をしてもらいますが，約半月ほどかかるはずです。皆さまには，当ホテルに宿泊していただいてもいいですし，自宅から通っていただいても構いません。

2　私たちの語学学校のインターンシップは，交換留学プログラムがスタートする夏の初めに始まります。多くの留学生が私どもの学校に来ますので，これらの生徒さんがいろいろな場所に行く手助けをする必要があります。実習生の皆さんには，このプログラムをサポートしていただく間，約10日間，寮で生活していただきます。

3　公立図書館の実習生には，私たちの読書プログラムの補助をしていただきます。たとえば，特別なイベントに向けて準備をしたり，返却された本を本棚に戻したりといった作業をしていただきます。実習生には 2 週間以上働いてもらうことになっています。夏のあいだであればいつでも参加が可能で，宿泊施設が利用できます。

4　当方はソフトウェアの会社で，スマートフォン用のアプリの開発をお手伝いしてくれる学生を探しています。学生の皆さんには，7月15日からスタートするブレーンストーミング会議に必ず参加してもらいます。そして，8 月の終わりまで続けていただきます。ご自身の滞在先につきましては，参加者の皆さんに見つけていただかないといけません。

語句

▶ fócus on ～　　　　　熟「～に重点を置く」

- ▶ íntern　　　　　　　名「実習生」
- ▶ set ～ up / up ～　熟「～を立ち上げる」
- ▶ get around　　　　熟「あちこち動き回る」
- ▶ dórmitory　　　　　名「寮」
- ▶ housing　　　　　　名「住宅」
- ▶ aváilable　　　　　形「利用できる」
- ▶ devélop ～　　　　他「～を開発する」
- ▶ be requíred to (V)　熟「V することが要求される」
- ▶ partícipate in ～　熟「～に参加する」
- ▶ bráinstorming séssion　名「ブレーンストーミングによる会議」
  - ＊　次の条件を満たす会議のことを指す。①「出された考えを批判しない」，②「考えは自由奔放であればそれだけよい」，③「できるだけ多くの考えを出す」，④「他人の考えの改良，組み合わせは可」
- ▶ séssion　　　　　　名「(ある活動を行う) 集まり」
- ▶ partícipant　　　　名「参加者」

お役立ちコラム
生きた英語で訓練してみよう

　小学生のころからディズニーのＤＶＤを見ていた生徒がいたが，彼はリスニングが非常に得意だった。おそらく同じＤＶＤを，だれに強制されることもなく繰り返し見ていたのだろう。楽しみながら英語のシャワーを浴びるのは本当に力がつく。『アナと雪の女王』に Do you want to build a snowman?「雪だるま作らない？」という台詞が出てくるが，want to は / t / が脱落して「ワナ」に聞こえる。このような「普通の英語」を映像と共にすり込むことで，生きた英語の訓練になる。

　映画より TV アニメやドラマのほうが馴染みやすいかもしれない。たとえば『きかんしゃトーマス』や『デスパレートな妻たち』なども素材として面白い。自分に合ったものを見つけて挑戦してみよう。

チャレンジ問題 19　やや易

　話を聞き，次に示された条件に最も合うものを，4つの選択肢（①～④）のうちから一つ選びなさい。状況と条件を読む時間が与えられた後，音声が流れます。

状況

　あなたは，交換留学先の高校で，生徒会の会長選挙の前に，四人の会長候補者の演説を聞いています。

あなたが考えている条件

A．全校生徒のための行事を増やすこと

B．学校の食堂にベジタリアン向けのメニューを増やすこと

C．コンピューター室を使える時間を増やすこと

	Candidates	Condition A	Condition B	Condition C
①	Charlie			
②	Jun			
③	Nancy			
④	Philip			

問　(　　　　) is the candidate you are most likely to choose.

① Charlie

② Jun

③ Nancy

④ Philip

[本試]

放送された英文

1　Hi there! Charlie, here. I'll work to increase the opening hours of the computer room. Also, there should be more events for all students. Finally, our student athletes need energy! So I'll push for more meat options in the cafeteria.

2　Hello! I'm Jun. I think school meals would be healthier if our cafeteria increased vegetarian choices. The computer lab should also be open longer, especially in the afternoons. Finally, our school should have fewer events. We should concentrate on homework and club activities!

3　Hi guys! I'm Nancy. I support the school giving all students computers; then we wouldn't need the lab! I also think the cafeteria should bring back our favorite fried chicken. And school events need expanding. It's important for all students to get together!

4　Hey everybody! I'm Philip. First, I don't think there are enough events for students. We should do more together! Next, we should be able to use the computer lab at the weekends, too. Also, vegans like me need more vegetable-only meals in our cafeteria.

解説　「（　　）があなたが最も選びそうな候補者である」
　　　　①「チャーリー」
　　　　②「ジュン」
　　　　③「ナンシー」
　　　　④「フィリップ」
　　　④が正解。選択肢の順番に検討していく。
　　　①第3文の「コンピューター室の開室時間を増やすように努力します」は条件C「コンピューター室の使用時間の延長」を満たしている。また第4文の「また，全校生徒のためのイベントをもっと増やすべきですね」は条件A「学校行事の増加」を満たしている。ところが，第5～6文の「最後に，スポーツをやっている生徒にはエネルギーが必要です！　そこで，私は食堂で肉料理の選択肢を増やすことを強く要求します」が条件B「ベジタリアン用のメニューの充実」を満たしていないので不可。以上から①は不正解である。本文中にある push for ～は「～を強く要求する」の意味。これ自体は難しいが ask for ～「～を求める」，call for ～「～を要求する」などを知っていれば推測可能であろう。
　　　②第3文の「もし食堂にベジタリアン向けのメニューが増えたら，学食はもっとヘルシーになると思います」は条件B「ベジタリアン用のメニューの充実」を満たしている。また第4文の「また，コンピューター室は，とくに午後の時間に今より長く開室するべきです」は条件C「コンピューター室の使用時間の延長」を満たしている。しか

し，第5〜6文の「最後に，学校行事を少なくするべきです。私たちは宿題とクラブ活動に集中すべきです」は，条件A「学校行事の増加」を満たしていないので不可。以上から②も不正解である。

③第3文の「私は学校がすべての生徒にコンピューターを与えることを支持します。そうすれば，コンピューター室は必要なくなります」は条件C「コンピューター室の使用時間の延長」を満たしていないので，③は不正解である。他の条件については，第4文「そして，食堂では，私たちの大好きなフライドチキンを復活させるべきだと思います」が条件B「ベジタリアン用のメニューの充実」を満たしていない。第5〜6文「そして，学校行事を増やす必要があります。全校生徒が集まることは大切なことです」は条件A「学校行事の増加」を満たしている。本文中の then we wouldn't need the lab は「もし生徒全員にコンピューターを配付すればコンピューター室は必要ないであろう」という仮定法である。さらに school events need expanding は「学校行事は拡大の必要がある」という意味。これは My car needs repairing.「私の車は修理の必要がある」と同様に，《need + (V)ing 形の普通名詞》という形になっている。

④第3〜4文の「まず，生徒向けのイベントが少ないと思います。私たちはいっしょにもっと多くのことをするべきです」は，条件A「学校行事の増加」を満たしている。第5文の「次に，週末にもコンピューター室が使えるようにするべきです」は条件C「コンピューター室の使用時間の延長」を満たしている。さらに，第6文「また，私のような完全菜食主義者は，食堂で，野菜だけのメニューをもっと必要としています」は条件B「ベジタリアン用のメニューの充実」を満たしており，すべての条件を満たしている。よって，これが正解である。本文中の at the weekends はイギリス英語であり，米語では on weekends となる。

解答の根拠となる一部の表現が，比較的直接的な言い方だったためか正答率は高い。②を選んだ人は，Jun の発言中の fewer events と，Philip の発言中の vegans「完全菜食主義者（牛乳，チーズ，卵もとらない人）」の意味がわからなかったからかもしれない。

解答 ④

訳 　1　やあ！　チャーリーです。コンピューター室の開室時間を増やすように努力します。また，全校生徒のためのイベントをもっと増やすべきです

ね。最後に，スポーツをやっている生徒にはエネルギーが必要です！　そこで，私は食堂で肉料理の選択肢を増やすことを強く要求します。

　2　こんにちは！　ジュンです。もし食堂にベジタリアン向けのメニューが増えたら，学食はもっとヘルシーになると思います。また，コンピューター室は，とくに午後の時間に今より長く開室するべきです。最後に，学校行事を少なくするべきです。私たちは宿題とクラブ活動に集中するべきです！

　3　こんにちは，みなさん！　ナンシーです。私は学校がすべての生徒にコンピューターを与えることを支持します。そうすれば，コンピューター室は必要なくなります！　そして，食堂では，私たちの大好きなフライドチキンを復活させるべきだと思います。そして，学校行事を増やす必要があります。全校生徒が集まることは大切なことです！

　4　みなさん，こんにちは！　フィリップです。まず，生徒向けのイベントが少ないと思います。私たちはいっしょにもっと多くのことをするべきです！　次に，週末にもコンピューター室が使えるようにするべきです。また，私のような完全菜食主義者は，食堂で，野菜だけのメニューをもっと必要としています。

語句

▶ ópening hours　　　　　名「開室時間」

▶ stúdent áthlete　　　　名「スポーツをしている生徒」

▶ push for ～　　　　　　熟「～を強く要求する」

▶ óption　　　　　　　　名「選択肢」

▶ cafetéria　　　　　　　名「（学校や会社の）食堂」

▶ compúter lab　　　　　名「コンピューター室」

▶ cóncentrate on ～　　　熟「～に集中する」
　　　＊　on は「意識の集中」を表す

▶ bring ～ back / back ～　熟「～を復活させる」

▶ need (V) ing　　　　　　熟「V される必要がある」
　　　＊　V には他動詞が置かれる

▶ expánd ～　　　　　　　他「～を拡大する／増やす」

▶ get togéther　　　　　　熟「集まる」

▶ at the wéekends　　　　熟「週末に」
　　　＊　アメリカ英語では on weekends となる

▶ végan　　　　　　　　　名「ビーガン／完全菜食主義者」
　　　＊　牛乳，乳製品，卵なども含め，動物性タンパク質をまったくとら
　　　　　ない菜食主義者のこと

チャレンジ問題 20　　　難

トラック
55

最初に講義を聞き，**問1**から**問3**に答えなさい。次に続きを聞き，**問4**に答えなさい。**状況，ワークシート，問い，及び図表を読む時間が与えられた後，音声が流れます。**

状況

　あなたはアメリカの大学で，生態系（ecosystem）保全についての講義を，ワークシートにメモを取りながら聞いています。

ワークシート

The Potential of Blue Carbon Ecosystems

◇Humans: Create environmental problems

　　　How? ⇒ Produce too much ___CO_2___

　　　　　　　　　= greenhouse gas

In nature...

| CO_2 | ➡ | **biomass** organic carbon | ➡ | **soil** organic carbon |

◇Plants: 〔 **1** 〕 _____ green or blue carbon

Comparison of Green and Blue Carbon Ecosystems

	Green	Blue
Location	on dry land	on sea coasts
Storage per hectare	lower	higher
Area of coverage	**2**	**3**
Period of storage	**4**	**5**

問1　ワークシートの空欄　**1**　に入れるのに最も適切なものを，4つの選択肢（①～④）のうちから一つ選びなさい。

①　Break down organic carbon called

② Change carbon to CO_2 called

③ Produce oxygen and release it as

④ Take in CO_2 and store it as

問2 ワークシートの空欄　2　～　5　に入れるのに最も適切なもの
を，6つの選択肢（①~⑥）のうちから一つずつ選びなさい。選択肢
は2回以上使ってもかまいません。

① larger　　② smaller　　③ equal

④ longer　　⑤ shorter　　⑥ unknown

問3 講義の内容と一致するものはどれか。最も適切なものを，4つの
選択肢（①~④）のうちから一つ選びなさい。

① Necessary blue carbon ecosystems have been destroyed and
cannot be replaced.

② Ocean coastline ecosystems should be protected to prevent
further release of CO_2.

③ Recovering the ecosystem of the entire ocean will solve climate
problems.

④ Supporting fish life is important for improving the blue carbon
cycle.

問4 講義の続きを聞き，<u>**下の図から読み取れる情報と講義全体の内容か
ら**</u>どのようなことが言えるか，最も適切なものを，4つの選択肢（①
~④）のうちから一つ選びなさい。

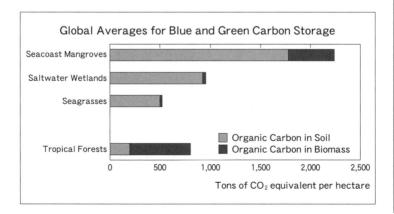

① Saltwater wetlands release CO_2 more easily from soil than from biomass.

② Seacoast mangroves release less CO_2 from layers of mud than from biomass.

③ Seagrasses offer more efficient long-term carbon storage in soil than in biomass.

④ Tropical forests are ideal for carbon storage due to their biomass.

[本試]

放送された英文

1 OK. What is blue carbon? You know, humans produce too much CO_2, a greenhouse gas. This creates problems with the earth's climate. But remember how trees help us by absorbing CO_2 from the air and releasing oxygen? Trees change CO_2 into organic carbon, which is stored in biomass. Biomass includes things like leaves and trunks. The organic carbon in the biomass then goes into the soil. This organic carbon is called "green" carbon. But listen! Plants growing on ocean coasts can also take in and store CO_2 as organic carbon in biomass and soil — just like trees on dry land do. That's called "blue" carbon.

2 Blue carbon is created by seagrasses, mangroves, and plants in saltwater wetlands. These blue carbon ecosystems cover much less surface of the earth than is covered by green carbon forests. However, they store carbon very efficiently—much more carbon per hectare than green carbon forests do. The carbon in the soil of the ocean floor is covered by layers of mud, and can stay there for millions of years. In contrast, the carbon in land soil is so close to the surface that it can easily mix with air, and then be released as CO_2.

3 Currently the blue carbon ecosystem is in trouble. For this ecosystem to work, it is absolutely necessary to look after ocean coasts. For example, large areas of mangroves are being destroyed. When this happens, great amounts of blue carbon are released back into the atmosphere as CO_2. To avoid this, ocean coasts must be restored and protected. Additionally, healthy coastline ecosystems will support fish

life, giving us even more benefits.

4　Look at this graph, which compares blue and green carbon storage. Notice how much organic carbon is stored in each of the four places. The organic carbon is stored in soil and in biomass but in different proportions. What can we learn from this?

 問1　①「(グリーンカーボンもしくはブルーカーボン) と呼ばれる有機炭素を分解する」
　②「炭素を (グリーンカーボンもしくはブルーカーボン) という二酸化炭素に変える」
　③「酸素を生成し, その酸素を (グリーンカーボンもしくはブルーカーボン) として放出する」
　④「二酸化炭素を取り入れて, それを (グリーンカーボンもしくはブルーカーボン) として貯留する」
　④が正解。第1段落第6, 8, 9文に「木々は二酸化炭素を有機炭素に変え, その有機炭素はバイオマスの中に貯留されます」「バイオマス内の有機炭素はその後, 土壌へと入っていきます。この有機炭素が『グリーン』カーボンと呼ばれているものです」とある。さらに同段落第11～12文には「海洋沿岸地域に生育する植物も, 陸地にある木々がそうするように, 二酸化炭素を吸収しバイオマス内や土壌内に有機炭素として貯留することができるのです。これが『ブルー』カーボンと呼ばれるものです」とある。以上から,「グリーン」カーボンも「ブルー」カーボンも, [二酸化炭素を有機炭素に変換] → [有機炭素をバイオマスに貯留] → [有機炭素が土に入る] というサイクルを経ていることがわかる。この内容に合致するのは④しかない。①は「分解する」の部分, ②は「(グリーンカーボンもしくはブルーカーボン) という二酸化炭素」の部分, ③は「放出する」の部分が間違いである。正答率は70.8%。③を選んだ人が25.0%であった。本文第1段落第5文「木々が空気中から二酸化炭素を吸収し酸素を排出することで私たち人間をどのように助けているかを覚えていますか」からの推測だと思われる。

問2　①「より広い」　　②「より狭い」　　③「同じ」
　　　④「より長い」　　⑤「より短い」　　⑥「不明」

　2～5の順に，①→②→⑤→④が正解。

　表からグリーンカーボン生態系と，ブルーカーボン生態系の比較だとわかる。空欄には，それぞれ「覆われている面積」と「貯留される期間」を答えればよいことがわかる。

　第2段落第2文に「これらのブルーカーボンの生態系が地表に占める面積は，グリーンカーボンの森林が占める面積に比べ，はるかに少ないのです」とある。よって，［ 2 ］には①，［ 3 ］には②が入る。正答率は45.8%。①と②を逆にした人が約半数いる。

　さらに，同段落第3～5文に「しかしながら，それらは，炭素をとても効率的に貯留します。ブルーカーボン生態系が1ヘクタールあたりに貯留する炭素量は，グリーンカーボンの森林が貯留する炭素量よりはるかに多いのです。海底の土壌にある炭素は何層にもなる泥に覆われており，何百万年にもわたって土壌の中に留まることが可能です。対照的に，陸地の土壌の中にある炭素は，地表に極めて近い所に存在しているため，簡単に空気と混じり合って，二酸化炭素として放出されてしまうのです」とあり，［ 4 ］には⑤，［ 5 ］には④が入るとわかる。正答率は54.3%。

　間違えた人の大半は，⑤と④を逆にしている。

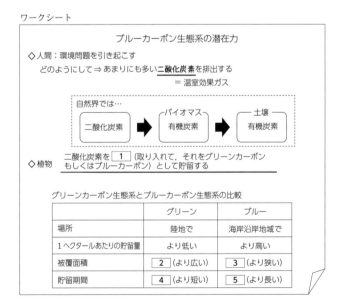

ワークシート

ブルーカーボン生態系の潜在力

◇人間：環境問題を引き起こす
　どのようにして⇒ あまりにも多い**二酸化炭素**を排出する
　　　　　　　　　　＝ 温室効果ガス

　自然界では…

　　　　　　　　　　　バイオマス　　　　　　　土壌
　　二酸化炭素　➡　　有機炭素　　➡　　有機炭素

◇植物　二酸化炭素を［ 1 ］（取り入れて，それをグリーンカーボン
　　　　もしくはブルーカーボン）として貯留する

グリーンカーボン生態系とブルーカーボン生態系の比較

	グリーン	ブルー
場所	陸地で	海岸沿岸地域で
1ヘクタールあたりの貯留量	より低い	より高い
被覆面積	［ 2 ］（より広い）	［ 3 ］（より狭い）
貯留期間	［ 4 ］（より短い）	［ 5 ］（より長い）

問3 ①「必要なブルーカーボンの生態系は破壊されてしまってい
て，取り替えることができない」

②「海洋沿岸部の生態系は，さらなる二酸化炭素放出を防ぐた
めに保護されるべきである」

③「海洋全体の生態系の回復は気候問題の解決につながるだろ
う」

④「魚類の生命を維持していくことは，ブルーカーボンの循環
を向上させるために重要である」

　正解は②である。第3段落第5文に「これ（＝マングローブ林が破
壊され二酸化炭素が空気中に放出されること）を避けるために，海洋
沿岸地域を元の状態に戻し，保護しなければなりません」とある。①
の「破壊されてしまっていて，取り替えることができない」，③の「海
洋全体の生態系」は講義で言及されていない。また④は，同段落第6
文「沿岸部の生態系が健全な状態なら，魚の生命を維持していくこと
にもなり，私たち人間にさらに多くの恩恵がもたらされることにな
るでしょう」と因果関係が逆になっているので不可である。正答率は
50.0％で，①・③を選択した人がそれぞれ20.8％であった。

問4 ①「塩性湿地では，バイオマスからよりも土壌からのほうが二
酸化炭素が排出されやすい」

②「海岸沿岸地域のマングローブでは，バイオマスからよりも
泥の層からの二酸化炭素排出量が少ない」

③「海草は，バイオマスの中よりも土壌の中のほうが長期にわ
たり効率的に炭素を貯留することが可能である」

④「熱帯雨林は，それが持つバイオマスのおかげで，炭素を貯
留するには理想的である」

　③が正解である。グラフの題名から，このグラフは有機炭素の貯留
量を比較したものであることがわかる。これに対応するのは③しかな
い。①は，二酸化炭素の排出のしやすさを比較しているので不適切で
ある。②は，排出量の比較になっており不適切である。④は，グラフ
内の Tropical Forests の項を見れば，バイオマス中の有機炭素量は最
大ではあるが，全体的な有機炭素貯留量は第3位となっており，「理
想的」とは言えないので不可。正答率は25.0％。①を選んだ人が50％
を超えている。

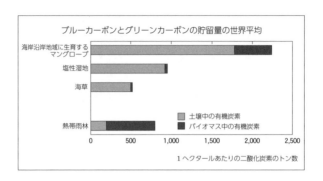

ブルーカーボンとグリーンカーボンの貯留量の世界平均

海岸沿岸地域に生育する
マングローブ

塩性湿地

海草

熱帯雨林

土壌中の有機炭素
バイオマス中の有機炭素

0　500　1,000　1,500　2,000　2,500

1ヘクタールあたりの二酸化炭素のトン数

解答 問1　④　　問2　（2～5の順に）①→②→⑤→④

　　　問3　②　　問4　③

訳　　1　では，ブルーカーボンとは何でしょう？　ご存じの通り，人類は温室
効果ガスである二酸化炭素をかなりの量排出しています。これが地球の気
候に問題を引き起こしているのです。ですが，木々が空気中から二酸化炭
素を吸収し酸素を排出することで私たち人間をどのように助けているかを
覚えていますか？　木々は二酸化炭素を有機炭素に変え，その有機炭素は
バイオマスの中に貯留されます。バイオマスには木の葉や幹といったもの
が含まれます。バイオマス内の有機炭素はその後，土壌へと入っていきま
す。この有機炭素が「グリーン」カーボンと呼ばれているものです。ですが，
よく聞いてください！　海洋沿岸地域に生育する植物も，陸地にある木々
がそうするように，二酸化炭素を吸収しバイオマス内や土壌内に有機炭素
として貯留することができるのです。これが「ブルー」カーボンと呼ばれ
るものです。

　　2　ブルーカーボンは，海草やマングローブ，そして塩性湿地に生育す
る植物によって生成されます。これらのブルーカーボンの生態系が地表に
占める面積は，グリーンカーボンの森林が占める面積に比べ，はるかに少
ないのです。しかしながら，それらは，炭素をとても効率的に貯留します。
ブルーカーボン生態系が1ヘクタールあたりに貯留する炭素量は，グリー
ンカーボンの森林が貯留する炭素量よりはるかに多いのです。海底の土壌
にある炭素は何層にもなる泥に覆われており，何百万年にもわたって土壌
の中に留まることが可能です。対照的に，陸地の土壌の中にある炭素は，
地表に極めて近い所に存在しているため，簡単に空気と混じり合って，二
酸化炭素として放出されてしまうのです。

　　3　現在，ブルーカーボンの生態系は大変な状態になっています。この生
態系が機能するためには，海洋沿岸地域を手入れしていくことが絶対に必

要です。たとえば，広大なエリアにわたるマングローブ林が破壊されつつあります。破壊が起こるとき，大量のブルーカーボンが二酸化炭素として再度空気中に放出されます。これを避けるために，海洋沿岸地域を元の状態に戻し，保護しなければなりません。さらに，沿岸部の生態系が健全な状態なら，魚の生命を維持していくことにもなり，私たち人間にさらに多くの恩恵がもたらされることになるでしょう。

4　このグラフを見てください。ブルーカーボンとグリーンカーボンの貯留量を比較したものです。4つの場所それぞれに貯留されている有機炭素の量に注目してください。有機炭素は土壌やバイオマスの中に貯留されますが，その割合は異なります。私たちはここから何を学ぶことができますか？

(語句)

第1段落

▶ gréenhouse gás　　名「温室効果ガス」
▶ absórb ～　　他「～を吸収する」
▶ reléase ～　　他「～を放出する」
▶ chánge *A* into *B*　　熟「A を B に変える」
▶ orgánic cárbon　　名「有機炭素」
▶ store ～　　他「～を貯留する」
▶ bíomass　　名「バイオマス」
　　＊　生物に由来する再生可能な有機資源
▶ trunk　　名「(木の)幹」
　　＊　「(ゾウの)鼻」の意味もある
▶ green　　形「グリーンの／環境に優しい」
▶ ócean cóast　　名「海洋沿岸地域」
▶ dry land　　名「陸地」
　　＊　海に対する陸地の意味

第2段落

▶ séagrass　　名「海草」
▶ sáltwater wétland　　名「塩性湿地」
▶ écosystem　　名「生態系」
▶ efficiently　　副「効率よく」
▶ ócean flóor　　名「海底」
▶ láyer　　名「層」
　　＊　the ozone layer「オゾン層」

▶ mud 　　　　　　名「泥」

▶ in cóntrast 　　熟「対照的に」

第3段落

▶ cúrrently 　　　副「現在」

▶ ábsolutely 　　副「絶対的に」

　　＊　necessary, impossible などの very では修飾できない,「程度の幅
　　　を持たない形容詞」を修飾するときに使われる

▶ átmosphere 　　名「大気／空気」

▶ avóid ～ 　　　他「～を避ける」

▶ restóre ～ 　　他「～を復元する」

▶ cóastline 　　　名「沿岸部」

▶ even ＋比較級 　熟「さらに～」

第4段落

▶ propórtion 　　名「比率」

お役立ちコラム
英語を前から読む訓練をしよう

　普段，英文を読むときに，後ろから訳していく，いわゆる「返り読み」
をしている人は多いだろう。学習の初級段階で英文構造をしっかり把握し
なければならないときには，それも有効である。

　しかし，いつまでもそのような「返り読み」をしていると，英語を
聞くときに弊害が生じる。たとえば，Freedom of speech is a condition
without which democracy cannot exit. という英文を聞き取る際に
「without which democracy cannot exist は直前の a condition にかかる
のかな？」などといちいち考えながら聞いていたのでは，リスニングは上
達しない。リスニングではどんどん英文が流れてくるので，返り読みをす
る余裕などない。つまり，返り読みのクセがあるとリスニング力の向上が
妨げられてしまうのだ。

　逆に，英語の語順の通り，文の頭から理解する訓練をすれば，リスニン
グ力は格段に向上していく。上の文は，「言論の自由は／１つの条件だ／
その条件がなければ／民主主義は／存在し得ない」と理解していけばよい
わけだ。

チャレンジ問題 21　　　難

　最初に講義を聞き，**問1**から**問3**に答えなさい。次に続きを聞き，**問4**に答えなさい。**状況，ワークシート，問い，及び図表を読む時間が与えられた後，音声が流れます。**

状況
　アメリカの大学で，服と環境の関わりについて，講義を聞いています。

ワークシート

○Today: 80 billion new pieces of clothing

　↑　increased by 400%

　20 years ago

○Why? →(　　　　**1**　　　　)

○The life of cheaply-produced clothing—avg. 2.2 years

○The environmental impact:　**2**

Methods	Fibers	Impacts	
burning	**A**	**X**	
burying	non-natural	**Y**	→ earth
	B	methane during breakdown	
	C	**Z**	
		→ underground water	

問1　ワークシートの空欄　**1**　に最も適当なものを，4つの選択肢（①～④）のうちから一つ選びなさい。

　①　carefully produced and expensive clothes

　②　cheaply produced and inexpensive clothes

　③　poorly produced and short-lasting clothes

　④　reasonably produced and long-lasting clothes

問2　ワークシートの表 [2] の空欄A～C及びX～Zを埋めるのに最も適切な語句はどれか。Fibersの空欄A～Cのそれぞれにあてはまるものを2つの選択肢（①と②）のうちから，Impactsの空欄X～Zのそれぞれにあてはまるものを3つの選択肢（③～⑤）のうちから選びなさい。①と②は2回以上使われることがあります。

空欄A～C：
① natural　② non-natural

空欄X～Z：
③ chemicals used in production
④ many years to break down
⑤ CO₂ in the air

問3　講義で話されていると考えられる主張はどれか，4つの選択肢（①～④）のうちから一つ選びなさい。
① Cotton clothes are better because they produce less CO₂ and are more easily broken down than polyester clothes.
② It is better to burn textile waste than to bury it underground because harmful chemicals can damage the earth.
③ Many clothes are not recycled or reused, so buying clothing wisely could contribute to protecting the environment.
④ We should avoid buying unnecessary clothing because chemicals are used during the production process.

問4　講義の続きを聞いて以下の図表から読み取れる情報と，先の講義の内容を総合して，どのようなことが示唆されるか，4つの選択肢（①～④）のうちから一つ選びなさい。

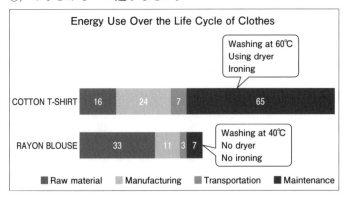

Energy Use Over the Life Cycle of Clothes

COTTON T-SHIRT　16　24　7　65
Washing at 60℃ / Using dryer / Ironing

RAYON BLOUSE　33　11　3　7
Washing at 40℃ / No dryer / No ironing

■ Raw material　■ Manufacturing　■ Transportation　■ Maintenance

① Cotton T-shirts are better for the earth when they are made out of chemical-free fibers.

② It is important not only to think of what clothes to buy but how to take care of them.

③ Rayon blouses can be recycled and as a result, last longer than cotton T-shirts.

④ We should wear natural-fiber clothing as it is friendly to the environment.

[試行]

放送された英文

1 Do you like buying new clothes? Today I'm going to talk about clothing and its connection to the environmental crisis we are facing now. Worldwide, we consume about 80 billion items of new clothing each year. That number is 400% higher than what we were consuming two decades ago. Do you know why? This increase is closely related to the fact that clothes are cheaply produced and sold at low prices. How long do you wear your clothes? The life of such cheaply produced clothing is, on average, 2.2 years. Some clothing stores are trying hard to reuse or recycle the clothes. But unfortunately, tons of clothes still end up being burned or buried as waste.

2 Burning or burying such a large amount of textile waste adds to our present environmental crisis. Burning non-natural fibers such as polyester and nylon can produce air pollution including a huge amount of CO_2. Burying unwanted clothes also causes a lot of pollution. Do you know how long the buried clothes stay in the ground? Those non-natural fibers are basically plastics made from oil, which means they could take up to a thousand years to become part of the earth once again. In contrast, natural fibers like cotton and silk go back to the earth quickly. However, they produce greenhouse gases, such as methane, as they break down under the ground. In addition, chemicals may have been used to dye or bleach those natural fibers, and the remaining chemicals can eventually reach underground water.

3　Now let's consider how much energy is used in the life cycle of clothing. Look at this chart comparing a cotton T-shirt and a rayon blouse. Although rayon looks like a non-natural material, it is actually made from wood pulp. Notice the differences between these two types of natural-fiber clothes.

解説　**問1**　① 「注意深く製造された高価な衣類」

② **「安く製造された安価な衣類」**

③ 「お粗末に製造された寿命の短い衣類」

④ 「適正な価格で製造された長く使える衣類」

　本文第1段落第4～6文には「その数字は私たちが20年前に消費していたよりも400％も多くなっています。どうしてか知っていますか？　この増加は衣類が安価で作られ，そして安い値段で売られているという事実と密接な関係があります」とある。よって②が正解だとわかる。正答率は約78％。

問2　**A～C**　① 「天然の」　　② 「天然でない」

X～Z　③ 「製造で使われる化学物質」

④ 「分解されるための長い年月」

⑤ 「空気中の二酸化炭素」

　第2段落第2文に「ポリエステルやナイロンといった天然繊維でないものを燃やすことは，大量の二酸化炭素を含む大気汚染を生み出す可能性があります」とあるので，　A　には②，　X　には⑤が入る。同段落の第5文に「それらの天然繊維ではないものは基本的には石油から作られたプラスチックで，このことは再びそれらが土の一部となるまでには最長1000年かかるかもしれないということを意味しています」とあり，　Y　には④が入る。

　同段落第6～7文に「一方，綿や絹といった天然繊維はすぐに土にかえります。しかしそれらは地面の下で分解される際に，メタンなどの温室効果ガスを排出するのです」とあり，　B　には①が入る。

　同段落第8文に「加えて，それらの天然繊維を染色したり漂白したりするために化学物質が使われた可能性があり，残った化学物質は最終的に地下水に達するかもしれません」とあり，ここから　C　には①が入り，　Z　には③が入るとわかる。

　正答率は12％。すべてを正解しなければいけないので難しかったようだ。

ワークシート

○ 今日：800億点もの新しい衣料品

↑ 400%の増加

20年前

○ なぜ？ → | 1 | （安く製造された安価な衣類）

○ 安く製造された衣類の寿命 — | 2 | （平均2.2年）

○ 環境面での影響

方法	繊維		影響	
燃やす		A	（天然でない）	X	（空気中の二酸化炭素）
埋める	天然でない			Y	（分解されるための長い年月）
			→ 土にかえる	
		B	（天然の）	分解の過程でメタン発生
		C	（天然の）	Z	（製造で使われる化学物質）
			→ 地下水	

問3　①「綿の衣類はポリエステルの衣類に比べて二酸化炭素の排出量が少なく，より簡単に分解されるため，より好ましいものである」

②「有害な化学物質が土壌を汚染するかもしれないので，紡織廃棄物は地中に埋めるより燃やしたほうがよい」

③「多くの服はリサイクルされたりリユースされたりしないので，賢く服を買うことが環境を守ることに寄与するだろう」

④「製造過程において化学物質を使うので不要な服を買うことは避けるべきだ」

　第2段落第7～8文から，天然素材が必ずしも環境によいとは限らないことがわかる。よって①は不可。第2段落の第1～2文に「そういった大量の紡織廃棄物を燃やしたり埋めたりすることは，私たちの現在の環境危機を加速させます。ポリエステルやナイロンといった天然繊維でないものを燃やすことは，大量の二酸化炭素を含む大気汚染を生み出す可能性があります」とあるので②も不可。③はいったん保留。④は「製造過程において化学物質を使うので」は第2段落第8文の「染色したり漂白したりするために化学物質が使われた可能性が

あり」と一致している。しかし「不要な服を買うことを避けるべきだ」とは言っていないので不可。以上から③を正解とする。第1段落の第9〜10文「衣料品店の中には服をリユースやリサイクルしようと一生懸命努力しているところもあります。しかし残念なことに，いまだに何トンもの衣類が最後は廃棄物として燃やされたり埋められたりしているのです」でも③の内容が示唆されている。

問4 ①「綿のTシャツが化学物質を含まない繊維で作られている場合，地球によりよい」
　　②「どんな衣類を買うかだけでなく，どのようにそれらを手入れするかを考えることも大切である」
　　③「レーヨンのブラウスはリサイクルできるので，結果として綿のTシャツよりも長持ちする」
　　④「環境に優しいので，天然繊維の服を着るべきだ」

　図は「服に対して使われるエネルギー」を示しているが，とくに必要とされる手入れ次第で使われるエネルギー量がずいぶんと変わることがわかる。①は図と無関係。この図から長持ちするかどうかはわからないので，③は不可。④も図とは無関係。正答率は約23％。正解は②。図表のMaintenance「手入れ」と吹き出しを見ると，レーヨン製のブラウスのほうが綿のTシャツに比べ，使用されるエネルギーがかなり少ないことがわかる。これから，服の手入れの仕方によって使用されるエネルギーの量が変わり，その結果，環境におよぼす影響も変わることを示している。

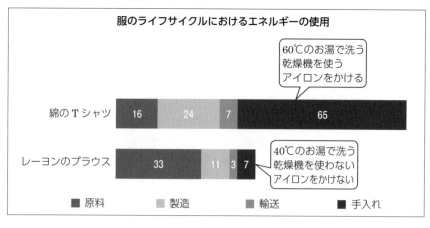

服のライフサイクルにおけるエネルギーの使用

60℃のお湯で洗う
乾燥機を使う
アイロンをかける

綿のTシャツ　16　24　7　65

40℃のお湯で洗う
乾燥機を使わない
アイロンをかけない

レーヨンのブラウス　33　11　3　7

■ 原料　　製造　■ 輸送　■ 手入れ

問1 ②　　**問2** A② B① C① X⑤ Y④ Z③

問3 ③　　**問4** ②

　　1　新しい服を買うのは好きですか？　今日，私は衣料品と，私たちが今直面している環境危機とのつながりについてお話ししようと思います。世界中で，私たちは毎年，およそ800億点もの新しい衣料品を消費しています。その数字は私たちが20年前に消費していたよりも400％も多くなっています。どうしてか知っていますか？　この増加は衣類が安価で作られ，そして安い値段で売られているという事実と密接な関係があります。みなさんは，自分の服をどの程度の期間着ますか？　そういった安く作られた衣類の寿命は平均して2.2年です。衣料品店の中には服をリユースやリサイクルしようと一生懸命努力しているところもあります。しかし残念なことに，いまだに何トンもの衣類が最後は廃棄物として燃やされたり埋められたりしているのです。

　　2　そういった大量の紡織廃棄物を燃やしたり埋めたりすることは，私たちの現在の環境危機を加速させます。ポリエステルやナイロンといった天然繊維でないものを燃やすことは，大量の二酸化炭素を含む大気汚染を生み出す可能性があります。要らない服を埋めることもまた，かなりの汚染を引き起こします。埋められた衣類がどの程度の期間，地中にとどまるか知っていますか？　それらの天然繊維ではないものは基本的には石油から作られたプラスチックで，このことは再びそれらが土の一部となるまでには最長1000年かかるかもしれないということを意味しています。一方，綿や絹といった天然繊維はすぐに土にかえります。しかしそれらは地面の下で分解される際に，メタンなどの温室効果ガスを排出するのです。加えて，それらの天然繊維を染色したり漂白したりするために化学物質が使われた可能性があり，残った化学物質は最終的に地下水に達するかもしれません。

　　3　さて，衣料品のライフサイクルではどれくらいのエネルギーが使われているのか考えてみましょう。綿のTシャツとレーヨンのブラウスを比較したこの図を見てください。レーヨンは天然の素材ではないように見えますが，じつは木のパルプからできています。これら2種の，天然繊維の衣類のあいだの違いに注目してみましょう。

　第1段落

▶ **crísis**　　名「危機」

▶ **wórldwíde**　　副「世界的に」

▶ **consúme** ～　　他「～を消費する」

▶ décade	名	「10年」
▶ be reláted to 〜	熟	「〜と関連している」
▶ on áverage	熟	「平均して」
▶ reúse 〜	他	「〜を再び使う」
▶ unfórtunately	副	「残念なことに」
▶ end up (V)ing	熟	「結局 V する」
▶ búry 〜	他	「〜を埋める」
＊ / béri / の発音		
▶ waste	名	「廃棄物」

第2段落

▶ téxtile	名	「織物の原料」
▶ add to 〜	熟	「〜を増やす」
▶ pollútion	名	「汚染」
▶ take 〜	他	「(時間) がかかる」
▶ up to 〜	熟	「最大で〜」
▶ in cóntrast	熟	「一方」
▶ gréenhouse gás	名	「温室効果ガス」
▶ break down (〜)	熟	「分解される (〜を分解する)」
▶ chémical	名	「化学物質」
▶ may have ＋過去分詞	熟	「〜したかもしれない」
▶ dye 〜	他	「〜を染める」
＊ die と同音		
▶ bleach 〜	他	「〜を漂白する」
▶ evéntually	副	「最終的に」

チャレンジ問題22

難

最初に講義を聞き、**問1**から**問3**に答えなさい。次に続きを聞き、**問4**に答えなさい。**状況、ワークシート、問い、及び図表を読む時間が与えられた後、音声が流れます。**

状況
あなたは大学で、ガラスに関する講義を、ワークシートにメモを取りながら聞いています。

ワークシート

Glass: An Amazing Material

● Glass does **NOT**...

◆ release dangerous chemicals

◆ [1]

◆ break down in nature

● Glass:

Production	2 shapes	3 windows

Uses of Current Technology	4 rooms	5 roads

問1 ワークシートの空欄 [1] に入れるのに最も適切なものを、4つの選択肢（①〜④）のうちから一つ選びなさい。

① allow for repeated recycling

② have unique recycling qualities

③ keep bacteria out of medicine

④ permit bacteria to go through

問2 ワークシートの空欄 [2] 〜 [5] に入れるのに最も適切なもの

を，6つの選択肢（①〜⑥）のうちから一つずつ選びなさい。選択肢は2回以上使ってもかまいません。

① Adjusts sound in　② Arranged in　③ Blown into
④ Improves safety of　⑤ Reflects views of　⑥ Spread into

問3　講義の内容と一致するものはどれか。最も適切なものを，4つの選択肢（①〜④）のうちから一つ選びなさい。

① Glass has been improved in many ways by technology for modern life.
② Glass has been replaced in buildings by inexpensive new materials.
③ Glass is a material limited in use by its weight, fragility, and expense.
④ Glass is a modern invention necessary in many aspects of our daily life.

問4　講義の続きを聞き，**次の図から読み取れる情報と講義全体の内容から**どのようなことが言えるか，最も適切なものを，4つの選択肢（①〜④）のうちから一つ選びなさい。

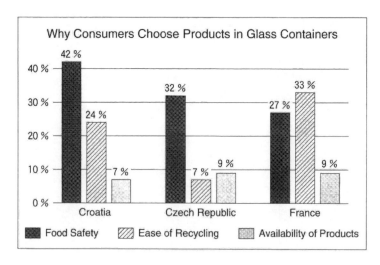

Why Consumers Choose Products in Glass Containers

■ Food Safety　▨ Ease of Recycling　▧ Availability of Products

① Glass can be recycled repeatedly, but "ease of recycling" is the least common reason in the Czech Republic and Croatia.

② Glass is harmful to the environment, but "food safety" is the most common reason in the Czech Republic and Croatia.

③ Glass products are preferred by half of Europeans, and "ease of recycling" is the most common reason in France and Croatia.

④ Glass products can be made using ancient techniques, and "availability of products" is the least common reason in France and Croatia.

［本試］

放送された英文

1　This afternoon, we're going to talk about the unique characteristics of glass and recent innovations in glass technology. Glass does not release any dangerous chemicals and bacteria cannot pass through it, which makes it suitable for storing food, drinks, and medicine. Glass can also be cleaned easily, reused many times, and recycled repeatedly, making it friendly to the environment. A surprising characteristic of glass is that it doesn't break down in nature. This is why we can still see many examples of ancient glass work at museums.

2　Glass-making began in Mesopotamia roughly 4,500 years ago. Beads and bottles were some of the first glass items made by hand. As glass-making became more common, different ways of shaping glass developed. One ancient technique uses a long metal tube to blow air into hot glass. This technique allows the glassblower to form round shapes which are used for drinking glasses or flower vases. Spreading hot glass onto a sheet of hot metal is the technique used to produce large flat pieces of window glass.

3　Today, new technology allows glass to be used in exciting ways. 3D printers that can make lenses for eyeglasses have been developed. Smart glass can be used to adjust the amount of light that passes through airplane windows. Other types of glass can help control sound levels in recording studios or homes. Moreover, tiny pieces of glass in road paint reflect light, making it easier to see the road at night.

4　Due to these characteristics, glass can be found everywhere we go. Our first group investigated the use of glass in some European countries.

Group 1, go ahead.

5　Given a choice of buying a product in a glass container or a different kind of container, approximately 40% of Europeans choose glass. Our group researched why: reasons include food safety, ease of recycling, and availability of products. We focused on the following three countries: Croatia, the Czech Republic, and France. Let's look at the information in detail.

解説　**問1**　① 「何度もリサイクルすることを可能にする」
　　　　② 「独特なリサイクルのための性質を持っている」
　　　　③ 「バクテリアを薬から遠ざける」
　　　　④ 「バクテリアが入っていくのを可能にする」
　　　④が正解である。ワークシートより，空所には「ガラスの特徴ではないもの」が入ることがわかる。ガラスの特徴については，放送された英文の第1段落第2～4文に「ガラスは危険な化学物質を何も放出せず細菌も通さないので，食品，飲料，薬の貯蔵に適しています。また，ガラスは簡単に洗浄でき，何度も再利用でき，繰り返しリサイクルできるので環境に優しいのです。ガラスの驚くべき特徴は，自然界では分解しないということです」とある。選択肢を順に検討する。①・②・③は，今挙げた箇所に述べられている。④は合致しない。ワークシートの Glass does NOT を見落とすと，正解が複数あるように思われ，混乱してしまうかもしれない。正答率は上位者で73.2%であり，下位者は52.0% であった。

　　　問2　① 「～の中で音を調整する」
　　　　② 「～の中で配置される」
　　　　③ 「～の中に吹かれる」
　　　　④ 「～の安全性を高める」
　　　　⑤ 「～の視野を反射する」
　　　　⑥ 「～へと広げる」
　　　 2 　は③, 3 　は⑥が正解。まずワークシートの表の中にある「生産（Production）」に注目する。ガラスの製法について述べられているのは，放送された英文の第2段落である。同段落第4文に「大昔のある技法では，ガラスに空気を吹き込むために長い金属の筒を使います」とあり，これに対応するのが 2 　③である。blown into shapes 「吹いてさまざまな形にする」の into は「変化の結果を示す前置詞」で

ある。さらに同段落第6文「熱い金属板の上に熱いガラスを広げるのは，大きく平たい窓ガラスを作るのに使われる技術です」に対応するのが　3　⑥である。spread into windows で「広げてさまざまな窓にする」の意味である。なお選択肢②を　2　　3　に当てはめると「形／窓の中で配列される」という意味になるが，意味をなさない。

　正答率は上位者でも40%ぐらいしかなく難問である。into を用いた選択肢が難しかったのが原因であろう。

　4　は①，　5　は④が正解である。まずワークシートの表の中にある「現在の技術の利用法（Uses of Current Technology）」に注目する。現在の技術に関して述べられているのは，放送された英文の第3段落である。同段落第4文「他の種類のガラスは，録音スタジオや家庭での音のレベルを調節するのに役立てることができます」に対応するのが　4　①である。さらに，同段落第5文「道路用塗料に入っている小さなガラス片は光を反射し，夜間，道路を見やすくします」に対応するのが　5　④である。　4　だけの正答率は上位者では 81.7% あるが，　5　では上位者でも50.0%しかない。本文の「光を反射し，夜間，道路を見やすくします」が「道路の安全性を高める」に言い換えられているため，難しかったのであろう。なお，放送された英文にある reflect を用いたワナの選択肢⑤を選んだ人がかなりいた。「放送された英文の中の特徴的な単語が選択肢の中にあればワナである可能性」を意識しておく必要がある。

ワークシート

ガラス：驚くべき素材

● ガラスは…**ではない。**

◆ 危険な化学物質を放出する

◆ 　1　（バクテリアが入っていくのを可能にする）

◆ 自然界で分解する

● ガラス：

生産：	2　（吹くことで）形（にする）	3　（広げることで）窓（にする）
現在の技術の利用法：	部屋　4　（の中で音を調整する）	道路　5　（の安全性を高める）

問3 ①「ガラスは現代生活のための技術によって多くの方法で改良
されてきた」
②「建築物では，ガラスは安価な新素材に取って代わられてい
る」
③「ガラスは，その重さ，壊れやすさ，かかる費用によって用
途が限定される素材である」
④「ガラスは日常生活の多くの場面で必要とされる現代の発明
品である」

　正解は①である。選択肢を順に吟味する。①は放送された英文の第
3段落の内容と合致している。②・③は本文にはまったく言及がなく，
また本文の内容の「ガラスの有用性」にも反している。④は「現代の
発明品」が放送された英文第2段落第1文「ガラス作りはメソポタ
ミアで，およそ4500年前に始まりました」と矛盾する。

　正答率は上位者で76.8%，下位者で54.9%であった。間違えた人の
多くは④を選んでいた。④は放送内容を聞いて確認しないと，選択肢
だけでは一見正しく見えるだけに難しかったのかもしれない。

問4 ①「ガラスは繰り返しリサイクルできるが，チェコとクロアチ
アでは『リサイクルのしやすさ』が最も一般的ではない理由
である」
②「ガラスは環境に有害だが，チェコとクロアチアでは『食品
の安全性』が最も一般的な理由である」
③「ヨーロッパ人の半数がガラス製品を好み，フランスとクロ
アチアでは『リサイクルのしやすさ』が最も一般的な理由で
ある」
④「ガラス製品は古代の技術を用いて作ることができ，フラン
スとクロアチアでは『製品の手に入れやすさ』が最も一般的
でない理由である」

　正解は④である。選択肢を順に検討していく。①の前半「ガラスは
繰り返しリサイクルできる」は放送された英文の第1段落第3文「ガ
ラスは簡単に洗浄でき，何度も再利用でき，繰り返しリサイクルでき
るので環境に優しいのです」と一致する。①の後半「チェコとクロア
チアでは『リサイクルのしやすさ』が最も一般的ではない」は間違っ
ている。「リサイクルのしやすさ」は，チェコでは7%であり「最も

一般的ではない」が，クロアチアでは24％であり，これは下から2番目の数字である。よって①は不正解である。②の前半「ガラスは環境に有害だ」は，放送された英文の第1段落第3文の「何度も再利用でき，繰り返しリサイクルできるので環境に優しいのです」に反する。②の後半の「チェコとクロアチアでは『食品の安全性』が最も一般的な理由である」はグラフと合致している。以上から②は不正解である。③の前半「ヨーロッパ人の半数がガラス製品を好み」は，第5段落の第1文「ガラス容器か他の種類の容器に入った製品を買う選択肢があれば，ヨーロッパ人の約40％がガラスを選びます」と合致しない。また③の後半「フランスとクロアチアでは『リサイクルのしやすさ』が最も一般的な理由だ」は，図からフランスでは当てはまっていることがわかるが，クロアチアでは2番目なので不可である。以上から③は不正解である。④の前半「ガラス製品は古代の技術を用いて作ることができ」は，放送された英文の第2段落全体の内容と合致している。さらに④の後半「フランスとクロアチアでは『製品の手に入れやすさ』が最も一般的でない理由だ」は図と合致している。以上から④が正解となる。

　正答率は上位者で84.1％，中位者で66.2％，下位者で37.3％であり，かなり差がついた問題と言える。英文を聞くだけではなく，グラフの読み取りをしっかりしてから，リスニングに臨むことが肝心である。

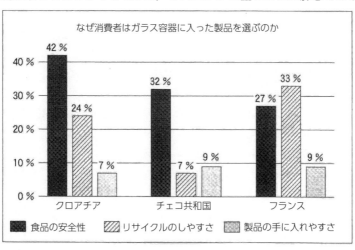

解答 問1　④　　問2　（2〜4の順に）③→⑥→①→④
問3　①　　問4　④

1　今日の午後は，ガラス独特の特徴とガラスの最近の技術革新についてお話しします。ガラスは危険な化学物質を何も放出せず細菌も通さないので，食品，飲料，薬の貯蔵に適しています。また，ガラスは簡単に洗浄でき，何度も再利用でき，繰り返しリサイクルできるので環境に優しいのです。ガラスの驚くべき特徴は，自然界では分解しないということです。ですから我々は未だに美術館で大昔のガラス細工の多くの例を見ることができるのです。

2　ガラス作りはメソポタミアで，およそ4500年前に始まりました。ビーズや瓶は手作業で作られた最初のガラス製品の一部です。ガラス作りが普及するにつれ，ガラスを形作るさまざまな方法が発展しました。大昔のある技法では，ガラスに空気を吹き込むために長い金属の筒を使います。この技術がガラス吹き工に，飲料用のグラスや花瓶に使われる丸みを帯びた形を作ることを可能にするのです。熱い金属板の上に熱いガラスを広げるのは，大きく平たい窓ガラスを作るのに使われる技術です。

3　今日では，新しい技術がガラスがわくわくするような方法で使われることを可能にしています。メガネ用のレンズを作れる3Dプリンターが開発されてきました。スマートガラスは飛行機の窓を通り抜ける光の量を調整するのに使うことが可能です。他の種類のガラスは，録音スタジオや家庭での音のレベルを調節するのに役立てることができます。さらに，道路用塗料に入っている小さなガラス片は光を反射し，夜間，道路を見やすくします。

4　これらの特徴により，ガラスは私たちの行く先々でどこでも見つけられます。私たちの最初のグループはいくつかのヨーロッパ諸国でのガラスの使われ方を調査しました。では第1グループ，どうぞ。

5　ガラス容器か他の種類の容器に入った製品を買う選択肢があれば，ヨーロッパ人の約40％がガラスを選びます。なぜなのかを私たちのグループは調べました。すると理由は，食品の安全性，リサイクルのしやすさ，製品の手に入れやすさなどでした。私たちは次の3カ国，クロアチア，チェコ共和国，フランスに焦点を当てました。情報を詳しく見ていきましょう。

語句　第1段落

▶ characterístic　　名「特徴」
▶ innovátion　　名「革新／刷新」
▶ reléase ～　　他「～を放出する」

▶ chémical	名	「化学物質」
▶ súitable for ～	熟	「～に適している」
▶ store ～	他	「～を貯蔵する」
▶ repéatedly	副	「繰り返し」
▶ break down	熟	「分解する」
▶ áncient	形	「古代の」

第2段落

▶ bead	名	「ビーズ」
▶ cómmon	形	「一般的な」
▶ blow *A* into *B*	熟	「A を B に吹き込む」
▶ glássblower	名	「ガラス吹き工」
▶ spread *A* onto *B*	熟	「A を B に広げる」
▶ flat	形	「平らな」

第3段落

▶ adjúst ～	他	「～を調整する」
▶ moreóver	副	「おまけに」
▶ refléct ～	他	「～を反射する」

第4段落

▶ invéstigate ～	他	「～を調査する」

チャレンジ問題 23　　やや難

　2人の対話を聞き，それに対する問いの答えとして最も適当なものを，4つの選択肢（①〜④）のうちから一つずつ選びなさい。（問いの英文は書かれています。）**状況と問いを読む時間が与えられた後，音声が流れます。**

状況
　Mike と妻の Pam が，小学生の息子（Timmy）の誕生日プレゼントについて話をしています。

問1　What is Pam's main reason for recommending the saxophone?
① Jazz is more enjoyable than classical music.
② Playing ad lib is as exciting as reading music.
③ Playing the saxophone in an orchestra is rewarding.
④ The saxophone is easier to play than the violin.

問2　Which of the following statements would Mike agree with?
① Jazz musicians study longer than classical musicians.
② Learning the violin offers a good opportunity to play classical music.
③ The violin can be played in many more ways than the saxophone.
④ Younger learners are not as talented as older learners.

[追試]

放送された英文

Mike：How about getting Timmy a violin for his birthday?

Pam ：Oh, do you want him to play in an orchestra?

Mike：I hope he does, eventually.

Pam ：Hmm ... how about a saxophone? It's more fun than the violin.

Mike：But I want to get him a violin while he's still young.

Pam ：Of course age is important for both instruments. Still, I was hoping that Timmy could play jazz someday. But with the violin, he's stuck with classical music.

Mike：What's wrong with classical music?

Pam：Nothing. But what's better about jazz is that you can change the melody as you play. There's more freedom. It's more fun.

Mike：More freedom is all very good, but you need to learn to read music first. And classical music is the best for that.

Pam：Well, Timmy can learn to read music while playing jazz on the saxophone.

Mike：Couldn't he learn the saxophone later if he wants?

Pam：Why don't we let him choose? What's important is that he enjoys it.

解説 問1 「パムがサックスを薦める主な理由は何か」

① 「ジャズはクラシック音楽より楽しいから」

② 「アドリブで演奏することは楽譜を読むことと同じくらい楽しいから」

③ 「サックスをオーケストラで演奏することはやりがいがあるから」

④ 「サックスはバイオリンよりも演奏しやすいから」

　①が正解。パムは4番目の発言で「でも，ジャズのいいところは，演奏しながらメロディを変えられるところ。もっと自由で，もっと楽しいんだよ」と指摘している。これと合致するのは①である。②は，「楽譜を読むことと同じくらい」が本文にはない。③・④も，本文には言及がない。正答率は70.6%である。④を選んだ人が13.7%もいるが，パムは「サックスなんてどう？　バイオリンより楽しいよ」とは発言しているものの，「サックスのほうが簡単」とは発言していない。

問2 「マイクが賛成するであろう意見は次のうちどれか」

① 「ジャズの音楽家はクラシックの音楽家よりも長く勉強する」

② 「バイオリンを習うことでクラシック音楽を演奏する良い機会が得られる」

③ 「バイオリンはサックスよりももっと幅広い方法で演奏することができる」

④ 「若い生徒は年配の学習者ほどの才能がない」

　②が正解。選択肢を順に検討する。①のような内容は本文にはない。

②は，発言にこれと合致する直接的な発言はない。しかし，パムの最初の発言とマイクの2番目と3番目の発言から，マイクは「ゆくゆくはオーケストラで演奏するため幼少期からバイオリンを習わせたい」と思っていることがわかる。さらに4番目の発言「クラシック音楽のどこがいけないの」と，5番目の発言「まずは楽譜を読めるようになる必要がある。そして，そのためにはクラシック音楽が最適だよ」から，クラシック音楽を習わせたいこともわかる。よって，方向性は合っているので一旦保留する。③は，そもそもマイクはそのような発言はしていない。「もっと幅広い方法で」に関する発言は，パムの4番目の発言の「でも，ジャズのいいところは，演奏しながらメロディを変えられるところ」だけである。④は，本文でまったく述べられていない。以上から消去法で②を選ぶ。正答率は45.1％である。③を選んだ人が 29.4％もいた。

解答 問1 ① 問2 ②

訳 マイク：ティミーの誕生日にバイオリンをプレゼントするのはどう？

パム　：え，あの子にオーケストラで演奏してほしいの？

マイク：いずれはそうなってほしいね。

パム　：うーん…サックスなんてどう？　バイオリンより楽しいよ。

マイク：でも，ティミーがまだ小さいうちにバイオリンを買ってあげたいんだ。

パム　：もちろん，どちらの楽器も年齢が重要だよ。それでも，私はティミーにいつかジャズを演奏してほしいと思ってたの。でも，バイオリンでは，クラシック音楽から抜け出せなくなるでしょ。

マイク：クラシック音楽のどこがいけないの？

パム　：いけないことはないよ。でも，ジャズのいいところは，演奏しながらメロディを変えられるところ。もっと自由で，もっと楽しいんだよ。

マイク：自由度が高いのはとてもいいことだけど，まずは楽譜を読めるようになる必要がある。そして，そのためにはクラシック音楽が最適だよ。

パム　：あら，サックスでジャズを演奏しながら楽譜の読み方を学ぶことはできるよ。

マイク：サックスは，あの子が望んだときに，あとで学ぶことはできないの？

312

パム ：本人に選ばせるのはどう？　大切なのは，本人が楽しむことだよ。

(語句) ▶ **How about ～ ?**　熟「～はどうですか」
▶ **get** ＋人 ＋ ～　熟「〔人〕に～を買う」
▶ **evéntually**　副「最終的には」
▶ **ínstrument**　名「楽器」
　＊　instrument「（精巧な）道具」と区別するため，musical instrument
　　と言うこともある
▶ **still**　副「それでも」
▶ **be stuck with ～**　熟「～から抜け出せない」
▶ **clássical music**　名「クラシック音楽」
　＊　classic ではないことに注意
▶ **read music**　熟「楽譜を読む」
▶ **on the sáxophone**　熟「サックスで」

チャレンジ問題 24　　　標準

2人の対話を聞き，それに対する問いの答えとして最も適当なものを，4つの選択肢（①～④）のうちから一つずつ選びなさい。（問いの英文は書かれています。）**状況と問いを読む時間が与えられた後，音声が流れます。**

状況

Carol が Bob と手紙を書くことについて話をしています。

問1　What is Carol's main point?

① Emails are cold and not very personal.

② Handwriting is hard to read.

③ Letter writing with a pen is troublesome.

④ Letters show your personality.

問2　Which of the following statements would Bob agree with?

① Letter writing is too time-consuming.

② Typing letters improves your personality.

③ Typing letters is as good as hand-writing them.

④ Writing a letter by hand is a heartfelt act.

[本試]

放送された英文

Carol：What are you doing, Bob?

Bob　：I'm writing a letter to my grandmother.

Carol：Nice paper! But isn't it easier just to write her an email?

Bob　：Well, perhaps. But I like shopping for stationery, putting pen to paper, addressing the envelope, and going to the post office. It gives me time to think about my grandma.

Carol：Uh-huh. But that's so much trouble.

Bob　：Not really. Don't you think your personality shines through in a handwritten letter? And it makes people happy. Plus, it has cognitive benefits.

Carol：What cognitive benefits?

Bob　：You know, handwriting is good for thinking processes, like memorizing and decision making.

Carol：Really? I'm a more fluent writer when I do it on a computer.

Bob　：Maybe you are, but you might also sacrifice something with that efficiency.

Carol：Like what?

Bob　：Well, mindfulness, for one.

Carol：Mindfulness?

Bob　：Like taking time to do things with careful consideration. That's being lost these days. We should slow down and lead a more mindful life.

Carol：Speaking of mindful, I wouldn't mind some chocolate-chip ice cream.

解説 **問1 「キャロルの要点はどれか」**

　　　① 「Eメールは冷たくそこまで個人的ではない」

　　　② 「手書きは読みづらい」

　　　③ 「手紙をペンで書くことは面倒だ」

　　　④ 「手紙からその人の個性がわかる」

　　キャロルの3番目の発言「そうだね。だけど，それはすごく手間がかかるよね」，キャロルの5番目の発言「ほんと？　私はコンピューターで書いたほうがスラスラ書けるけどね」から，キャロルは手書きよりもコンピューターなどを使ったほうがよいと思っていることがわかる。よって③が正解。

問2 「ボブが賛成するであろう記述はどれか」

　　　① 「手紙を書くことは時間をとりすぎる」

　　　② 「手紙をタイプすることで個性を磨くことができる」

　　　③ 「手紙をタイプすることは手紙を手で書くことと同じくらいよいことだ」

　　　④ 「手紙を手書きすることは，心のこもった行動だ」

　　ボブの2番目の発言に「うん，そうかもね。だけど，僕が気に入っているのは，文房具を買いに行って，ペンを紙に当てて，封筒に宛名を書いて，郵便局に行くことなんだ。こうしたことが，おばあちゃんについて考える時間を与えてくれるんだ」とある。さらにボブの3

番目の発言に「そうでもないよ。手書きの手紙の中に個性が輝くと思わない？　しかも，それは人々を幸せにするよ。おまけに，それには認知的恩恵があるよ」とある。以上からボブは「手紙を書くという行為」を肯定的にとらえていることがわかる。①は手紙を書く行為に対して否定的なので不適切である。②は「タイプする」が，③は本文にないので不適切である。以上から消去法で④が正解となる。「心のこもった」は，「手書きの手紙の中に個性が輝くと思わない？」に対応していると思われるが，難しかったようである。

解答　問1　③　　問2　④

訳　キャロル：何をしているの，ボブ？

ボブ　　：おばあちゃんに手紙を書いているんだ。

キャロル：いい紙だね！　けど，Eメールを書くほうが簡単じゃない？

ボブ　　：うん，そうかもね。だけど，僕が気に入っているのは，文房具を買いに行って，ペンを紙に当てて，封筒に宛名を書いて，郵便局に行くことなんだ。こうしたことが，おばあちゃんについて考える時間を与えてくれるんだ。

キャロル：そうだね。だけど，それはすごく手間がかかるよね。

ボブ　　：そうでもないよ。手書きの手紙の中に個性が輝くと思わない？　しかも，それは人々を幸せにするよ。おまけに，それには認知的恩恵があるよ。

キャロル：『認知的恩恵』って何？

ボブ　　：手書きは，暗記したり物事を決定したりといった，考える過程にとって有益なんだよ。

キャロル：ほんと？　私はコンピューターで書いたほうがスラスラ書けるけどね。

ボブ　　：君はそうかもね。だけどその効率で何かを犠牲にしていることもあるかもしれないんだよ。

キャロル：たとえば何？

ボブ　　：えーと，1つは『マインドフルネス』だね。

キャロル：マインドフルネス？

ボブ　　：時間をかけて物事を注意深く考えて行う，というようなこと。それは，最近失われてきているんだ。僕たちはもっと生活のペースを落として，もっとマインドフルな生活を送るべきだよ。

キャロル：マインドフルと言えば，私はチョコレートチップアイスクリー

ムが欲しいわ。

語句 ▶ **státionery** 名「(集合的に) 文房具」
　　 ▶ **addréss** ～ 他「～に宛名を書く」
　　 ▶ **énvelope** 名「封筒」
　　 ▶ **uh-huh** 間「(肯定・同意を示して) そうだね」
　　 ▶ **shine through** 熟「(感情などが) はっきり表れる」
　　 ▶ **cógnitive** 形「認知的な」
　　 ▶ **decísion making** 名「意思決定」
　　 ▶ **flúent** 形「流暢な」
　　 ▶ **sácrifice** ～ 他「～を犠牲にする」
　　 ▶ **effíciency** 名「能率」
　　 ▶ **míndfulness** 名「マインドフルネス」
　　　　＊今この瞬間に集中すること
　　 ▶ **spéaking of** ～ 熟「～と言えば」
　　 ▶ **wouldn't mind** ～ 熟「～が欲しい」

お役立ちコラム
bird watching の型に注意

bird watching「野鳥観察」は，watching birds が変形したできた語句。
このように**目的語＋ (V) ing** という形は英語ではよく見かける。

1. decision making「意思決定」
2. web weaving「クモが巣を張ること」
3. weightlifting「重量挙げ」
4. sightseeing「観光」

形容詞を作ることもある。
1. record-breaking「記録破りの」
2. Peacekeeping Operations「国連平和維持活動 (PKO)」

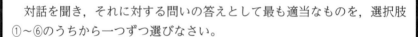

対話を聞き，それに対する問いの答えとして最も適当なものを，選択肢①〜⑥のうちから一つずつ選びなさい。

対話の場面

　二人の高校生が，昨年行われた運動会での先生方の走り幅跳びの記録を，新入生用のクイズとして学校新聞に載せるため，グラフを見ながら話しています。

問　下の三人は，それぞれグラフの中の何番にあたるか。
（ **1** ）　Ms. Smith
（ **2** ）　Mr. King
（ **3** ）　Mr. Davis

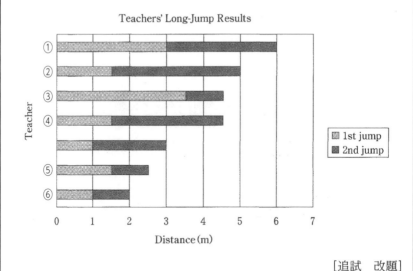

[追試　改題]

放送された英文

W：What's this graph?

M：It's the teachers' long-jump results from the sports festival last year.
　　We'll have the freshmen guess how far the teachers jumped.

W：I wasn't there last year. Let me try.

M：OK. They jumped twice. The graph shows the combined results for each teacher.

W：I bet Mr. Jones jumped the farthest.

M：No, it was Ms. Smith. Mr. Jones' total was three meters.

W：Oh, really. Ms. Lim probably didn't jump very far.

M：She jumped three and a half meters first, but then only one meter. She tied for third with Mr. King. Ms. Brown had the hardest time. She came in last.

W：How about Mr. Davis?

M：His first jump wasn't very good, but his second jump was great, so he came in second place.

W：There's one more. Who jumped two and a half meters?

M：Ms. Elliot.

W：Well, that was fun. I think the students will like it.

解説 （ 1 ） 女性の3番目の発言「一番遠くまで跳んだのは絶対ジョーンズ先生でしょう」に対して，男性の3番目の発言「違うよ，スミス先生なんだ。ジョーンズ先生の合計は3メートル」とあるので，スミス先生の記録を示しているのは①だとわかる。正答率は約65％。③・⑤を選んだ人がそれぞれ約12％いる。間違えた人は jumped the farthest「一番遠くまで跳んだ」がうまく聞き取れなかった，あるいは理解できなかったのかもしれない。

（ 2 ） 男性の4番目の発言「リム先生は最初が3.5メートルだったけど，2回目はたったの1メートルだった。キング先生と同じ3位だよ。ブラウン先生は一番大変で，最下位」から，③がリム先生だとわかる。よって消去法により，もう1人の3位の④がキング先生だとわかる。正答率は約27％。③を選んだ人が約23％，⑥を選んだ人が約20％，⑤を選んだ人が約13％である。

（ 3 ） 女性の5番目の発言「デービス先生は？」と男性の5番目の発言「最初は大したことなかったけど，2回目がすばらしかったから2位」から，②だとわかる。正答率は約76％。①・③を選んだ人がそれぞれ約8％，約6％。

解答 （ 1 ） ①　　（ 2 ） ④　　（ 3 ） ②

訳 女性：このグラフは何？

男性：去年の体育祭の先生方の走り幅跳びの結果だよ。新入生に先生たちがどれくらい跳んだのかを当てさせるんだ。

女性：私は去年その場にいなかったから，やらせて。

男性：わかった。先生たちは2回跳んだんだ。グラフはそれぞれの先生の2回の合計結果を示している。

女性：一番遠くまで跳んだのは絶対ジョーンズ先生でしょう。

男性：違うよ，スミス先生なんだ。ジョーンズ先生の合計は3メートル。

女性：ああ，そうなんだ。リム先生はそんなに遠くまで跳んでないでしょ。

男性：リム先生は最初が3.5メートルだったけど，2回目はたったの1メートルだった。キング先生と同じ3位だよ。ブラウン先生は一番大変で，最下位。

女性：デービス先生は？

男性：最初は大したことなかったけど，2回目がすばらしかったから2位。

女性：あと1つ。2.5メートル跳んだのはだれ？

男性：エリオット先生。

女性：へえ，楽しかった。みんな気に入ると思うよ。

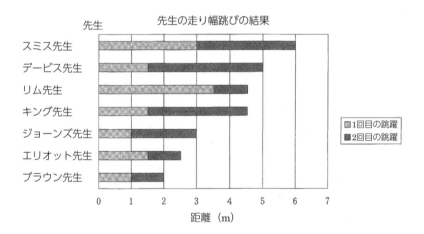

先生の走り幅跳びの結果

語句
- lóng-jump　　名「走り幅跳び」
- fréshman　　名「新入生」
- guess 〜　　他「〜を推測する」
- combíned resúlt　名「合計結果」
- come in 〜　　熟「〜位になる」

320

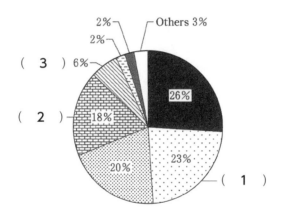

チャレンジ問題 26　　難

対話を聞き，それに対する問いの答えとして最も適当なものを，選択肢①～⑥のうちから一つずつ選びなさい。

対話の場面
　二人の先生が，大学生のホームステイ先について話しています。

問　下のグラフの（　1　）～（　3　）にあてはまる州名はどれか。

Homestay Destinations in the U.S.

① California　② Florida　③ Hawaii　④ Iowa
⑤ Kansas　⑥ Massachusetts

[追試]

放送された英文

M：Is that chart about our homestay program?

W：Yes, it shows which states our students went to in the U.S. last year.

M：The largest group went to California, right?

W：Actually, Hawaii topped the list by a few percent over California as the most popular destination.

M：And look. Students who went to the states in the Midwest made up ten percent in total. We send students to several universities in this area, don't we?

W：Yes, in the Midwest, usually most of our students go to Iowa, but last year most went to Kansas and some to Nebraska.

M：So, we had as many students going to Iowa as we had going to Nebraska.

W：And lots of students went to Massachusetts and Florida, too.

M：Uh-huh, exactly one-fifth went to Massachusetts, and almost as many to Florida. What about the rest of the students?

W：Well, three percent went to other states like Alabama, Texas and Utah.

解説 （　1　）　男性の2番目の発言「カリフォルニア州に行った学生が一番多いんだろう？」に対して，女性の2番目の発言「じつは，最も人気のあるホームステイ先としては，ハワイ州がカリフォルニア州を数％上回って第1位なのよ」から，①「カリフォルニア州」が正解だとわかる。正答率は約77％。③を選んだ人が約10％もいる。

（　2　）　男性の最後の発言に「ちょうど5分の1の学生がマサチューセッツ州に行って，ほぼ同じ数の学生がフロリダ州に行っているね」とあり，5分の1＝20％であることを考えれば，20％がマサチューセッツ州なので，それとほぼ同数の18％は②「フロリダ州」とわかる。正答率は約32％で，④を選んだ人が約30％，⑤・⑥を選んだ人がそれぞれ約17％いる。

（　3　）　男性の3番目の発言に「アメリカ中西部の州に行った学生は合計10％だね」とあるが，そもそも中西部にある州を知っている人が少ないはず。ただ表を見ると6％＋2％＋2％＝10％となるので，この3州が中西部の州だとわかる。さらに女性の3番目の発言「そうね。中西部では，いつもはうちの学生の大半がアイオワ州に行っているけど，去年は大半の学生がカンザス州に行っていて，一部の学生がネブラスカ州に行っているわね」から中西部の州がわかり，さらにそのあとの男性の発言「だから，アイオワ州に行った学生の数がネブラスカ州に行った学生の数と同じなんだね」から，アイオワ州とネブラスカ州が同数，つまり2％だとわかる。以上から残りの州である⑤「カンザス州」が正解だとわかる。正答率は約26％しかない。④を選んだ人が約36％，②・⑥を選んだ人がそれぞれ約16％。広範囲の情報を確認しなければならないため，正答率が低かったようだ。

解答 （ 1 ） ① 　 （ 2 ） ② 　 （ 3 ） ⑤

訳 男性：それは，ホームステイプログラムについてのグラフなの？

女性：そう。うちの学校の学生が去年アメリカのどの州に行ったかを表しているのよ。

男性：カリフォルニア州に行った学生が一番多いんだろう？

女性：じつは，最も人気のあるホームステイ先としては，ハワイ州がカリフォルニア州を数％上回って第1位なのよ。

男性：ほら，見てごらんよ。アメリカ中西部の州に行った学生は合計10％だね。この地域の大学の何校かに学生を送っているよね。

女性：そうね。中西部では，いつもはうちの学生の大半がアイオワ州に行っているけど，去年は大半の学生がカンザス州に行っていて，一部の学生がネブラスカ州に行っているわね。

男性：だから，アイオワ州に行った学生の数がネブラスカ州に行った学生の数と同じなんだね。

女性：そして，マサチューセッツ州とフロリダ州に行った学生も多いわね。

男性：そうだね。ちょうど5分の1の学生がマサチューセッツ州に行って，ほぼ同じ数の学生がフロリダ州に行っているね。その他の学生はどうなの？

女性：そうね。3％がアラバマ州，テキサス州，ユタ州などの他の州に行っているわね。

アメリカでのホームステイの行き先

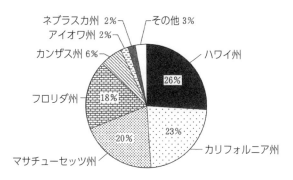

ネブラスカ州 2%
アイオワ州 2%
カンザス州 6%
フロリダ州 18%
マサチューセッツ州 20%
その他 3%
ハワイ州 26%
カリフォルニア州 23%

語句 ▶ **top the list** 　 熟 「そのリストのトップになる」
　　　　 ▶ **destinátion** 　 名 「目的地」
　　　　 ▶ **make 〜 up / up 〜** 　 熟 「（割合）を占める」

チャレンジ問題 27 　標準

　長めの会話を聞き，その内容についての問いの答えとして最も適当なものを，選択肢①〜④のうちから一つずつ選びなさい。

> 会話の場面
> 　英語の授業で，Eiji, Tomomi, Asako がアメリカへ持っていく手土産について話し合いをしています。

問1　Which of the following does Tomomi suggest buying?
① 　Expensive gifts
② 　Practical gifts
③ 　Seasonal gifts
④ 　Traditional gifts

問2　Which of the following does Eiji suggest buying?
① 　Japanese paintings
② 　Japanese pottery
③ 　Japanese stationery
④ 　Japanese sweets

問3　What gifts do they decide on?
① 　Kimonos, chopsticks, and fans
② 　Pencils, notebooks, and comic books
③ 　Pens, erasers, and folders
④ 　Staplers, bowls, and picture books

[本試]

放送された英文

Eiji：OK. The teacher asked us to discuss gifts to take to our sister
　　　school in the US. What kind of gifts do you think we should take,
　　　Tomomi?

Tomomi：Hmm, what about stationery? I've heard that lots of Americans
　　　really like Japanese stationery because there are a lot of cool and

useful items. Some have cute cartoon characters on them. Even functional and practical things like pens, staplers, and notebooks have cool designs that might not be available in the US. Yeah, I think stuff like that would be good because it's small, light, and easy to carry.

Eiji：That's a good idea, Tomomi, but don't you think something more traditional would be better—like a kimono? Well, maybe not a kimono because that would be too expensive. But what about chopsticks or fans? Oh, I know. How about ceramic bowls, vases, and those kinds of things? I've seen them for sale in tourist areas, and they seem really popular. Some have pictures of carp, cherry blossoms, or maple leaves on them. Yeah, I think we should take something like that. What do you think, Asako?

Asako：Me? Well, I agree that our presents should reflect Japanese culture. But that kind of traditional stuff you mentioned might be better for older people. I've heard that some American teenagers these days are crazy about Japanese pop culture, especially anime and manga. I like Tomomi's idea of taking pens, but how about adding some folders with popular manga or anime characters on them and some cute erasers? Pottery would be too heavy, but stationery is easy to pack and carry. I'm sure everyone would love it. Oh, maybe not the teachers, though. Let's just get them nice stationery items with traditional designs.

Eiji：Brilliant! Those are really good points, Asako.

Tomomi：OK. It's settled then. Let's go with those ideas!

解説 問1 「トモミは次のうちのどれを買うように提案しているか」

　　　①「高価なお土産」　　　②「実用的なお土産」
　　　③「季節感のあるお土産」　④「伝統的なお土産」

　トモミの最初の発言の第1文「うーん，文房具はどう？」から①・③・④は消える。消去法より②を選ぶ。こうした問題は言い換えが原則なので，選択肢に「文房具」がないのは当然だと思えるだけの「慣れ」が必要。正答率は約85％。④を選んだ人が約14％。おそらくpractical「実用的な」と文房具が結びつかなかったのであろう。

問2 「エイジは次のうちのどれを買うように提案しているか」

①「日本の絵画」　　②「日本の陶器」
③「日本の文房具」　　④「日本のお菓子」

　エイジの2番目の発言の第5文「陶磁器のお碗（わん）とか花瓶とかそういったものはどうかな？」から，①・③・④は消える。消去法から②を選ぶ。ceramic と pottery は共に「陶（磁）器」だが，問題は，たとえこの意味を知らなくても消去法で答えられるように作られている。正答率は約45％で，①を選んだ人が約38％，③を選んだ人が約12％であった。

問3　「彼らはどんな贈り物に決めるか」
　　①「着物，箸（はし），扇子」
　　②「鉛筆，ノート，マンガ本」
　　③「ペン，消しゴム，クリアファイル」
　　④「ホチキス，お碗，絵本」

　アサコの発言に対してエイジもトモミも賛同しているので，アサコの発言の中に正解があることがわかる。アサコの発言の第5文「私はペンを持っていくっていうトモミの考えはいいと思うけど，人気のマンガやアニメのキャラクターのクリアファイル数枚とかわいい消しゴムを何個か足したら？」と「伝統的なデザインのすてきな文房具」から③が正解。正答率は約76％。約22％の人が②を選んでいる。

解答　問1　②　　問2　②　　問3　③

訳

エイジ：いいかな。先生がアメリカの姉妹校に持っていくお土産について話し合うようにって。どんなお土産を持っていったらいいと思う，トモミ？

トモミ：うーん，文房具はどう？　かっこよくて便利なものがたくさんあるから，日本の文房具が大好きなアメリカ人は多いらしいの。マンガのかわいいキャラクターがついてるものもあるし。ペンやホチキス，ノートのような機能的で実用的なものでさえ，アメリカにはなさそうなすてきなデザインになってる。そうよ，そういうものは小さくて軽くて運びやすいからいいんじゃないかしら。

エイジ：それはいい考えだね，トモミ。でも，もっと伝統的なもののほうがいいと思わないかい，つまり着物とか？　あー，着物は高すぎるからたぶん無理だろうけど。でも箸や扇子はどう？　あ，そうだ。陶磁器のお碗とか花瓶とかそういったものはどうかな？　観光地でそういうものを売ってるのを見たことがあるし，すごく人気があるみたいだよ。コイや桜の花，カエデ

の葉が描かれているものもあるよ。ああ，そういうのを持っていったらいいと思うな。どう思う，アサコ？

アサコ：私？　ええと，お土産が日本の文化を表すべきという点は同感ね。でも，あなたが挙げたそういう種類の伝統的なものはもっと年配の人向きかもね。最近のアメリカのティーンエイジャーの中には，日本のポップカルチャー，とくにアニメやマンガが大好きな人もいるらしいわ。私はペンを持っていくっていうトモミの考えはいいと思うけど，人気のマンガやアニメのキャラクターのクリアファイル数枚とかわいい消しゴムを何個か足したら？陶器はたぶん重すぎるんじゃないかと思うけど，文房具なら荷造りしたり運んだりするのも簡単。きっとみんな気に入ってくれるわ。ああ，でも，もしかしたら先生たちはそうじゃないかも。先生たちには伝統的なデザインのすてきな文房具を買ってあげましょうよ。

エイジ：いいね！　本当にいい考えだよ，アサコ。

トモミ：いいわね。それで決まり。そういう考えでいきましょう！

語句			
▶	discúss ～	他	「～を話し合う」
▶	síster school	名	「姉妹校」
▶	státionery	名	「(集合的に) 文房具」
▶	cool	形	「かっこいい」
▶	fúnctional	形	「機能的な」
▶	práctical	形	「実用的な」
▶	stápler	名	「ホチキス」
▶	aváilable	形	「手に入る」
▶	stuff	名	「もの」
▶	tradítional	形	「伝統的な」
▶	chópsticks	名	「箸」
▶	cerámic	形	「陶磁器の」
▶	vase	名	「花瓶」
▶	máple leaf	名	「カエデの葉」
▶	refléct ～	他	「～を反映する」
▶	méntion ～	他	「～に言及する」
▶	be crázy abóut ～	熟	「～が大好きである」
▶	fólder	名	「クリアファイル」
▶	eráser	名	「消しゴム」
▶	séttled	形	「決着済みで」

チャレンジ問題 28　　　易

　長めの会話を聞き，その内容についての問いの答えとして最も適当なものを，選択肢①〜④のうちから一つずつ選びなさい。

> **会話の場面**
> 　Ken, Nicholas, Janet が，新しく飼う犬をどのように探せばよいのか話し合いをしています。

問1　According to Janet, what is the main reason for adopting dogs?
① Shelter dogs need a health check.
② Shelter dogs need a loving home.
③ Shelter dogs need to be given up.
④ Shelter dogs need to be trained.

問2　Which of these concerns does Nicholas have with shelter dogs?
① They might be too young.
② They might be unwanted.
③ They might have been abandoned.
④ They might have behavioral problems.

問3　What is the result of this conversation?
① Nicholas will get a young dog from the pet shop.
② Nicholas will get an older dog from the shelter.
③ They will all visit the animal shelter.
④ They will all visit the pet shop downtown.

[本試]

放送された英文

　Ken：Hi, Nicholas. How are you?

Nicholas：Hey, Ken, I'm good. I was just telling Janet that I'm thinking about getting a new pet—a dog—and she was giving me some advice. She thinks I should go to the animal shelter ..., you know, the place where they take animals that are wild or are not wanted. Right, Janet?

Janet：Yeah. I think Nicholas should adopt one of the dogs from the shelter. They are usually given away. And most importantly, all the dogs need a new home and family to love them. But I'm not sure that Nicholas thinks it's a good idea.

Nicholas：Well, Janet, I think it's a kind thing to do, but if I get one from the pet store I can be sure that it's healthy. I also worry that shelter dogs might have some kind of problem. They might bite people or bark too much. What do you think, Ken?

Ken：Yeah, I agree. That might be why they were abandoned.

Janet：Not necessarily, guys. I think many dogs in shelters are well-trained, but unfortunately had to be given up because their families had to move to places that don't allow pets.

Nicholas：Right. But many of the dogs at the shelter are older, and I want a puppy. They're really cute when they're young.

Ken：Well, you might have a better chance of getting a puppy at a pet store, but sometimes there are unwanted puppies taken to shelters as well. And the shelter will make sure that the dogs they give away are in good health.

Janet：Yeah, and dogs can also be quite expensive in pet shops. Why don't we all go to the shelter downtown after school today and take a look? What do you think, guys?

Ken：Yeah!

Nicholas：Sure, I guess we could.

解説 問1 「ジャネットによると，イヌを引き取る主な理由は何か」
① 「保護施設のイヌには健康診断が必要である」
② 「保護施設のイヌには愛情に満ちた家庭が必要である」
③ 「保護施設のイヌは捨てられる必要がある」
④ 「保護施設のイヌは訓練される必要がある」

　ジャネットの最初の発言「それに一番大事なのは，そういうイヌにはみんな新しい家と愛してくれる家族が必要だっていうこと」から，②が正解。正答率は約80％。他の選択肢①・③・④を選んだ人は，それぞれ約7％，約4％，約8％であった。

問2 「ニコラスが保護施設のイヌについて抱いている懸念はこれらのうちどれか」

① 「そうしたイヌは幼すぎるかもしれない」
② 「そうしたイヌは望まれていないかもしれない」
③ 「そうしたイヌは捨てられたかもしれない」
④ 「そうしたイヌは行動に問題があるかもしれない」

　ニコラスの2番目の発言に「それに施設のイヌの場合は何らかの問題を抱えているかもしれないと心配なんだ。人を噛むとか吠えすぎるとかがあるかもしれない」とあるので，④が正解。正答率は約71%。それ以外の選択肢①・②・③を選んだ人は，それぞれ約5%，約6%，約17%であった。

問3　「この会話の結果はどのようなものか」

① 「ニコラスはペットショップで幼いイヌを買うだろう」
② 「ニコラスは動物保護施設から比較的年を取ったイヌを引き取るだろう」
③ 「彼らはみんな動物保護施設を訪れるだろう」
④ 「彼らはみんな街のペットショップを訪れるだろう」

　ジャネットの最後の発言「今日，放課後に街の施設にみんなで見に行ってみない？　どう思う，みんな？」に対して，ケンもニコラスも「いいよ」と言っているので，正解は③。正答率は約77%。他の選択肢①・②・④を選んだ人は，それぞれ約4%，約7%，約12%であった。

| 解答 | 問1　②　　問2　④　　問3　③ |

| 訳 |

ケン　　　　：やあ，ニコラス。調子はどう？
ニコラス　　：やあ，ケン。元気だよ。新しいペットを買うつもりだってジャネットにちょうど話していたところなんだ。ペットというのはイヌなんだけどね。彼女は少しアドバイスしてくれて，僕が動物保護施設に行ったほうがいいと考えているんだ。動物保護施設というのは，野放しの動物や望まれていない動物を引き受けているところなんだ。そうだよね，ジャネット？
ジャネット：そうよ。ニコラスは保護施設のイヌたちの中から1匹引き取るといいと思うわ。普通は無料で引き取れるの。それに一番大事なのは，そういうイヌにはみんな新しい家と愛してくれる家族が必要だっていうこと。でも，ニコラスがそれがいい考えだと思っているかどうかはわからないけど。
ニコラス　　：そうだね，ジャネット，それは心やさしいことだとは思うよ。けれどペットショップで買った場合は，健康だと確信できる

だろう。それに施設のイヌの場合は何らかの問題を抱えているかもしれないと心配なんだ。人を噛むとか吠えすぎるとかがあるかもしれない。ケンはどう思う？

ケン　　　　：うん，そう思うよ。だからこそ捨てられたのかもしれないだろ。

ジャネット：みんな，そうとは限らないわよ。施設にはきちんとしつけされたイヌもたくさんいると思うよ。残念ながら，彼らを飼っていた家族がペットを飼えないところに引っ越さなければならなかったから，手放さざるを得なかったのよ。

ニコラス　：たしかにね。でも，施設のイヌは年を取っていることが多いよね。僕は子イヌが欲しいんだ。子どものときって本当にかわいいよね。

ケン　　　　：そうだね。子イヌを手に入れられる可能性はペットショップのほうが高いかもしれないけど，望まれなかった子イヌが施設に連れてこられることもあるよ。それに，施設は譲渡するイヌが必ず健康な状態でいるようにしてくれるよ。

ジャネット：そうよ。それにイヌはペットショップだとかなり値段が高いということもあるからね。今日，放課後に街の施設にみんなで見に行ってみない？　どう思う，みんな？

ケン　　　　：いいね！

ニコラス　：いいよ。それもありかもね。

語句

▶ ánimal shélter　　　　名「動物保護施設」

▶ adópt ～　　　　他「～を引き取る」

▶ give ～ awáy / awáy ～　熟「ただで～を渡す」

▶ most impórtantly　　熟「最も大切なことは」

▶ some kind of ～　　熟「ある種の～」

▶ abándon ～　　　　他「～を捨てる」

▶ not necessárily ～　　熟「必ずしも～ではない」

▶ unfórtunately　　　　副「残念なことに」

▶ as well　　　　熟「なおその上」

▶ make sure that S V　熟「確実に S V する」
　　　＊　S V は現在時制にする

▶ dówntówn　　　　副「街で」

チャレンジ問題 29　やや易

長めの会話を聞き，その内容についての問いの答えとして最も適当なものを，選択肢①~④のうちから一つずつ選びなさい。

> 会話の場面
>
> 英語の授業で，500万円の予算があればどのように学校を改善できるのか Ichiro, Reina, Mayuko が討論しています。

問1 Which of the following was proposed in the discussion?
　① Buying tablet PCs.
　② Installing solar panels.
　③ Painting the picnic tables.
　④ Sending students abroad.

問2 What improvement do all the speakers like?
　① A bicycle parking roof.
　② Flowers near the entrance.
　③ Grass in the school yard.
　④ New picnic tables.

問3 Which of the following do Ichiro and Mayuko have different opinions about?
　① Buying more library books.
　② Installing air conditioning.
　③ The need for school-wide Wi-Fi.
　④ The value of educational websites.

[本試]

放送された英文

Ichiro : So, Reina, what would you do if we had five million yen to improve our school?

Reina : Hmm. I can think of so many things, Ichiro. One idea would be to put a roof over the bicycle parking area. Don't you hate it when it rains and your bike gets wet? We could also put some picnic tables on the grassy area over by the bike stands. That would give students a place to have lunch or hang out after school. And we could make the entrance look a lot nicer. What about painting it a bright color and buying some plants and flowers?

Ichiro：Well, those are all great ideas, Reina. I especially like putting a roof over the bicycles. But to tell the truth, if we had that much money to spend, I think it'd be better to spend it on one big thing rather than a lot of little things.

Reina：Oh, yeah. Good point, Ichiro.

Ichiro：I think it'd be better if we had free Wi-Fi everywhere in the school. Internet access would help us study more. We could get a lot of information that would help us with our homework, and there are so many educational websites that are usually free. Best of all, we could chat with the students at our sister school in Australia. Don't you agree, Mayuko?

Mayuko：Well, that's a pretty good idea, Ichiro, but the library has Internet access, and most students already have smartphones or tablet PCs. I think it'd be better to buy solar panels instead. That electricity could be used all over the school—we could have hot water in the winter and air conditioning in the summer. Oh, I know! We could make a roof for the bicycles out of the solar panels. That would kill two birds with one stone!

解説　問1　「討論で提案されたのは以下のどれか」

　　　①「タブレット PC の購入」　　　②「ソーラーパネルの設置」
　　　③「ピクニック用テーブルの塗装」　④「生徒の海外派遣」

　　マユコの発言「ソーラーパネルを買うのがいいと思うの」「ソーラーパネルで駐輪場の屋根を作れるわよ」から，正解は②。正答率は約65％。その他の選択肢①・③・④を選んだ人は，それぞれ約15％，約16％，約4％。

問2　「発言者全員がよいと思ったのは何の改善か」

　　①「駐輪場の屋根」　　②「玄関近くの花」
　　③「校庭の芝生」　　　④「新しいピクニック用テーブル」

レイナの最初の発言「1つの案は駐輪場に屋根をつけること。雨が降って自転車が濡れるの嫌じゃない？」と，イチローの2番目の発言「うん，全部いいアイディアだね，レイナ。とくに駐輪場に屋根をつけるのが気に入ったよ」から，この2人は賛同していることがわかる。さらにマユコの発言「ソーラーパネルで駐輪場の屋根を作れるわよ」から，マユコも賛同していることがわかる。以上から正解は①で，正答率は約84％。その他の選択肢②・③・④を選んだ人は，それぞれ約3％，約8％，約5％。

問3　「イチローとマユコの意見が異なるのは以下のどれについてか」
　　　①「図書館の本の買い増し」
　　　②「エアコンの設置」
　　　③「学校全体の Wi-Fi の必要性」
　　　④「教育用ウェブサイトの価値」
　イチローが3番目の発言で「校内のどの場所でも無料 Wi-Fi が使えたら，さらにいいと思う」と言ったのに対して，マユコは「図書館ではインターネットがつながるし，ほとんどの生徒はすでにスマートフォンやタブレット PC を持ってる」と発言しているので，正解は③。正答率は約75％。その他の選択肢①・②・④を選んだ人は，それぞれ約3％，約15％，約7％。

解答　問1　②　　問2　①　　問3　③

訳

イチロー：ねえ，レイナ，もし僕らの学校を改善するための500万円があったら，どうする？

レイナ　：うーん。いろいろなことが考えられるわね，イチロー。1つの案は駐輪場に屋根をつけること。雨が降って自転車が濡れるの嫌じゃない？　駐輪場のむこうの草地にピクニック用のテーブルをいくつか設置するのもどうかしら。そうすれば，生徒たちがお昼を食べたり放課後にぶらぶらしたりする場所ができる。それに，玄関の見た目をもっとすてきにできるわ。玄関を明るい色に塗って草木や花を買うのはどう？

イチロー：うん，全部いいアイディアだね，レイナ。とくに駐輪場に屋根をつけるのが気に入ったよ。でもじつを言うと，そんな大金が使えるなら，たくさんの小さなことより1つの大きなことに使うほうがいいと思う。

レイナ　：ああ，そう。たしかにそうね，イチロー。

イチロー：校内のどの場所でも無料 Wi-Fi が使えたら，さらにいいと思う。イン

ターネット接続ができれば，もっと勉強しやすくなるよね。宿題の役に
立つ多くの情報が手に入るし，教育用ウェブサイトもすごくたくさんあ
って，たいていは無料だ。何より，オーストラリアの姉妹校の生徒たち
とチャットできるよ。そう思わない，マユコ？

マユコ ：ええと，それはとてもいいアイディアだと思うけど，イチロー，図書館
ではインターネットがつながるし，ほとんどの生徒はすでにスマートフ
ォンやタブレット PC を持ってる。私はそれよりもソーラーパネルを買う
のがいいと思うの。その電力は学校全体，つまり冬の温水や夏のエアコ
ンに利用できるわ。ああ，そうだ！　ソーラーパネルで駐輪場の屋根を
作れるわよ。それで一石二鳥ね！

[語句]
▶ impróve ～　　　　　　　　他「～を改善する」
▶ bícycle párking área　　　名「駐輪場」
▶ we could (V)　　　　　　　熟「V するのはどうか」
▶ grássy área　　　　　　　名「草の多い場所」
▶ hang out　　　　　　　　熟「ぶらぶらする」
▶ plant　　　　　　　　　　名「植物」
▶ to tell the truth　　　　　熟「正直に言って」
▶ spend A on B　　　　　　熟「A を B に使う」
▶ good point　　　　　　　熟「いいところに目をつけたね」
　　　＊　主に仕事上での慣用句として用いられる
▶ free　　　　　　　　　　形「ただの／無料の」
▶ help O (V)　　　　　　　熟「O が V するのに役立つ」
▶ help O with ～　　　　　熟「～に関して O の役に立つ」
▶ prétty　　　　　　　　　副「かなり」
▶ instéad　　　　　　　　副「その代わり」
▶ make A out of B　　　　熟「B から A を作る」
▶ kill two birds with one stone　熟「一石二鳥だ」

チャレンジ問題 30 標準

会話を聞き，それぞれの問いの答えとして最も適切なものを，選択肢のうちから一つずつ選びなさい。**状況と問いを読む時間が与えられた後，音声が流れます。**

状況
　四人の学生（Joe, Saki, Keith, Beth）が，Saki の部屋で電子書籍について意見交換をしています。

問1　会話が終わった時点で，電子書籍を**支持した**のは四人のうち何人でしたか。4つの選択肢（①～④）のうちから一つ選びなさい。
　① 1人　　② 2人　　③ 3人　　④ 4人

問2　会話を踏まえて，Joe の考えの根拠となる図表を，4つの選択肢（①～④）のうちから一つ選びなさい。

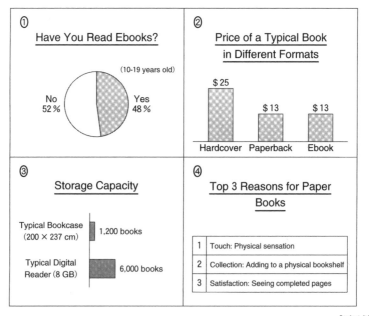

 の内容：

① Have You Read Ebooks?
（10-19 years old）
No 52% / Yes 48%

② Price of a Typical Book in Different Formats
$25 Hardcover / $13 Paperback / $13 Ebook

③ Storage Capacity
Typical Bookcase (200 × 237 cm) 1,200 books
Typical Digital Reader (8 GB) 6,000 books

④ Top 3 Reasons for Paper Books

1	Touch: Physical sensation
2	Collection: Adding to a physical bookshelf
3	Satisfaction: Seeing completed pages

[追試]

Joe ：Wow, Saki. Look at all your books.

Saki ：Yeah, maybe too many, Joe. I bet you read a lot.

Joe ：Yeah, but I only read ebooks. They're more portable.

Saki ：Portable?

Joe ：Well, for example, on long trips, you don't have to carry a bunch of books with you, right, Keith?

Keith ：That's right, Joe. And not only that, but ebooks are usually a lot cheaper than paper books.

Saki ：Hmm ... ebooks do sound appealing, but ... what do you think, Beth? Do you read ebooks?

Beth ：No. I like looking at the books I collect on my shelf.

Keith ：Yeah, Saki's bookcase does look pretty cool. Those books must've cost a lot, though. I save money by buying ebooks.

Beth ：That's so economical, Keith.

Joe ：So, how many books do you actually have, Saki?

Saki ：Too many. Storage is an issue for me.

Joe ：Not for me. I've got thousands in my tablet, and it's still not full.

Keith ：I know, Joe. And they probably didn't cost very much, right?

Joe ：No, they didn't.

Saki ：Even with my storage problem, I still prefer paper books because of the way they feel.

Beth ：Me, too. Besides, they're easier to study with.

Keith ：In what way, Beth?

Beth ：I feel like I remember more with paper books.

Joe ：And I remember that we have a test tomorrow. I'd better charge up my tablet.

解説 **問1** ①「1人」 ②「2人」 ③「3人」 ④「4人」
②が正解。各人の発言内容を順に確認していく。

ジョーは，2番目の発言で「うん，でも電子書籍しか読まないよ。携帯しやすいからね」，3番目の発言で「たとえば，長旅のとき，本を何冊も持ち運ぶ必要がないでしょう」，5番目の発言で「タブレットに何千冊も入れているけど，まだいっぱいにならない」と言っていることから，電子書籍を支持しているのは明白である。サキは，5

番目の発言で「収納に問題があっても紙の本が好きなんだ。感触がいいからね」と言っていることから，電子書籍は不支持だとわかる。キースは，最初の発言で「その通りだよ，ジョー。それだけじゃなくて，電子書籍はたいてい，紙の本よりずっと安い」と，携帯性から電子書籍を支持するジョーに賛同しているだけでなく，値段の点においても電子書籍を支持しているのがわかる。ベスは，3番目の発言で「私も。それに，勉強しやすいしね」と，電子書籍不支持派のサキに賛同している。さらに4番目の発言で「紙の本のほうが覚えやすいの」と言っているので，電子書籍不支持派だとわかる。以上から電子書籍を支持しているのは，ジョーとキースの2人だとわかり，②が正解となる。正答率は68.6%で，①を選んだ人が17.6%であった。

　キースは2番目の発言で「そうだね，サキの本棚はすごくかっこいいね」と言っているので，キースを電子書籍不支持派と思った人がいたのかもしれない。

問2　③が正解。設問文に「Joe の考えの根拠となる図表」とある。**問1**で検討したようにジョーは電子書籍支持派なので，電子書籍支持派の根拠となる図表を選べばよいことがわかる。順に検討する。①は，電子書籍を読んだことのある人が全体の半数に満たないことを示しており，不適切である。②は，ペーパーバックと電子書籍の値段が同じことを示しており，電子書籍支持派にとって有利な資料にはなり得ないので不適切である。③は，本棚と電子書籍の本の保管可能量の差を示しており，電子書籍のほうが圧倒的に多くの本を貯蔵できることを示している。よってこれは電子書籍支持派にとって有利な資料となるので，正解である。④は，紙の本を選ぶ理由の上位3つであり，電子書籍とは無関係なので不適切である。以上から③を選ぶ。正答率は52.9%である。②を選んだ人が23.5%であった。

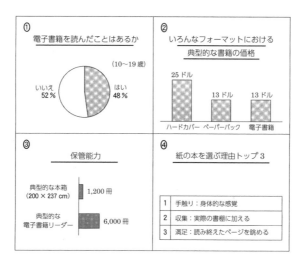

① 電子書籍を読んだことはあるか

(10〜19歳)

いいえ 52 %
はい 48 %

② いろんなフォーマットにおける
典型的な書籍の価格

25 ドル　13 ドル　13 ドル

ハードカバー　ペーパーバック　電子書籍

③ 保管能力

典型的な本箱
(200 × 237 cm)　1,200 冊

典型的な
電子書籍リーダー　6,000 冊

④ 紙の本を選ぶ理由トップ 3

1	手触り：身体的な感覚
2	収集：実際の書棚に加える
3	満足：読み終えたページを眺める

解答　問1　②　　問2　③

訳

ジョー：わあ，サキ。すごい本。

サキ　：ああ，たぶん多すぎるよね，ジョー。あなたはたくさん本を読んでるんだろうね。

ジョー：うん，でも電子書籍しか読まないよ。携帯しやすいからね。

サキ　：携帯？

ジョー：たとえば，長旅のとき，本を何冊も持ち運ぶ必要がないでしょう，キース？

キース：その通りだよ，ジョー。それだけじゃなくて，電子書籍はたいてい，紙の本よりずっと安い。

サキ　：うーん…電子書籍は魅力的だけど…ベス，あなたはどう思う？あなたは電子書籍を読む？

ベス　：いいえ。私は自分の本棚に集めた本を眺めるのが好きなの。

キース：そうだね，サキの本棚はすごくかっこいいね。でもあの本って結構な値段したでしょう？　僕は電子書籍を買うことで節約してるんだ。

ベス　：それは経済的だね，キース。

ジョー：で，サキは実際何冊くらい持ってるの？

サキ　：多すぎてわからない。収納が問題なんだ。

ジョー：僕とは違うな。タブレットに何千冊も入れているけど，まだいっぱいにならない。

キース：だよね，ジョー。それに，たぶんそんなに高くなかったでしょ？
　　　　違う？

ジョー：そうだよ。

サキ　：収納に問題があっても紙の本が好きなんだ。感触がいいからね。

ベス　：私も。それに，勉強しやすいしね。

キース：どんなふうに，ベス？

ベス　：紙の本のほうが覚えやすいの。

ジョー：明日はテストだってことを思い出した。タブレットの充電をしな
　　　　いと。

語句

▶ I bet (that) S′V′　　　熟「S′V′だと思う」

▶ pórtable　　　　　　形「持ち運びできる」

▶ a bunch of ～　　　熟「(口語) 多くの～」

▶ a lot ＋比較級　　　熟「ずっと～」

▶ do (V)　　　　　　助「実際 V」

▶ sound ～　　　　　自「～に聞こえる」

▶ appéaling　　　　　形「魅力的な」

▶ prétty　　　　　　副「かなり」

▶ económical　　　　形「経済的な／節約になる」

▶ stórage　　　　　　名「貯蔵」

▶ íssue　　　　　　　名「(緊急の) 問題 (点)／論争点」

▶ besídes　　　　　　副「おまけに」

▶ had better (V)　　　助「V したほうがよい」

▶ charge ～ up / up ～　熟「～を充電する」

340

チャレンジ問題 31　　標準

トラック66

会話を聞き，それぞれの問いの答えとして最も適切なものを，選択肢のうちから一つずつ選びなさい。**状況と問いを読む時間が与えられた後，音声が流れます。**

状況
　四人の学生（Brad, Kenji, Alice, Helen）が，選挙の投票に行くことについて意見交換をしています。

メモ

Brad	
Kenji	
Alice	
Helen	

問1　会話が終わった時点で，選挙の投票に行くことに**積極的でなかった**人は四人のうち何人でしたか。4つの選択肢（①～④）のうちから一つ選びなさい。
　①　1人　　②　2人　　③　3人　　④　4人

竹岡の一言

選挙関連の語句で大切なのは以下のものです。

vote	「投票／投票する」
vote for ~	「~に賛成の投票をする」
vote against ~	「~に反対の投票をする」
ballot box	「投票箱」
election[voting/polling] day	「投票日」

問2 会話を踏まえて，Helen の意見を最もよく表している図表を，4つの選択肢（①～④）のうちから一つ選びなさい。

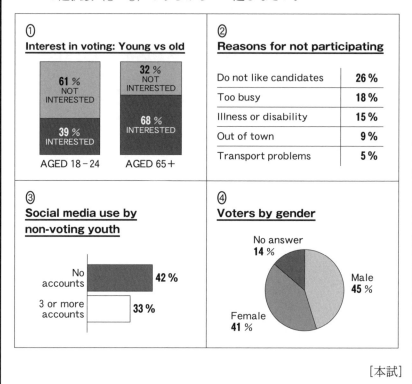

① **Interest in voting: Young vs old**

AGED 18 – 24: 61 % NOT INTERESTED, 39 % INTERESTED
AGED 65 +: 32 % NOT INTERESTED, 68 % INTERESTED

② **Reasons for not participating**

Do not like candidates	26 %
Too busy	18 %
Illness or disability	15 %
Out of town	9 %
Transport problems	5 %

③ **Social media use by non-voting youth**

No accounts: 42 %
3 or more accounts: 33 %

④ **Voters by gender**

No answer 14 %
Male 45 %
Female 41 %

[本試]

放送された英文

Brad ：Hey, Kenji. Did you vote yet? The polls close in two hours.

Kenji ：Well, Brad, who should I vote for? I don't know about politics.

Brad ：Seriously? You should be more politically aware.

Kenji ：I don't know. It's hard. How can I make an educated choice? What do you think, Alice?

Alice ：The information is everywhere, Kenji! Just go online. Many young people are doing it.

Kenji ：Really, Alice? Many?

Brad ：Either way, you should take more interest in elections.

Kenji ：Is everybody like that? There's Helen. Let's ask her. Hey Helen!

Helen ：Hello, Kenji. What's up?

Kenji : Are you going to vote?

Helen : Vote? We're only twenty. Most people our age don't care about politics.

Alice : Being young is no excuse.

Helen : But unlike older people, I'm just not interested.

Brad : Come on, Helen. Let's just talk. That might change your mind.

Alice : Brad's right. Talking with friends keeps you informed.

Kenji : Really? Would that help?

Brad : It might, Kenji. We can learn about politics that way.

Alice : So, Kenji, are you going to vote or not?

Kenji : Is my one vote meaningful?

Alice : Every vote counts, Kenji.

Helen : I'll worry about voting when I'm old. But do what you want!

Kenji : OK, I'm convinced. We've got two hours. Let's figure out who to vote for!

解説 **問1** ①「1人」 ②「2人」 ③「3人」 ④「4人」

①が正解。各人の発言内容を順に確認していく。

ケンジは，最初の発言で「僕は政治についてはよく知らないんだ」，7番目の発言で「僕の1票に意味があるの？」と，投票に消極的であるが，最後の発言で「よし，わかった。まだ2時間あるね。だれに投票したらいいか考えよう」と，投票に積極的になったことがわかる。

ブラッドは，2番目の発言で「君はもっと政治を意識すべきだよ」，3番目の発言で「君は選挙にもっと関心を向けるべきだよ」，5番目の発言で「僕たちは政治についてそうやって学ぶことができるよ」と終始一貫して選挙に積極的である。

アリスも，5番目の発言で「すべての票は重要なのよ，ケンジ」と言っていることからもわかるように，一貫して投票に積極的である。

ヘレンは，2番目の発言で「投票？ 私たちはまだ20歳よ。私たちと同じ年の人の大半は政治になんて関心がないわよ」，4番目の発言で「年を取れば，私も選挙のことを気にすると思うよ。だけど，みんな，したいようにすればいいわ」と言っていることから，投票には消極的である。

以上から，会話を終えた時点で投票に積極的なのは，ケンジ，ブラ

ッド，アリスの 3 名となり，積極的でないのはヘレンだけだとわかる。よって①が正解となる。正答率は62.5％である。②を選んだ人が33.3％もいた。ケンジが途中で自分の意見を翻したことに気がつかなかったのかもしれない。

問2　①が正解。設問文から「ヘレンの意見を最もよく表しているもの」を選べばよい。ヘレンの意見は「若者は政治に関心がないが，年配者は関心を持っている」というものである。このことを踏まえて，選択肢を順に検討する。①は，若者は選挙に関心がない人のほうが多く，年配の人は選挙に関心がある人のほうが多いことを示しており，まさにヘレンの意見を表しているので，これが正解。②は，投票に行かない理由が挙げられているが，ヘレンの意見である「選挙に関心がない」という項目がないので不適切である。③は，投票に消極的な人の中では，アカウントがない人が多い，ということを示しているが，これもヘレンの発言とは無関係である。④は，男性のほうが女性より投票する人が多いことを示している。これもヘレンの発言とは無関係である。以上より，①が正解となる。

　正答率は，79.2％で，②を選んだ人が 12.5％であった。

解答　問1　①　　問2　①

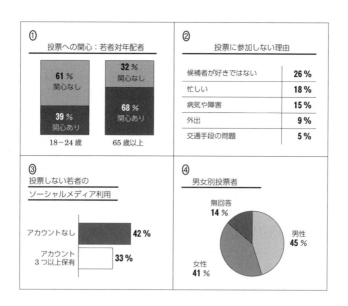

ブラッド：やあ，ケンジ。君は投票はもう済ませたの？　投票所はあと2時間で閉まるよ。

ケンジ　：えー，ブラッド，だれに投票したらいいんだよ？　僕は政治についてはよく知らないんだ。

ブラッド：本気で言ってるの？　君はもっと政治を意識すべきだよ。

ケンジ　：どうだろうねえ。政治って難しいしね。どうやったら知見に基づいた選択ができるのかな？　アリス，君はどう思う？

アリス　：情報なんてどこにでもあるわ，ケンジ！　とにかくインターネットで見てごらんよ。そうしている若者なんてたくさんいるわよ。

ケンジ　：本当なの，アリス？　たくさん？

ブラッド：いずれにしても，君は選挙にもっと関心を向けるべきだよ。

ケンジ　：みんなそんな感じなの？　ヘレンがいるじゃない。彼女に聞いてみよう。やあ，ヘレン！

ヘレン　：こんにちは，ケンジ。調子はどう？

ケンジ　：君は投票に行く？

ヘレン　：投票？　私たちはまだ20歳よ。私たちと同じ年の人の大半は政治になんて関心がないわよ。

アリス　：若いってことは言い訳にはならないわ。

ヘレン　：だけど，お年寄りと違って，私はまったく興味が持てないの。

ブラッド：何言っているんだよ，ヘレン。とにかく話をしようよ。君の考えが変わるかもしれないし。

アリス　：ブラッドの言う通りよ。友達と話すことでいろいろなことを知ることができるよ。

ケンジ　：本当？　それって役に立つの？

ブラッド：役立つかもしれないよ，ケンジ。僕たちは政治についてそうやって学ぶことができるよ。

アリス　：それでケンジ，あなたは投票には行くの，それとも行かないの？

ケンジ　：僕の1票に意味があるの？

アリス　：すべての票は重要なのよ，ケンジ。

ヘレン　：年を取れば，私も選挙のことを気にすると思うよ。だけど，みんな，したいようにすればいいわ！

ケンジ　：よし，わかった。まだ2時間あるね。だれに投票したらいいか考えよう！

▶ **vóte**　　　　　　　　自「投票する」

▶ **the polls**　　　　　　名「＜米＞投票所」

▶ **in ～**　　　　　　　　前「～後に」

▶ **pólitics**　　　　　　　名「政治」

　　＊ －ics は通例，直前の母音にアクセントがあるが，これは例外

▶ **be polítically awáre**　熟「政治を意識している」

▶ **éducated**　　　　　　形「知識や経験に基づく」

▶ **eléction**　　　　　　　名「選挙」

▶ **What's up?**　　　　　熟「調子はどう？」

▶ **～ our age**　　　　　熟「私たちの年齢の～」

　　＊ of our age から of が脱落した形

▶ **not care about ～**　熟「～を気にしない」

▶ **～ be no excúse**　　熟「～は言い訳にはならない」

▶ **unlike ～**　　　　　　前「～とは違って」

▶ **come on**　　　　　　熟「おいおい，何言ってるんだ」

▶ **change** *one's* **mind**　熟「考えを変える」

▶ **keep ～ infórmed**　熟「～に情報を常に与える」

▶ **(in) that way**　　　　熟「そのようにして」

▶ **méaningful**　　　　　形「意味がある」

▶ **be convínced**　　　　熟「納得した」

▶ **fígure ～ out / out ～**　熟「～を理解する」

これですべての問題が終わりました。よく頑張りました。
これをやりとげたことで自信がつくと思います。
　本番での健闘を祈ります。

スマホで音声をダウンロードする場合

abceed
AI英語教材エービーシード

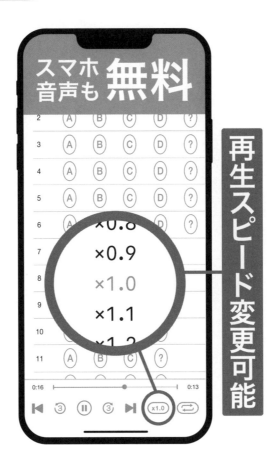

ご利用の場合は、下記のQRコードまたはURLより
スマホにアプリをダウンロードしてください。

https://www.abceed.com
abceedは株式会社Globeeの商品です。

本文デザイン：長谷川有香（ムシカゴグラフィクス）

本文イラスト：青葡萄

音声制作：英語教育協議会 ELEC

音声出演：Howard Colefield, Jennifer Okano, Dominic Allen, Karen Haedrich,
Guy Perryman, Nadia McKechnie, Marcus Pittman, Emma Howard, 水月優希

MEMO

MEMO

MEMO

竹岡　広信（たけおか　ひろのぶ）

　京都大学工学部・文学部卒業。現在、駿台予備学校講師（札幌、仙台、名古屋、京都、大阪、神戸、福岡などに出講、衛星放送講座の「駿台サテネット21」にも出講）。Gakkenグループ特任講師、および竹岡塾主宰。

　授業は、基礎から超難関のあらゆるレベル、あらゆるジャンルに幅広く対応。駿台の講習会は、受付日初日に定員オーバーとなる超人気講座。校舎所在地以外の他府県からの受講生も多数。また、近年は、絶えず新しい英語教育を実践しようとする姿勢が高く評価され、高等学校の教員を対象とした研究会でも講師を務める。その活躍は、NHK「プロフェッショナル　仕事の流儀」でも紹介された。

　授業は毒舌に満ちているが、それは受講生への愛情の裏返し。趣味が「効果的な英語の教材作成」で、夜を徹しての教材執筆も苦にしない"鉄人"。

　主な著書に、『CD2枚付 決定版 竹岡広信の 英作文が面白いほど書ける本』『DVD付 竹岡広信の「英語の頭」に変わる勉強法』（共に、KADOKAWA)、『竹岡の英語長文 SUPREMACY 至高の20題』(Gakken)、『改訂新版 ドラゴン・イングリッシュ基本英文100』(講談社)、『必携 英単語 LEAP』(数研出版)、『入門英文問題精講 4訂版』(旺文社)、『英作文基礎10題ドリル』(駿台文庫)、『東大の英語25ヵ年［第12版］』（教学社）などがある。

かいていだい　はん　だいがくにゅうがくきょうつう
改訂第2版 大学入学共通テスト
えいご　　　　　　　　　　てんすう　　おもしろ　　　　　　　　　ほん
英語[リスニング]の点数が面白いほどとれる本
おんせい　　　　　　　　つき
音声ダウンロード付　0からはじめて100までねらえる

2020年7月10日　初版　第1刷発行
2022年7月22日　改訂版　第1刷発行
2024年7月29日　改訂第2版　第1刷発行

著者／竹岡 広信
　　　たけおか ひろのぶ

発行者／山下 直久

発行／株式会社KADOKAWA
〒102-8177　東京都千代田区富士見2-13-3
電話 0570-002-301(ナビダイヤル)

印刷所／TOPPANクロレ株式会社
製本所／TOPPANクロレ株式会社